THE DEVELOPMENT
OF DIGITAL ECONOMY

数字经济
发展

网络、算法与数字平台
Network, Algorithm and Digital Platform

徐翔
———
著

人民出版社

CONTENTS   目　录 |

序　一

经历了第一次和第二次工业革命之后,信息与通信技术的突破发展和广泛应用成为第三次工业革命的重要标志,全球开始步入数字时代。随着数字经济的快速发展,新的信息与通信技术(如人工智能、5G、大数据和物联网等)重塑了组织的内在结构、互动方式和激励机制,对于现有经济格局与制度体系带来挑战。

人类两千多年的发展史充分表明,关键技术的革新将会驱动生产要素、产业组织、商业模式和全球经济环境发生深刻变化。农业时代的主要生产要素是土地和劳动力,工业时代的主要生产要素是资本和技术。而在当前的数字经济时代,数据成为核心生产要素。数据要素具有非竞争性、规模报酬递增等独特性质,能够帮助数字经济时代的企业提质增效。此外,产业组织形态也从供应链向平台、生态等新的形式转变,从而能够更灵活地应对当前经济环境下的诸多不确定性。新的产业组织也带来了新的商业模式,企业从固定的单一商业模式逐渐转向多元、动态、协同演化的生态型商业模式。上述这些变化正在重塑全球的数字经济竞争格局,也为发展中国家提供了新的机遇。

为了适应数字经济时代的诸多变化,对数字经济自诞生以来的发展历程进行系统回顾与深刻反思是极有必要的。徐翔的新作《数字经济发展：网络、算法与数字平台》以计算机和互联网的诞生为引，细致描述了过去半个多世纪从信息经济到知识经济再到数字经济的发展进程。这本书用平实而不失生动的笔触描绘了数字技术的产生与进步如何驱动数字经济的萌芽与发展，进而挑战与重塑全球经济治理体系。

在对大量史实、案例和政策进行系统介绍与细致分析的基础之上，徐翔开创性地提出描述数字经济发展的"技术—经济—治理"分析框架。这一框架高度凝练了数字经济的三方面特征，实现了数字产业化与产业数字化的内在统一，完整地阐释了数字经济从"使能"到"赋能"再到"产能"的价值创造全过程，为读者分析数字经济现象、思考数字经济问题、开展数字经济创新提供了一个条理清晰、结构合理、思路明确的基础性框架。

近年来，我一直从事数字经济和数据治理研究，先后提出"数字经济框架ICBDE""建立计算产业第二创新生态""数据分类分级确权授权""建设三层次数据要素市场"等观点。《数字经济发展：网络、算法与数字平台》生动展现了数字经济的算据、算法、算力、算景等核心要素，对研究数字经济分析框架、数据要素市场化、数据跨境治理等都有着十分重要的价值。

经济的数字化转型正在重塑人与人之间的联结方式、企业的运行结构以及行业的组织形态，数据正在持续赋能并重塑社会经济环境，而我们也正在从数字经济迈向数字文明。在这一进程中，《数字经济发展：网络、算法与数字平台》所提出的"融合式创新"思想具有一定的理论高度与现实深度，值得每位数字公民思考与借鉴。

戎 珂

清华大学社会科学学院党委副书记，经济学研究所副所长

Journal of Digital Economy 主编

序 二

    1961 年 5 月的一个夜晚,麻省理工学院计算科学系的一位年轻博士候选人伦纳德·克兰罗克(Leonard Kleinrock)正在机房里为自己的博士论文开题绞尽脑汁。此时,距计算机技术问世已有 15 年,而麻省理工学院的机房里也放着几台价格不菲的大型计算机。苦于找不到合适论文题目的克兰罗克,看着机房里闲置的计算机,突然感觉有些可惜:"现在只有计算机系的师生能够使用这些设备,实在是太浪费了! 如果有什么手段能够让麻省理工学院的所有学生和研究人员在各个地方都能用上计算机,那么这些宝贵的资源才算得上是物尽其用。"在这一想法的驱使下,克兰罗克开始思考将大规模信息划分为许多数据包(Packet),再通过电信网络进行传播的可能性。这一话题也最终成为克兰罗克上交的博士论文题目——《大型通信网络的信息流》(Information Flow in Large Communication Nets)。这篇文章为分组交换这一互联网底层技术的实现奠定了理论基础,也帮助克兰罗克于两年后拿到了自己的博士学位。在完成博士论文后,克兰罗克来到加州大学洛杉矶分校(UCLA)任职,建立了该校的网络测量中心,并于 1969 年参与了人类首个互联网连接(加州大学洛杉矶分校与斯坦福大学两台计算机之间的连接)的建立。

在克兰罗克提出分组交换理论基础半个世纪后的今天,互联网已经遍布全世界,成为全球信息传输的神经网络。以计算机和互联网为基础诞生的数字经济,也已经发展为人类社会继农业经济、工业经济之后的第三种主要经济形态。全方位的数字化转型正在驱动生产方式、生活方式和治理方式发生根本性变革,深度颠覆全球经济与政治格局,深刻影响人类社会与文化发展。2021 年 10 月,习近平总书记在十九届中央政治局第三十四次集体学习时提出:"数字经济发展速度之快、辐射范围之广、影响程度之深前所未有,正在成为重组全球要素资源、重塑全球经济结构、改变全球竞争格局的关键力量。"[①]

如何理解数字经济? 最早提出数字经济概念的是《维基经济学》一书的作者、数字战略专家唐·泰普斯科特(Don Tapscott)。泰普斯科特认为,数字经济是指建立在信息数字化和知识基础上的一系列经济活动,后被美国商务部扩展为"信息与通信技术"(Information and Communication Technology,ICT)产业与电子商务(E-commerce)。在这一概念提出二十多年后,2016 年 G20 杭州峰会上发布的《二十国集团数字经济发展与合作倡议》对数字经济作出了全新定义,提出数字经济是指"以使用数字化的知识和信息作为关键生产要素、以现代信息网络作为重要载体、以信息通信技术的有效使用作为效率提升和经济结构优化的重要推动力的一系列经济活动。"2022 年 1 月,国务院印发《"十四五"数字经济发展规划》,明确提出数字经济"是继农业经济、工业经济之后的主要经济形态,是以数据资源为关键要素,以现代信息网络为主要载体,以信息通信技术融合应用、全要素数字化转型为重要推动力,促进公平与效率更加统一的新经济形态。"在全球范围

---

① 习近平:《不断做强做优做大我国数字经济》,《求是》2022 年第 2 期。

内,各主要经济体、经贸联盟和国际组织也都纷纷发布大力发展数字经济的官方文件与规划战略,数字经济时代已经全面到来。

唯物史观告诫我们,每当感觉未来无比广阔之时,都应该暂时走出对未来的期盼与憧憬,站在历史的河堤旁回望过去、以史为鉴。显然,对数字经济发展历程的梳理与分析,能够帮助我们更好地把握全球经济的发展方向与主要趋势,对于个人发展、企业转型、产业升级以及政策制定都具有十分重要的现实意义。

基于此,本书提出一个全新的"技术—经济—治理"理论分析框架,用于串联数字经济发展史中的时代主线、关键事件与重大变革,总结数字经济发展的基本规律,进而形成对于数字经济未来发展趋势的整体感知。这一框架的底层逻辑是:各类数字技术的产生、交叉与应用共同奠定了数字经济的技术基础,推动了新基建和新要素、新生产和新服务、新模式和新业态的出现与发展,由此以数字产业化和产业数字化为代表的数字经济应运而生。数字经济发展到一定程度之后,便开始对传统的经济治理模式产生冲击,进而对政策制定者正确处理效率与公平之间的关系、转型与增长之间的关系乃至发展与稳定之间的关系提出新的要求。而政策制定者为满足这些新要求所作出的制度创新、监管创新和政策创新,共同构成了新的数字经济治理体系。

图 0-1 给出了"技术—经济—治理"分析框架的基本模式。在一个运转良好的数字经济生态中,技术进步能够提升数字经济的生产效率、创造大量的社会财富,进而催生出更加合理的数字经济治理体系。好的治理体系反过来提供鼓励创新与基础运用的正向激励,构成良好的正反馈循环。与之相对的,在一个低效运转的数字经济生态中,新技术得不到有效使用,数字经济发展受阻,错误的治理方式反过来会遏制技术进步与经济发展。因此,思考不同数字经济生产的产生方式并提出改进方法,是笔者进行数字经

济史研究的初衷与目标。

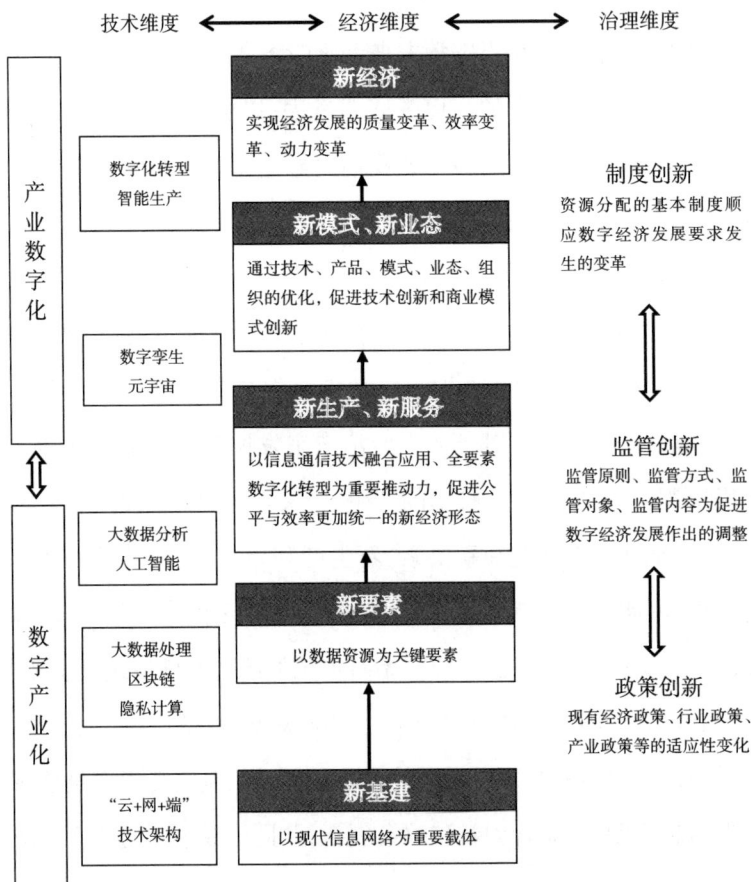

技术维度 ⟷ 经济维度 ⟷ 治理维度

产业数字化

数字化转型
智能生产

数字孪生
元宇宙

数字产业化

大数据分析
人工智能

大数据处理
区块链
隐私计算

"云+网+端"
技术架构

新经济
实现经济发展的质量变革、效率变革、动力变革

新模式、新业态
通过技术、产品、模式、业态、组织的优化，促进技术创新和商业模式创新

新生产、新服务
以信息通信技术融合应用、全要素数字化转型为重要推动力，促进公平与效率更加统一的新经济形态

新要素
以数据资源为关键要素

新基建
以现代信息网络为重要载体

制度创新
资源分配的基本制度顺应数字经济发展要求发生的变革

监管创新
监管原则、监管方式、监管对象、监管内容为促进数字经济发展作出的调整

政策创新
现有经济政策、行业政策、产业政策等的适应性变化

图 0-1　"技术—经济—治理"分析框架

基于"技术—经济—治理"的分析框架，本书从技术驱动经济发展的视角，先后介绍数字技术的发展简史以及数字经济在全球范围内的发展趋势。之后，本书聚焦于主要经济体的数字经济发展历程，再基于现实探讨数字技术、数字市场以及数字治理的未来。具体地，本书重点关注数字经济中的技术内核、经济业态以及治理模式，通过对这三个重点话题的深入研究、案例讲解与观点梳理，尽可能全面地为各位读者展开数字经济发展的壮美画卷。

通过本书的梳理与分析,可以得到关于数字经济发展的五个规律性判断。这些判断能够帮助我们更好地理解数字经济发展的基本趋势,同时未来也需要更多的现实证据予以检验。

第一,数字技术的发展催生出大数据、人工智能等新生产要素,为数字经济形态的形成奠定了坚实基础。数字技术与传统经济的融合以及数字技术之间的融合为各类创新行为提供了内在动力,推动数字经济发展与持续的数字化转型。

第二,广义的数字经济经历了三个发展阶段:信息经济、知识经济以及数字经济。在信息经济时代,信息产业逐渐发展壮大;在知识经济时代,知识生产成为重要的经济活动;在数字经济时代,数字产业化和产业数字化协同发展,共同构成数字经济的完整体系。

第三,目前全球范围内数字经济发展总体水平最高的三个经济体分别是美国、中国与欧盟。这三个经济体的发展路径、发展重点与治理模式均存在较大差异,共同构成当前全球数字经济的主流竞争与发展格局。

第四,目前来看,全球数字经济体系远未健全,在反垄断、隐私保护和算法监管等方面均存在较多不足。全球数字经济发展亟须深度"再平衡",而在这一过程中进一步的国际合作是实现基础。

第五,数字经济的未来充满各种可能性。坚持融合式创新将为数字经济的发展提供充足动力,但是也要注意国际数字经济治理体系建立过程中可能出现的不和谐的声音。

如果仅仅是技术层面的革新与生产效率的提升,数字经济未必能够被视为一种新的主要经济形态。事实上,在经济思想的演进与发展史上,数字经济也带来了许多新变革。平台经济与双边市场的相关研究拓展了产业组织理论的研究前沿,成为进入 21 世纪后最受关注的经济学问题之一。数据和人工智能等新生产要素的出现,为经济增长新范式的提出创造了新的可能性,同时也对过去几十年里形成的新古典增长理论、内生增长理论和新增长理论提出了挑战。共享经济、零工经济和注意力经济等新概念的出现,为经济学研究的扩展和深化提供了新机遇。对这些问题的进一步讨论有利于经济学的创新发展,也为经济学与其他社会学科乃至自然学科的融合奠定了基础。

想要更好地在数字经济时代生存与发展、成为奔腾而来的数字化浪潮中的"弄潮儿",就有必要了解数字经济在全球范围内的发展过程,尤其是数字技术、经济活动与社会制度是如何不断演化、相互作用的,如何共同构成我们当前所处的错综复杂、机遇与挑战并存的数字化时代。

本书是笔者于2021年出版的《数字经济时代:大数据与人工智能驱动新经济发展》一书的姊妹篇,也是笔者在数字经济领域最新研究的集成之作。希望本书的完成与出版,能够为国内数字经济领域的学者和研究提供有益借鉴,同时也能帮助对数字经济发展感兴趣的技术极客、数字公民与一般读者更加深刻地感受数字经济的时代脉搏。

徐 翔

2022 年秋

第一章

数字技术的发展简史

> 数字技术、数字经济可以推动各类资源要素快捷流动、各类市场主体加速融合,帮助市场主体重构组织模式,实现跨界发展,打破时空限制,延伸产业链条,畅通国内外经济循环。
>
> ——习近平:《不断做强做优做大我国数字经济》,
>
> 《求是》2022 年第 2 期

农业经济和工业经济是人类社会发展至今的两种基本经济形态。而作为人类社会第三种主要经济形态的数字经济,其底层技术是一系列于 20 世纪中后期逐渐产生、发展并取得关键进步的数字技术(Digital Technology)。

数字技术可以简单理解为与电子计算机相伴相生的各项科学技术,计算机技术本身可以被视为数字技术的一个子类。数字技术的发展彻底改变了对于信息(Information)这一人类知识载体的运算、加工、存储、传送、传播、还原与处理方式,并催生出了新的生产要素——数据,进而改变了人类经济社会活动的基本组织形式。毫无疑问,厘清数字技术的发展历程及其如何孕育出数字经济中的各种新型业态,能够帮助我们更好地理解数字经济的技术内核与基本架构,为更深入地分析数字经济现象打下坚实基础。

在正式介绍各项数字技术的发展历程之前,首先需要明确数字技术进步本身与数字经济发展二者之间的关系。

从时间维度上看,数字技术的发展要早于数字经济许久。1946 年 2 月 14 日,世界上第一台通用电子计算机"埃尼阿克"(ENIAC)就已在美国宾夕法尼亚大学诞生。廿岁有余,第一个互联网连接——阿帕网(ARPA net)也于 1969 年 11 月正式组建。然而,数字经济在进入 21 世纪之后才开始真正兴起,并迅速在 20 年内席卷全球,成为第三种主要经济形态。不难看出,从数字技术的产生到数字经济的兴起之间,出现了明显的滞后,其原因是什么呢? 一个可能的解释是,在数字技术发展前期缺少了数据等新生产要素的支持。数据是数字经济能够迅速发展、进化的核心生产要素,数字技术与数据要素的有机结合是数字经济的核心驱动力。只有当数字技术发展到一定水平之后,才能催生出数据这一生产要素并与之相互作用,进而促成数字经济的产生与发展。

新生产要素的出现是生产力发展的必然结果。1890 年,结合威廉·配第和亚当·斯密等古典经济学家的要素与财富思想,英国经济学家、剑桥学派创始人阿尔弗雷德·马歇尔在其著作《经济学原理》中明确提出了生产要素(Factors of Production)的概念。马歇尔对于生产要素的具体定义是:"维系国民经济运行及市场主体生产经营过程中所必备的基础性社会资源,其最主要的特征在于为经济发展提供生产的基础条件与动力来源。"在当时的时代背景下,马歇尔认为,经济活动的三种基础性生产要素分别是劳动力、土地和资本,而提供这三类要素的生产者分别获得以工资、地租和利息为形式的要素回报。在之后的研究中,马歇尔还将"组织"定义为第四类生产要素,提出利润在本质上就是组织要素的回报。随着企业所有权与经营权的分离,这一要素之后也被重新定义为管理要素。伴随着宏观经济学的发展,20世纪50年代之后发展起来的新古典增长理论(Solow,1957)与新增长理论(Romer,1986)分别强调技术与知识对于经济增长的重要推动作用,这两类虚拟资源的生产要素性也由此得到确立。进入21世纪后,数据成为新的、最具活力的生产要素,推动着数字经济的快速发展。

作为生产要素的数据,与其他已有生产要素存在显著差异。与劳动力、资本和土地等传统要素相比,数据要素的特殊性在于其是一种虚拟要素,需要大型存储设备或网络云空间作为数据载体,需要投入人力劳动或人工智能算法进行分析,才能通过生成信息和知识进而影响决策和创新,最终产生经济价值;与知识、技术和管理等现代要素相比,数据要素的特殊性在于其有类似于物质资本的积累过程。企业积累的数据要素规模越大、种类越多,通过大数据分析获得的信息与知识就越多,决策与创新的效率就越高,数据要素的价值就越能更加充分地发挥出来。此外,随着时间的推移,数据的经济价值也会逐渐降低,这一过程也类似于物质资本的折旧过程。

数字技术的迅速发展是数据要素得以充分使用的前提条件。数字技术在本质上就是产生、储藏与处理数字化信息的电子工具、系统、设备和信息资源。数字化信息中的绝大多数都以数据的形式呈现,其中被生产者在生产过程中广泛使用的便是数据要素。即使是由数字技术自动采集或收集的非结构化数据,在一定条件下也可以转化为数据要素。一个突出的例子便是物联网传感器端收集到的海量数据信息。在这些数据被企业处理、分析以辅助决策之前,并不能被视为数据要素。然而一旦企业进行上述步骤从而获得新的知识并产生实际的经济效益,数据要素的作用便得到充分体现。从这个角度来说,数字技术贯穿了数据要素从产生到进入生产,再到按贡献分配的全过程。

绝大多数数字技术与数据要素的产生、收集、整理和使用均密切相关。其中较为常见的、在当前经济活动中得到广泛运用的技术包括:作为数据传输载体和存储介质的计算机、互联网技术与云计算技术,以大数据为训练语料和底层资源的人工智能技术与区块链技术,极大地扩展数据规模、类型与内容的物联网技术,以及基于数据要素模拟现实的数字孪生与最新的元宇宙技术等。正确理解各项数字技术与数据要素之间的关系,有助于我们更好地理解数字经济的技术基础与价值创造过程。

考虑到数据要素在数字经济中的关键地位,本书把由大数据技术驱动的,将数据要素转化为生产用知识的数据处理过程作为数字经济的核心经济活动。数字技术通过以下三种方式影响数据处理过程:生成进入数据处理过程的数据要素,参与数据要素的处理过程,以及基于数据要素生成的知识和技术开展生产活动。

基于这一划分逻辑,可以将数字技术区分为数据要素的前端技术、中端技术和后端技术(见图1-1)。其中,前端技术以"云+网+端"技术架构为核心;中端技术以大数据技术为核心,还包括区块链、隐私计算和人工智能等同样基于数据要素资源的数据处理工具;后端技术则包括数字孪生、元宇宙等新型应用技术。

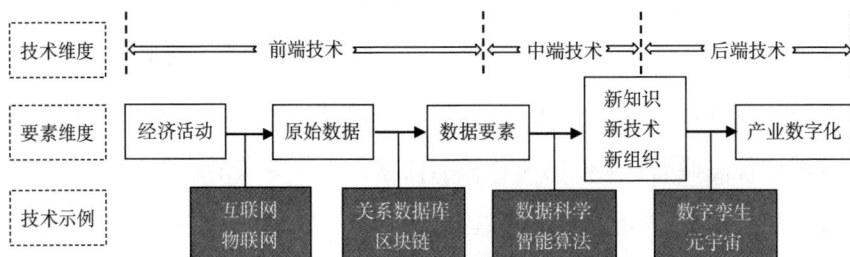

图1-1 数字技术与数字经济的融合

在本章中,我们将按照"前端—中端—后端"的逻辑顺序介绍各项数字技术,首先介绍的便是最具基础性的数字技术——计算机的发展与应用。需要强调的一点是,本章对于数字技术的分类与解析更多地以这些技术与数据要素的相互关系为底层逻辑,与纯技术视角下的区分方式略有不同。在第一节中,我们就将聚焦于两种"类人"技术——计算机技术和人工智能技术——的历史沿袭。

第一节　思维机器:计算机和人工智能

戏剧(Drama)这一历史悠久的表演形式起源于古希腊。在古希腊戏剧中,每当剧情陷入胶着、主角面临的困境难以摆脱之时,一个常见的处理办法是引入不由人掌控的"神力"来化解问题,这一做法被称为"机械降神"(拉丁文词组:Deus Ex Machina)。例如,在埃斯库罗斯和雪莱笔下的《普罗米修斯》中,"大力神"赫拉克勒斯在路过高加索山时营救出了被宙斯缚于此的盗火英雄普罗米修斯。在中国古代文学中,"机械降神"的例子也不罕见,《愚公移山》中"帝感其诚,命夸娥氏二子负二山"的剧情便是其一。机械降神这一说法来源于戏剧表演中代表"神力"的演员特殊的出场方式:利用起重机从舞台上方降下,或是通过起升机从舞台地板的活门中升起,以期制造出意料之外的剧情大逆转。

事实上,从文艺复兴时期开始,这种依赖机械降神的剧情安排就被广泛视为一种迂拙的情节计策,饱受文艺工作者和戏剧评论家的苛责。然而,"机械降神"这一概念本身却具有跨越时代、超出戏剧的有趣内涵。在人类文明的早期,每当遇到人的智力与体力难以解决的重大难题时,"神"理所当然地成为人类所能依托的终极解决方案,各类神话、传说和寓言也应运而生。从18世纪末期开始,当一轮又一轮的技术革命席卷全球、彻底改变了经济社会活动的基础组织形式之后,人们便不再希冀由未曾现世的"神"

来解决现实问题,而是更多地依赖科学技术与人类自身的创造力。进入 20
世纪中后期,"计算科学之父"阿兰·图灵(Alan Turing)口中的"类人思维
机器"(Humanoid Thinking Machines)——计算机和人工智能——赋予人类
一种前所未有的攻克难题、超越自我的能力。

一、计算机的起源和发展

(一)第一台电子计算机——ABC 计算机

世界上第一台电子计算机当属美国科学家约翰·阿塔纳索夫(John
Vincent Atanasoff)及其研究生克利福德·贝瑞(Clifford Berry)于 1937 年设
计、并于 1942 年成功进行测试的 ABC 计算机(Atanasoff-Berry Computer)。
1934 年,美国爱荷华州立大学数学和物理专业的助理教授阿塔纳索夫在学
校的实验室里看到了国际商业机器公司(International Business Machines
Corporation,IBM)当时的拳头产品——穿孔制表机。在 20 世纪 30 年代,穿
孔制表机被视为那个时代的"巅峰算力":它可以将每一笔需要记录的信息
和数据(例如一次商品交易、一个区县的人口统计)打到一张卡片上,将同
类型的卡片放在一起就构成了一个物理意义上的数据库,用读卡机将其读
取后就能得到关于商品交易总量、全国人口总数等宏观数据信息。可以说,
穿孔制表机第一次把数据转变成了二进制信息(0 和 1)。

这一在当时已经领先时代的机器,在年仅 31 岁的阿塔纳索夫看来并无
大用:这台机器甚至不能求解任何一个线性方程。要知道,解方程对于专攻
数学与物理的阿塔纳索夫来说多么重要。想到这一点,阿塔纳索夫便忍不
住对面前的这台制表机"大施拳脚",试图将其改造成更加强大的"计算用
机器"(Computing Machine)。他的大胆尝试很快便传到了 IBM 的代理商那
里,代理商大为光火,马上写了一封义正词严的谴责信,要求阿塔纳索夫停
止他的二次改造,原因很简单:爱荷华州立大学并没有购买这台机器,只是
租赁了它。迫于压力,阿塔纳索夫将已经改动的地方恢复原样,并开始策划

重新打造自己的"计算机器"。

1937 年,阿塔纳索夫设计出了 ABC 计算机的几大执行原则。1939 年,在大学研究经费的支持下,阿塔纳索夫联合自己的研究生贝瑞开始制作计算机。由两人联合命名的 ABC 计算机最终于 1942 年在爱荷华州立大学物理大楼的地下室成功进行了测试。ABC 计算机的基本外形可见图 1-2,其中包含了数百个电子管,以及长达 1600 米的电线。ABC 计算机借用 IBM 80 列穿孔卡片输入十进制数据,读卡器在读入后将它们转换为二进制形式存入两个滚筒状的存储器。ABC 计算机的计算单元由电子三极管逻辑电路构成,计算结果被转换回十进制后通过示数齿轮显示。此外,ABC 计算机还提供了读写二进制中间结果的装置,可以被用来求解最多支持 29 个方程的线性方程组,帮助阿塔纳索夫实现了"让机器帮自己解方程"的小小梦想。

图 1-2 ABC 计算机(1997 年复制品)

资料来源:爱荷华州立大学图书馆网站,见 http://lab.iastate.edu。

ABC 计算机的出现无疑是跨时代的。它让人类第一次可以使用一台机器处理二进制数据、进行电子计算,其并行处理和计算—存储分离的设计理念直到今日仍被现代计算机广泛使用。然而,ABC 计算机本身仍是一台"专用"(Proprietary)设备:它既不可以编程,也无法处理求解方程组之外的任何问题,是一个完全封闭、缺乏通用性的系统。

正是由于 ABC 计算机存在的缺憾与弊端,才会使在其之后几年诞生的"电子数字积分计算机"(Electronic Numerical Integrator and Computer, ENIAC)被广泛视为现代电子计算机的真正"始祖"。

(二)第一台通用电子计算机——电子数字积分计算机

1942 年,第二次世界大战激战正酣。为了在战略武器上取得领先地位,美国陆军军械部在马里兰州的阿伯丁设立了一个主攻弹道研究的科学实验室,要求该实验室每天为陆军炮弹部队提供 6 张射表以便对导弹的弹道进行技术鉴定。事实上,射表包含了几百条导弹的基础弹道数据,需要求解大量复杂的非线性方程组才能得到,而仅靠人力计算不仅无法求解出精确的计算结果,还耗时耗力——即使雇佣 200 名计算员夜以继日地工作,也需要一年时间才能完成全部 6 张射表的制作。在战争中,时间就是生命。而如果计算速度限制了导弹的研发速度,将不利于盟军的前线战事,甚至改变战局。在美军高层一筹莫展之际,宾夕法尼亚大学莫尔电机工程学院的年轻学者约翰·莫希利(John Mauchly)和约翰·埃克特(John Eckert)提交了一份名为"高速电子管计算装置的使用"的设计方案,提议使用世纪初刚刚问世的电子管制造一台高速计算设备,将可成百上千倍地提高弹道计算速度。这一方案最终被美国陆军军械部采纳,电子数字积分计算机项目就此落地,并邀请到了时任弹道研究所顾问的数学家约翰·冯·诺依曼[①]参与设计讨论。

[①] 约翰·冯·诺依曼(John von Neumann,1903—1957 年),美籍匈牙利数学家、计算机科学家、物理学家。他是现代计算机、博弈论、核武器和生化武器等领域内的科学全才之一,被后人称为"现代计算机之父""博弈论之父"。

图 1-3　电子数字积分计算机

资料来源:宾夕法尼亚大学官方网站,见 http://upenn.edu。

　　尽管如此,电子数字积分计算机的研制过程并非一帆风顺,直到 1946
年 2 月 14 日、在德军宣布投降 9 个月之后,世界上第一台通用电子计算机
才正式启动运行。如图 1-3 所示,同 4 年前成功测试的 ABC 计算机相比,
电子数字积分计算机的体积要庞大得多,其内部一共安装了 17000 多只电
子管、70000 多个电阻器、10000 多只电容器和 6000 只继电器,电子数字积
分计算机一共有 50 多万个电路焊接点,占地面积为 170 平方米左右,总重
量超过了 30 吨。这样一个庞然大物的首秀并没有让人失望:电子数字积分
计算机每分钟可以输入 125 张打孔卡,输出 100 张,在 1 秒内完成 5000 多
次加法计算、400 次乘法运算。如果将电子数字积分计算机用于设计它的
初衷——计算弹道轨迹,它只需要 20 多秒就可以完成,甚至比导弹真实的
飞行时间还要短。电子数字积分计算机在一天内完成的计算量相当于一个
人用旧式手摇计算机操作 40 年才能达到的效果,计算能力也远超其“前
辈”ABC 计算机。

然而,电子数字积分计算机的问题和它的优点一样突出:其计算过程耗电量极大,其核心元件电子管也极易损坏——根据工程师的计算,平均每7分钟就要损坏一只电子管,这就导致电子数字积分计算机的维护费用甚至远超研发费用。为了解决这些问题,参与设计的冯·诺依曼在电子数字积分计算机正式投入运行前就开始起草一份新的设计报告,旨在研发电子数字积分计算机的进阶升级版——"离散变量自动电子计算机"(Electronic Discrete Variable Automatic Computer,EDVAC)。

(三)离散变量自动电子计算机和冯·诺依曼机

1945年6月,冯·诺依曼与戈德斯坦等合作者联合发表了一篇长达101页的研究报告——《离散变量自动电子计算机报告初稿》(First Draft of a Report on the EDVAC),史称"101页报告",以阐释他们全新的计算机设计思路。"101页报告"明确提出了计算机的五大必要构成部件——输入系统、输出系统、存储器、运算器和控制器,并描述了五大部件的功能和相互关系。离散变量自动电子计算机强调了使用"存储程序"的重要性——程序被当作数据存进了机器内部,以便电脑能够自动地依次执行指令,而不是像电子数字积分计算机那样还需要接通额外的线路。此外,"101页报告"还建议用二进制替代十进制运算,极大地简化了机器的电路设计。

时至今日,"101页报告"仍然被认为是现代计算机科学发展史上里程碑式、具有划时代意义的文献,它奠定了现代计算机的设计基础,为计算机的成本降低和广泛使用提供了可能性。此后,按照这一思路设计的计算机被统称为"冯·诺依曼机",我们如今在日常工作生活中使用的绝大多数计算机都可以被纳入"冯·诺依曼机"的范畴。

在离散变量自动电子计算机问世、各项机械制造技术和计算机程序语言逐渐发展成熟后,计算机的使用成本日益降低、适用范围也越来越广,逐渐成为人类经济社会活动发展所高度依赖的电子设备。一般认为,计算机技术的发展历程一共经过四个阶段,分别是 1946—1958 年的电子管阶段,1958—1964 年的晶体管阶段,1964—1970 年的集成电路阶段,以及 1970 年之后的大规模集成电路阶段。每经历一个阶段的更迭,计算机就会变得更加轻便、更加廉价,但同时却拥有更强的计算能力和更广阔的应用空间。英特尔公司(Intel)的创始人之一戈登·摩尔(Gordon Moore)于 1965 年提出了著名的"摩尔定律":集成电路芯片上可以容纳的晶体管电路数量,大约每经过 18 个月便会增加一倍。这一定律在计算机技术的发展过程中得到了充分验证。

(四)通用目的技术

在进入大规模集成电路阶段后,计算机成为真正意义上的"通用机器",进入了万千企业和寻常百姓家,自此,数字经济的前身——信息经济才得以发展壮大。这里有必要对于本书中将要多次涉及的"通用"概念作出解释。根据布雷斯纳汉和特拉坦伯格(Bresnahan 和 Trajtenberg,1995)的研究,我们可以将所有科学技术分为两类——通用目的技术(General Purpose Technology,GPT)和专用技术(Proprietary Technology,PT)。

表 1-1　21 世纪之前的通用目的技术

通用目的技术	溢出效应	时　期	类别
植物养殖	新石器时代农业革命	公元前 9000—前 8000 年	方法
动物养殖	新石器时代农业革命、役用动物	公元前 8500—前 7500 年	方法
矿石冶炼	早期的金属工具	公元前 8000—前 7000 年	方法
机轮	机械化、陶钧(制造陶器时用的转轮)	公元前 4000—前 3000 年	产品
文字	贸易、记录保存	公元前 3400—前 3200 年	方法
青铜器	工具和武器	公元前 2800	产品
钢铁	工具和武器	公元前 1200	产品
水轮	机械能、机械系统	中世纪早期	产品

续表

通用目的技术	溢出效应	时　期	类别
三桅帆船	发现新大陆、海上贸易、殖民主义	15世纪	产品
印刷术	知识经济、科学教育、财政记录	16世纪	方法
工厂制度	工业革命、可互换零件	18世纪后期	体系
蒸汽机	工业革命、机床	18世纪后期	产品
铁路	城郊、通勤、工厂灵活选址	19世纪中期	产品
轮船	全球农业贸易、国际旅行、战舰	19世纪中期	产品
内燃机	汽车、飞机、石油工业、运动战	19世纪后期	产品
电力	集中发电、工厂电气化、电报通信	19世纪后期	产品
汽车	城郊、通勤、购物中心、国内长途旅行	20世纪	产品
飞机	国际旅行、国际体育联盟、运动战	20世纪	产品
批量生产	消费主义、美国经济增长、工业战争	20世纪	体系
计算机	数字革命、互联网	20世纪	产品
精益生产	日本经济增长、敏捷软件开发	20世纪	体系
互联网	电子商务、众包、社交网络、信息战争	20世纪	产品
生物技术	转基因食品、生物工程、基因诊疗	20世纪	方法

资料来源:利普希等(Lipsey等,2005)。

从表1-1可以看出,每项通用目的技术均为各轮产业革命中的关键共性技术,具有多种应用场景和广阔发展空间,从初期的特定应用最终扩展到在多个部门间被广泛应用,同时具有突出的溢出效应。通用目的技术不仅能促进生产、流通、组织方式的优化,也可以对产业转型和经济增长发挥出乘数倍增的作用。纵观人类经济发展史,几乎每次进入经济快速增长的时代(如工业革命时期和第二次世界大战后的高速增长期),都是由通用目的技术所驱动的。

通常,具有以下三个特征的技术被视为通用目的技术:

其一,它是单一、可识别的普遍适用技术,具有多种不同的用途;

其二,在初始阶段具有很大改进空间,继而在整个经济中得到广泛应用;

其三,创造大量的溢出效应,促进相关技术创新。

一直以来,学界对于通用目的技术的意义都推崇备至。布雷斯纳汉和特拉坦伯格强调,通用目的技术对于人类经济社会产生巨大、深远而广泛的影响,在多数时代都担任着"经济增长的引擎"。阿西莫格鲁(Acemoglu,2021)认为,大多数通用目的技术可以被视为其他技术发展与应用的"技术平台"(Technological Platform)——其他技术在通用目的技术的基础之上得到进一步发展,进而形成社会整体的技术进步,最终促进经济发展与效率提升。

事实上,上述文献所描述的特征都可以在计算机技术的发展历程中观察到。一方面,进入大规模集成电路阶段后,计算机的成本逐渐能够为大多数企业和家庭所承担。尤其是在 IBM 和苹果等公司推出个人计算机(Personal Computer,PC)后,计算机逐渐成为基础性生产力工具。另一方面,几乎每一项数字技术都是在计算机平台上进行设计、改良和实际应用的,是与计算机密切相关的。譬如,人工智能技术本质上就是一个计算机程序,互联网技术实现了不同计算机之间的信息互联,大数据分析技术的基础则是计算机的数据存储模块。从这个角度来说,计算机技术也可以被视为数字技术的通用目的技术。

进一步地,通过后文的叙述我们将发现:几乎所有的数字技术都具有一定的通用目的技术特征,成为其他应用性技术发展的基础平台,也因此具有驱动经济增长与转型的内在动能。而这正是数字经济能够成为第三种主要经济形态的技术基础。

二、人工智能:三次浪潮

尝试模拟、延伸和扩展人类智能的人工智能(Artificial Intelligence, AI)技术与计算机之间的关系既密切又微妙。一方面,多数情况下,与人工智能相关的科学研究被认为是计算机科学的一个分支,人工智能在一定程度上就是"机器智能"(Machine Intelligence),让计算机能够像人一样思考、拥有感知能力和认知能力是这项技术的终极目标。另一方面,计算机技术的未来发展很可能将与人工智能技术的前沿交汇——具有推理、联想、判断、决策、学习等能力的智能计算机,在发展前景上无疑比在计算能力上追求极致的超导计算机和量子计算机等技术更具颠覆性。展望未来,阿兰·图灵对于"类人思维机器"的伟大构想,可能需要人工智能与计算机技术二者皆达到极致时才有望成真。

相较于计算机技术,关于人工智能技术起源于何时何地的争议要小得多。1956 年,在闻名遐迩的"达特茅斯会议"上,围绕人工智能展开的学术讨论被公认为奠定了人工智能的理论基础,自此,"人工智能"这一新的计算机学科也得以开创。虽然图灵在达特茅斯会议召开的两年前就已与世长辞,但作为人工智能这一概念的提出者,他的研究对于达特茅斯会议的参与者和讨论内容都有着重要影响。

1950 年,图灵发表了一篇名为《计算机器与智能》(Computing Machinery and Intelligence)的论文,其中首次提出了"图灵测试"的方法,以区别机器是否具有智能。图灵测试(The Turing Test)的实施方式是由人向机器提出各种问题。如果提问人无法分辨答案是由机器作出的还是由人作出的,那么这个机器便可以被称为智能机器(见图 1-4)。时至今日,这一测试仍被广泛用于识别人工智能的拟人程度——人工智能领域久负盛名的"罗布纳奖"(Loebner Prize)就是基于图灵测试设计的聊天机器人比赛。

提问者

回答者A（人）　　　　　　　　　　　　　回答者B（计算机）

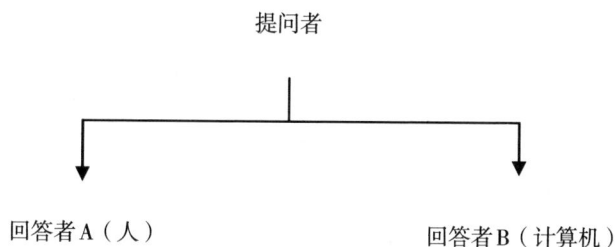

图1-4　图灵测试

达特茅斯会议的全称是"达特茅斯人工智能夏季研究项目"（Dartmouth Summer Research Project on Artificial Intelligence），其组织者是计算机科学家约翰·麦卡锡①，举办地是位于美国东北部新罕布什尔州汉诺威镇的达特茅斯学院。这一研讨会如火如荼地进行了两个月（1956年6月18日—8月17日）。达特茅斯会议的主题是"如何用机器来模仿人类学习"——即使在今天这一话题也依然十分新颖、引人注目。在达特茅斯会议中，"人工智能"的概念第一次被提出，人工智能也第一次被正式视为一个独立的研究领域。达特茅斯会议的参与者包括了当时数学界、信息科学界、计算机科学界乃至经济学界的一大批青年学者如赫伯特·亚历山大·西蒙②、克劳德·艾尔伍德·香农③和马文·李·明斯基④，这些学者之后的研究为人工智能相关的基础理论与应用技术的发展作出了重要贡献。

一般的观点是，人工智能技术的相关研究发展至今一共经历了三次浪

---

①　约翰·麦卡锡（John McCarthy，1927—2011年），美国科学家，于1971年获得图灵奖。

②　赫伯特·亚历山大·西蒙（Herbert Alexander Simon，1916—2001年），美国科学家、中科院外籍院士，他学识渊博、兴趣广泛，研究工作涉及经济学、政治学、管理学、社会学、心理学、运筹学、计算机科学、认知科学以及人工智能等广大领域，并作出了创造性贡献。他于1975年获得图灵奖，1978年获得诺贝尔经济学奖。

③　克劳德·艾尔伍德·香农（Claude Elwood Shannon，1916—2001年），美国数学家、信息论创始人。香农提出了信息熵的概念，为信息论和数字通信奠定了基础。为纪念他而设置的"香农奖"是通信理论领域最高奖，也被称为"信息领域的诺贝尔奖"。

④　马文·李·明斯基（Marvin Lee Minsky，1927—2016年），美国科学家，框架理论的创立者，于1969年获得图灵奖。

潮,其中以"符号主义"与"联结主义"之间①的激烈角逐为发展主线。符号主义(Symbolism),又称逻辑主义,认为人类的理性能力代表人类智能的全部内容,主张使用数学公理和逻辑体系构建人工智能系统,又被称作人工智能的"计算机学派"。联结主义(Connectionism),认为人们观念的联结习惯也能体现人类的智能,主张模仿人类的神经元、用神经网络的联结机制构建人工智能,又被称作人工智能的"仿生学派"。简言之,计算机学派认为人工智能应该模仿人类的逻辑方式来获取知识,而仿生学派认为人工智能应该利用大数据和训练来学习知识。

(一)第一次浪潮:符号主义与专家系统

人工智能技术的第一次浪潮从达特茅斯会议开始,到 20 世纪 70 年代中期结束。这段时间内的人工智能大多建立在符号主义的基础之上,代表人物是艾伦·纽厄尔②和赫伯特·西蒙,而其中最具代表性的应用当属"专家系统"(Expert System)。

1955 年,在达特茅斯会议正式召开的一年前,艾伦·纽厄尔和赫伯特·西蒙就已经完成了第一个人工智能程序"逻辑理论机"(Logic Theory Machine)的开发。"逻辑理论机"的基本设计思路是,用计算机的符号操作来抽象逻辑思维,进而模拟人的认知过程。遵循这一思路设计的逻辑理论机能够自动地进行逻辑推理、证明数学定理,譬如,第一版逻辑理论机就能够证明罗素《数学原理》③前 52 个定理中的 38 个。同 ABC 计算机的设计

---

① 行为主义(Actionism),又称控制论学派,是人工智能的第三大主义,出现于 20 世纪末期但并非主流,在此不做赘述。

② 艾伦·纽厄尔(Allen Newell,1927—1992 年),美国计算机科学和认知信息学领域的科学家,于 1975 年获得图灵奖。

③ 《数学原理》(The Principles of Mathmatics,出版于 1910—1913 年)是由英国哲学家伯特兰·罗素(Bertrand Russell)和其老师怀特海(Alfred North Whitehead)合著的一本关于哲学、数学和数理逻辑的巨著,该书对逻辑学、数学、集合论、语言学和分析哲学有着巨大影响。

初表一样,求解数学方程也成为人工智能最早的应用场景,也许正如伽利略所说,"数学是上帝用来书写宇宙的文字"。

人工智能技术的发展早期依赖于符号主义的原因主要有两点。一方面,符号主义认为,人类认知和思维的基本单元是符号,而认知过程就是在符号表示上的一种运算。如果人是一个物理符号系统,那么计算机也可以被视为一个物理符号系统,因此就能够用计算机来模拟人的智能行为,即用计算机的符号操作来模拟人的认知过程。另一方面,逻辑推理的算法是相对简单直白的,它对于硬件算力的要求并不高,因而在当时的硬件条件下很容易被商业化。

人工智能的早期应用——专家系统便是基于符号主义所开发的一种应用程序。专家系统中包含大量的某个领域(如医疗、建筑和化工)专家水平的知识与经验,能够利用人类专家的知识和解决问题的方法来回答、处理该领域的问题。使用这一系统就仿佛在向一位特定领域的专家进行咨询、请教,专家系统也由此得名(见图1-5)。

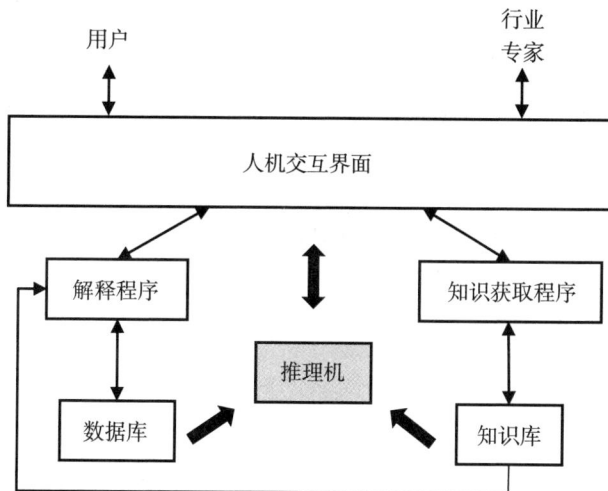

图1-5 专家系统

1965 年,赫伯特·西蒙的学生、"知识工程"(Knowledge Engineering)的倡导者爱德华·费根鲍姆①与乔舒亚·莱德伯格②等几位合作者总结了类似于逻辑理论机的通用问题求解系统的成功经验及其可优化之处,并结合化学领域的专门知识,研制出了世界上第一个专家系统 Dendral。起先,莱德伯格提出了一种可以根据输入的质谱仪③数据列出所有可能的分子结构的算法,之后,他与费根鲍姆将化学领域和质谱仪的相关知识存入专家系统 Dendral 中,Dendral 便可以根据给定的有机化合物的分子式和质谱图,从几千种可能的分子结构中挑选出一个正确的分子结构。Dendral 的出现给医学研究带来了很大帮助,极大地提升了推断分子结构的效率。与此同时,Dendral 的成功也打响了专家系统的名号,此后更多的专家系统被广泛运用于化学、数学、物理、生物、医学、农业、气象、地质勘探、军事等众多领域,这也造就了人工智能的第一轮研究与应用热潮。

然而,专家系统以及与其同一时期的其他人工智能技术的发展,只能算是昙花一现。到了 20 世纪 80 年代,这项技术迅速在商业界失宠,相关企业大规模破产,"人工智能的寒冬"全面到来。

虽然稍显不近人情,但一个冰冷的事实就是,专家系统的失败是全方位的。一方面,虽然专家系统在成本上要远远低于早期的电子计算机,但其仍然是"缓慢、庞大而昂贵的机器",在当时,一项用于诊断和治疗血液感染及脑炎感染的 MYCIN 系统④的造价就已高达上百万美元,这也导致 MYCIN

---

① 爱德华·费根鲍姆(Edward Albert Feigenbaum,1936—   ),美国科学家,于 1994 年获得图灵奖。

② 乔舒亚·莱德伯格(Joshua Lederberg,1925—2008 年),美国遗传学家,细菌遗传学创始人,于 1958 年获得诺贝尔生理学或医学奖。

③ 质谱仪(Mass Spectrograph),分离和检测不同同位素的仪器。即根据带电粒子在电磁场中能够偏转的原理,按物质原子、分子或分子碎片的质量差异进行分离和检测物质组成的一类仪器。

④ MYCIN 系统(该名取自抗生素的英文后缀-mycin,意即霉素),20 世纪 70 年代初由美国斯坦福大学研制,其开发实验室曾于 60 年代开发出 Dendral 系统。

系统最终并没有被用于实践之中；另一方面，于 20 世纪 60 年代末出现的互联网技术提供了一种更加便捷、快速和廉价的知识获取方式。一个高效的搜索引擎几乎可以被视为所有专家系统的集合体，最重要的是——它几乎不花分毫，在多数情况下是一种免费服务。互联网使由万千网民共同构成的群体智慧替代了循规蹈矩的复杂逻辑，自此，人工智能的逻辑主义彻底宣告失败。

《硅谷百年史》的作者皮埃罗·斯加鲁菲（Piero Scaruffi）曾经这样描述网络搜索对于专家系统的降维打击："在计算机程序的世界里，搜索引擎犹如一只粗暴但动作迅猛的野兽，但却可以完成曾经只属于艺术家的工作。"

（二）第二次浪潮：联结主义与人工神经网络

人工智能技术的第二次浪潮从 20 世纪 70 年代中后期开始，一直到 2006 年结束，持续了 30 年左右的时间。这一次浪潮中，基于逻辑主义的人工智能逐渐失宠，仿造人类神经系统的联结主义逐渐开始占据主导地位，人工神经网络（Artificial Neural Network，ANN）[①]成为人工智能的主流技术。

早在 1943 年，心理学家沃伦·麦卡洛克[②]和数理逻辑学家沃尔特·皮茨[③]就提出了人工神经网络的概念，并给出了人工神经元的数学模型，开创了人工神经网络研究的时代。

到了 20 世纪 60 年代，受到麦卡洛克和皮茨的启发，美国神经科学家弗兰克·罗森布拉特[④]提出了可以模拟人类感知能力的机器，并称之为感知机（Perceptron）——它可以被视为一种最简单形式的人工神经网络。1957

---

①　以数学模型模拟神经元活动，是基于模仿大脑神经网络结构和功能而建立的一种信息处理系统。

②　沃伦·麦卡洛克（Warren McCulloch，1898—1969 年），神经学家，计算神经科学的开创者之一。

③　沃尔特·皮茨（Walter Pitts，1923—1969 年），计算神经学、控制论和人工智能的重要奠基人之一。

④　弗兰克·罗森布拉特（Frank Rosenblatt，1928—1971 年），美国计算机科学家。

年,在美国海军等政府部门的支持下,罗森布拉特教授在康奈尔航空实验室中完成了感知机的仿真,这个模型可以完成一些简单的视觉处理任务,引起了学界的轰动(见图1-6)。

图1-6 年轻的罗森布拉特教授与感知机

资料来源:康奈尔大学官方网站,见 http://cornell.edu。

1969年,罗森布拉特教授的高中学弟马文·明斯基——当然他还有另一个更显赫的身份——达特茅斯会议的参与者,与合作者西摩尔·派珀特①共同完成了专著《感知机:计算几何简介》,对罗森布拉特及其研究进行了批判。明斯基认为神经网络这一概念的构成过于简单,因而在理论上无法证明将感知器模型扩展到多层网络是有意义的。具体的,在这本书中明斯基和派珀特用数学方法论证了想要为人工智能构建神经网络几乎不可能,主要是因为感知机模型存在的两个关键问题——单层神经网络无法处理"异或门"②电路,同时现实算力也难以满足大型神经网络长时

① 西摩尔·派珀特(Seymour Papert,1928—2016年),美国麻省理工学院终身教授,教育信息化奠基人,数学家、计算机科学家、心理学家、教育家,近代人工智能领域的先驱者之一。

② 异或门(Exclusive-OR gate,XOR gate),一种数字电子技术专业术语。

间运行的需求。

恰恰是同一年,明斯基由于刚刚获得了计算机领域的最高奖项——图灵奖而名声大噪,在学界可谓家喻户晓、德高望重,他在此书中的论证自然为神经网络的发展写下了基调凄凉的判词。既然人工智能领域的领军人物明斯基都断言将人工智能领域导向神经网络是"自寻死路",那么顺理成章,一大批青年学者纷纷抛弃了神经网络的相关研究,转向了其他领域。从一定程度上来说,明斯基的这本书几乎扼杀了人工智能技术,特别是神经网络的发展,在接下来的十多年中,人工智能技术的研发如一潭死水,清风吹不起半点涟漪。

即使这样,依然有一批学者坚持在神经网络的研究之路上,未曾放弃。

1974年,哈佛大学的保罗·韦尔博斯(Paul Werbos)首次在其博士论文中探讨了实现多层神经网络的误差反向传播(error BackPropagation,BP)算法,但此时正值人工智能尤其是神经网络的低潮期,这篇论文并未引起足够重视和广泛传播。1982年,加州理工学院的物理学家约翰·霍普菲尔德(John Hopfield)利用神经网络,通过电路模拟仿真的方法求解了旅行商①这个NP完全问题②,在学术界引起了轰动,黯淡无光十余年的人工智能研究领域终于又重见曙光。遗憾的是,霍普菲尔德并没有使用BP算法,也未能论证《感知机:计算几何简介》一书中的问题所在。直到1986年,杰弗里·辛顿③及其合作者在知名期刊《自然》(Nature)上发表了文章《反向传播算法的训练方法》(Learning Representations by Back-propagating Errors),震惊

---

①　旅行商问题(Travelling Salesman Problem,TSP),是一个经典的组合优化问题,即"给定一系列城市和每对城市之间的距离,求解访问每一个城市一次并回到起始城市的最短回路"。

②　NP完全问题(Non-deterministic Polynomial Complete Problem,NP-C问题),即多项式复杂程度的非确定性问题,世界七大数学难题之一。

③　杰弗里·辛顿(Geoffrey Hinton,1947—　),神经网络之父,多伦多大学名誉教授,于2018年获得图灵奖。

了人工智能学界。文章中完整地提出了 BP 算法①,并指出 BP 算法可以用来训练深度神经网络,即多于两层或三层的神经网络,这就从根本上推翻了明斯基对于感知机的错误论断——明斯基否定感知机的一大原因就是单层神经网络无法处理异或问题,而现在 BP 算法可以实现多层神经网络。辛顿等系统地解决了多层网络中隐单元连接权的学习问题,并在数学上给出了完整的推导。BP 算法的提出为构造复杂的神经网络提供了可能,成为神经网络发展史上的里程碑。更为重要的是,BP 算法明确否定了明斯基等在《感知机:计算几何简介》一书中的错误论点,克服了书中的理论难题,奠定了用计算机模拟神经网络的理论基础,掀起了神经网络的第二次高潮。

在人工智能发展的这一阶段,该学科自然地和神经科学中的认知科学相融合:联结主义尝试使用数学微积分来模拟大脑是如何工作的,而认知科学恰恰是研究大脑如何工作的学科。从自动计算到能够感知,再到尝试认知的技术进步,是人工智能第二次浪潮的巨大突破。然而,这一阶段的人工智能在商业化上遇到了较大的困难,由于计算机硬件算力和存储能力上存在的限制,相关应用和产品的发展陷入低潮。

(三)第三次浪潮:深度学习主宰一切

从 2006 年开始,以多伦多大学计算机科学系的杰弗里·辛顿教授提出"深度信念网络"(Deep Belief Network,DBN)为标志,人工智能真正进入主线明确又百花齐放的"深度学习"时代。按照技术类型划分,人工智能的第二次和第三次浪潮都是以联结主义与人工神经网络为基础的。其不同点在于,相比第二次浪潮,第三次浪潮可谓集齐了"天时"、"地利"与"人和":首

---

① BP 算法是迄今最成功的神经网络学习算法。现实任务中使用神经网络时,大多都是使用 BP 算法进行训练的,包括最近炙手可热的深度学习概念下的卷积神经网络(CNNs)。

先,自20世纪末期开始数字经济的迅速发展、各国政府的政策加码以及媒体的持续关注,构成了人工智能技术能够引起足够重视的"天时";其次,新一代计算机软硬件的技术升级与成本降低,使大规模并行计算成为可能,实现了人工智能技术研发的"地利";最为重要的是,以辛顿为代表的一批人工智能学者及其研究的崛起,促成了人工智能技术的"人和"。以上三者相互叠加、彼此促进,由此,人工智能的全面发展期真正到来。

2012年后,世界上几乎所有主要的科技公司都纷纷投资于人工智能领域,人工智能在医疗、大数据、生物技术、金融和软件设计等诸多领域实现了大规模应用。在众多初创企业和人工智能程序中,最受瞩目的便是由谷歌公司(Google)所投资的DeepMind公司及其旗下的Alpha系列人工智能。

DeepMind公司是一家总部位于英国伦敦的人工智能初创企业。在成立早期,DeepMind结合卷积网络①和强化学习来训练升级网络,其第一个享誉世界的人工智能程序便是先后击败多位世界顶尖围棋棋手的AlphaGo②。而之后,AlphaGo的进阶版——采用升级版的强化学习算法的AlphaGo Zero的学习能力更加惊人且无须任何人类输入。在自我训练3天后,AlphaGo Zero就能连赢其"前辈"AlphaGo一百场。表1-2中罗列出了DeepMind公司的一些其他人工智能程序。这一表格也充分展现了基于深度学习所研发出的人工智能及其广阔的应用空间。

表1-2 DeepMind研发的人工智能程序

名称	功　能	算法原理	公布年份
AlphaGo	下围棋,战胜李世石、柯洁等顶尖棋手	深度Q网络	2016

① 卷积网络(Convolutional Network),计算机科学技术名词。
② 2016年3月,AlphaGo 4:1战胜世界冠军李世石;2017年5月,AlphaGo 3:0战胜当时排名世界第一的中国棋手柯洁。

续表

名　称	功　　能	算法原理	公布年份
AlphaGo Zero	下围棋,以 100:0 的战绩击败 AlphaGo	深度 Q 网络	2017
Alpha Star	玩电子游戏"星际争霸"	多智能体强化学习	2019
Alpha Fold	计算蛋白质分子 3D 结构	深度 Q 网络	2020
Mu Zero	无规则指导的前提下学习并进行各类游戏	基于模型的强化学习	2020
未命名	控制核聚变反应(托卡马克装置)	深度强化学习算法	2022
Alpha Code	编写程序,在编程比赛中取得中游成绩	Transformer 模型	2022
Ithaca	复原受损历史文本	Transformer 模型	2022

资料来源:DeepMind 公司资料。

可以说,人工智能的尖端技术水平代表了整个计算机技术的前沿,这也是近年来人工智能领域的新技术和新产品能引起广泛关注的原因。然而,目前该项技术的发展也面临着一个类似于明斯基问题的新难题:人工智能究竟如何才能实现从感知到认知、从弱人工智能到强人工智能的关键突破?

一般认为,人工智能的技术水平可以分为三个层次:运算智能、感知智能以及认知智能。逻辑主义时代的人工智能技术基本属于运算智能的范畴。人工神经网络成为主流的智能算法后,感知智能得到了长足发展。高性能计算机、云计算、大数据和传感器的普及,以及计算成本的大幅下降,使人工智能能够像人类一样辨识声音与影像,或是针对问题作出合适的判断。然而,运算智能和感知智能在本质上都是"弱人工智能":不能真正地进行推理或解决问题,其技术内核仍是联结主义。只有当人工智能具有认知功能,才能被广泛地应用于各个领域和场景,成为"强人工智能"或"通用人工智能"。遗憾的是,我们目前距离实现这一目标还有相当长的距离。

第二节　万物互联：信息的产生与传递

信息指代的是人类社会传播的一切内容。人类通过获得、识别自然界和社会的诸多不同信息来区别不同事物，从而得以认识世界、改造世界。

人类传递信息的历史可谓由来已久，家喻户晓的"马拉松"（Marathon）长跑，其起源便与信息传递有着千丝万缕的联系。公元前490年，历时半个世纪的希波战争①刚刚拉开序幕，波斯王"大流士一世"②带着战舰与军士在雅典城东北部的马拉松海湾登陆，对雅典城邦势在必得。为了集结兵力、增募援兵，传令兵斐里庇第斯（Pheidippides）从马拉松平原前线跑回雅典，但奈何雅典城中已无精兵，他又一路跋涉向240公里外的斯巴达城邦求助。可惜，时值斯巴达一年一度的重要节日——卡尔纳尼亚月祭典，在月缺之时不能发兵。与此同时，斯巴达自身也面临着政治动荡，于是便拒绝了雅典的求助。斐里庇第斯只能将这沮丧的消息带回雅典。然而，孤立无援的雅典人并没有放弃，最终以区区一万兵力奇迹般地击溃了十万波斯大军。在马拉松湾大获全胜后，斐里庇第斯又不停不歇狂奔40公里，将胜利的消息从马拉松平原前线传回雅典，最终在到达雅典之后力竭而亡。

1896年，雅典承办第一届现代奥运会时，现代奥运之父顾拜旦的朋友、法国历史学家、语言学家米歇尔·布雷亚（Michel Breal）提出建议，应该设立一项从马拉松平原跑到雅典的比赛，以纪念斐里庇第斯的壮举，同样也是纪念这一伟大的信息传递历程。于是，现代"马拉松赛"正式诞生。1908年，在举办第4届伦敦奥运会时，为便于观赛，国际田联将温莎城堡到奥林

---

① 希波战争（Greco-Persian Wars），又称波斯战争，是对公元前499—前449年波斯帝国与希腊城邦之间爆发的一系列战争的统称，前后持续了半个世纪。战争以希腊联军获胜、波斯战败而告终。

② 大流士一世（Darius I，公元前550—前486年），波斯帝国第三位皇帝。

匹克体育场的距离(26 英里 385 码,约为 42.195 公里)确定为马拉松赛跑的标准距离,如今马拉松赛的"42.2 公里"赛程正是由此而来。

随着人类社会的变迁与发展,信息的传递方式也在不断发生变化,而信息传递技术(Information Carrier Technology)作为一种专用技术伴随着自然科学的不断进步经历了多轮变革。具言之,信息传递的传输速度、信息容量、安全性和准确性都在不断提升。

翻阅中华几千年的诗歌,不难发现无论是"良夜颐宫奏管簧,无端烽火烛穹苍"①中的"烽火",还是"怖后长依阿育塔,驯来还寄曲江书"②中的"信鸽",或是"古驿萧萧独倚阑,角声催晚雨催寒"③中的"驿站",这些意象都频繁出现在古代典籍与文学作品中,是我们先祖传递信息的证明。在非洲东部尼日利亚的贝喀萨地区,当地人则将猴子作为信使。在猴子未成年时,人们就将其从母猴身边带走,再放出小猴让它依照气味去寻找母猴。久而久之,小猴子就记住了回到母猴居所的道路。训练成功后,当地人就将装有信笺的竹筒缚在小猴子身上,放它出笼,小猴子就会把信送到母猴所在的地方。相较于信鸽传信,这种邮递方式的准确率要高得多——一是因为猴子作为灵长类动物更加智慧、更加识路,二是猴子比较不容易被老鹰等动物捕食。而在地球的另一侧,位于斯堪的纳维亚半岛的居民在 19 世纪仍保留着利用海鱼传递信件的传统。当地渔民发现有一种鱼类的生活习性非常有规律——它们成群结队地从海峡的这一边游到另一边,日升而去,次日返回,终年不变。于是当地人利用鱼群的这种洄游特性,将装有信件的袋子放在水里,鱼群就像运石头的西西弗斯一样一路将袋子顶着送到对岸,而对岸的居民收信之后可以用同样的方式让鱼群送达回信。可见在人类进入现代

---

① 　出自明末小说家冯梦龙的《东周列国志》。
② 　出自明代文学家王世贞的《咏物体·鸽》。
③ 　出自南宋诗人陆游的《寓蓬莱馆》。

社会之前,"烽火狼烟"、"鱼书雁信"与"驿马邮递"等物理传输模式都曾是主流且普遍的信息传递方式。

第二次工业革命①后,伴随着"电气时代"的全面到来以及新的信息传输工具的发明与改良,信息传输方式迎来了重大变革。1844年,美国科学家塞缪尔·莫尔斯②使用自制的电磁式电报机,通过65公里长的电报线路成功从华盛顿州向巴尔的摩发出了人类历史上第一份电报。1876年,美国发明家亚历山大·贝尔③与其助手试验出了世界上第一台可用的电话机,实现了声音讯息的跨地区实时传输,自此,信息传递的基本方式得到了革命性扩展。短短二十多年后,意大利工程师伽利尔摩·马可尼④首次成功收发无线电报,建立了跨越英吉利海峡、连接英法两国的无线电通信。相较于电报和电话依赖于电流在导线内传输信号,无线电通信技术使通信摆脱了依赖导线的方式,为迅速传递信息提供了全新的渠道,是通信技术史上的一次飞跃。

在近代史上,电报、电话以及无线电逐渐替代了传统的物理传输模式,成为最为主要的信息传递方式,构成了新的全球信息网络,从而使国与国之间以及人与人之间的经济、政治和文化联系均得到全面加强。

毋庸置疑的是,在人类信息传递史的完整历程中,互联网的出现与发展

① 第二次工业革命(Second Industrial Revolution),开始于19世纪60年代中后期,以电力的发现和广泛应用为标志,主要发生在欧、美、日等国家和地区。

② 塞缪尔·莫尔斯(Samuel Finley Breese Morse,1791—1872年),美国画家、电报之父,创立了摩斯电码。

③ 亚历山大·格拉汉姆·贝尔(Alexander Graham Bell,1847—1922年),苏格兰裔美国发明家、企业家。他获得了世界上第一台可用的电话机的专利权,并创建了贝尔电话公司(AT&T公司的前身)。关于电话的发明者尚存争议,2002年6月15日美国国会判定意大利人安东尼奥·梅乌奇为电话的发明者,同年6月21日加拿大国会通过决议重申贝尔是电话的发明者,另外一部分人则认为伊莱沙·格雷是电话的发明者。

④ 伽利尔摩·马可尼(Guglielmo Marconi,1874—1937年),意大利无线电工程师、企业家、实用无线电报通信的创始人,于1909年获得诺贝尔物理学奖,被称为"无线电之父"。

可谓迄今为止最为重要的技术突破。同互联网技术相比，以往任何的信息传递技术突破——即使是电磁波电报、无线电广播和图像传真这样的重要技术——都显得相形见绌。而进入 21 世纪之后，物联网的出现又为信息传递创造了一种新的可能性，"万物互联"从一个概念设想逐渐走向人类现实。

一、互联网的出现与发展

如前文所述，计算机技术的出现与发展，极大地提高了人类对信息的收集、分析与处理能力。通过计算机获取大量的信息和知识后，人们很自然地想要将这些信息传递出去，以充分发挥其经济价值。然而直到 20 世纪 60 年代，信息传递技术的发展仍远远落后于计算机技术。当时最为主流的电话交换系统，无法将计算机中的大量信息数据高效地传输给接收方。究其原因，在于采用这些信息传递技术的主体是人，而非机器——即需要先将信息转化成人可以理解和传达的方式（如文字内容和声音讯息），再经由电话和电报进行传输。而想要提高信息的传输效率，就需要让机器成为信息传递的主体，将计算机和计算机联系起来，进而实现信息和信息载体（数据）的双向甚至多向传输。正是这一理念的提出，促成了互联网技术的产生与发展。

（一）互联网的始祖——阿帕网

1957 年 10 月 4 日，一颗沙滩排球大小的卫星从拜科努尔航天中心①发射升空，不停的"劈啪"声划破了浩瀚宇宙沉寂百亿年的夜空。这颗由苏联发射的人类第一颗人造卫星"伴侣号"（Sputnik），直径约 58 厘米、重约 83 千克，其绕地球一圈用时约 98 分钟，并能通过无线电向外界发出持续的"劈啪"声。第一颗人造卫星的成功发射，无疑使当时与苏联处于"冷战"对峙中的美国落入下风，于是美国当局迅速加大了国防和科研的相关预算。

---

① 拜科努尔航天中心（Baikonur Kazakhstan Launch），始建于 1955 年，位于哈萨克斯坦境内，是世界第一座也是规模最大的航天发射中心。苏联解体后，哈俄两国签署协议，俄罗斯每年向哈萨克斯坦支付 1.15 亿美元以获得该中心的使用权，直到 2050 合约年到期。

为了在航空技术上战胜苏联,美国于 1958 年成立了美国国家航空航天局(NASA)[1];为了保证美军通信网络的安全,使通信系统不至于被苏联"一击即破",美国于同年成立了高级研究计划局(APRA)[2],旨在实现当网络的某一部分因遭受攻击而失去工作能力时,网络的其他部分仍然能维持正常的通信工作。

1967 年,高级研究计划局的信息处理部(IPTO)[3]开始筹建使计算机能够进行远距离通信的分组交换网络,以区别于传统的电路交换网络。电路交换(Circuit Switching),是网络中两个端点之间的单路连接,典型的例子就是固定电话;分组交换(Packet Switching),是通过网络交换机或路由器将信息传送到目的地的方式,由序言中介绍的计算机专家伦纳德·克兰罗克首先提出,现如今我们所使用的移动电话和互联网都属于分组交换。关于这二者之间的详细对比,可参见表 1-3。分组交换的实现,标志着"阿帕网"(APRAnet)项目正式启动。其中,"APRA"代表美国高级研究计划局,"net"(网)则描述了多台计算机之间彼此连接构成的信息通信网络。

表 1-3 电路交换与分组交换的比较

	电路交换	分组交换
连接方式	从传输源到目的地的单路连接	每个分组独立传输 且遵循不同的路由到达目的地
专用线路	有一条专用线路	没有专用线路

① 国家航空航天局,英文全称 National Aeronautics and Space Administration,简称 NASA,负责制定、实施美国的太空计划,并开展航空科学的相关研究。

② 高级研究计划局,英文全称 Advanced Research Projects Agency,简称 ARPA,负责研发用于军事用途的高新科技。于 1996 年改名为美国国防高级研究计划局(Defense Advanced Research Projects Agency),简称 DARPA。

③ 信息处理部,英文全称 Information Processing Techniques Office,简称 IPTO,研究电脑图形、网络通讯与超级计算机等。

续表

	电路交换	分组交换
优点	数据传输快速 按序到达目的地且到达速率恒定	灵活性较高
适用情况	实时的数据传输 能传输高质量的音频和视频	突发的数据传输 能抵御传输中的延时和抖动
应用	传统的电话服务	绝大多数网络协议、移动电话技术

1969 年 11 月,一个涵盖 4 个节点的阿帕网正式建立——这 4 个节点属于美国西海岸四所知名大学①的四台大型计算机,是之后所有互联网的始祖。此后,阿帕网覆盖的节点日益增多,1975 年,阿帕网已经涵盖全美大陆 40 多个节点、100 多个主机,而到了 1981 年,阿帕网所覆盖的节点已达到 94 个之多。阿帕网就此风靡了二十年,直到 1990 年 6 月,NSFnet② 取而代之成为互联网的重要主干网,阿帕网完成了使命,彻底退出了历史舞台。而当 NSFnet 在美国风生水起的时候,其他国家的大学和科研机构也在建设自己的广域网,这些网络都与 NSFnet 兼容,它们最终构成了如今世界范围内互联互通的网络。

(二)网络控制协议与传输控制协议/网络协议——现代网络的根基

通过网络将不同的计算机相互联结起来,只是构建互联网的第一步。在互联网上的计算机与计算机之间想要进行数据传输,还需要遵循特定的网络通信协议,以确保不同主机在互联网上的对等地位,进而实现平等、有序的信息共享。

1970 年 12 月,阿帕网建立了第一套主机对主机的网络协议——网络控制协议(Network Control Protocol,NCP)。网络控制协议适用于所有计算

---

① 这四所大学分别是:加州大学洛杉矶分校、加州大学圣巴巴拉分校、斯坦福大学以及犹他大学。

② 1986 年,美国国家科学基金会(National Science Foundation,NSF)建立了在全美按地区划分的计算机广域网,并将这些地区网络和 6 个超级计算机中心连接起来,实现资源共享。

机位于同一网络、采用同一操作系统的互联网场景,因而对于当时连接数只是个位数的阿帕网来说,网络控制协议已经绰绰有余。然而,互联网的发展本身就具有网络效应(Network Effect)①,在进入迅速扩张期后网络控制协议就稍显滞后、不再适用了。

正如上文所说,到了20世纪80年代,阿帕网在北美的节点已近100个,若想要进一步扩张,对于网络环境和操作系统的限制就必须解除,互联网必须适应异构网络环境②。在当时,不同类型的计算机有着不同的语言,相互之间无法通信,严重阻碍了阿帕网的进一步发展。要知道,科学家从来不会坐以待毙,早在1974年,时任高级研究计划局信息处理部部长的罗伯特·卡恩③就与同事温顿·瑟夫④在《电子技术与信息科学工程学会》(IEEE)期刊上发表了一篇题为《关于分组交换的网络通信协议》(A Protocol for Packet Network Intercommunication)的论文,正式提出"传输控制协议/网络协议"(Transmission Control Protocol/Internet Protocol,TCP/IP)⑤这一概念,用以实现计算机网络之间的互联。而卡恩和瑟夫也因为传输控制协议/网络协议的发明而荣膺"互联网之父"称号。

1983年,在多年技术沉淀的基础上,能够在多个不同网络间实现信息传输的传输控制协议/网络协议正式取代网络控制协议,成为阿帕网的基准协议(见表1-4)。在传输控制协议/网络协议的加持下,互联网的适用性得到极大提高,迅速在美国乃至全球扩展开来。时至今日,传输控制协

①　即用户从某种商品、服务中获得的价值或效用取决于兼容产品的用户数量。

②　异构网络环境(Heterogeneous Network Environments),是指由不同制造商生产的计算机和系统组成的网络环境。而在同构网络环境(Homogeneous Network Environments)中,网络部件是由同一个供应商供应的或者是兼容设备,它们运行在同一个操作系统或网络操作系统下。

③　罗伯特·卡恩(Robert Elliot Kahn,1938—),美国计算机科学家,于2004年获图灵奖。

④　温顿·瑟夫(Vinton G.Cerf,1943—),美国计算机科学家,于2004年获图灵奖。

⑤　TCP/IP协议是一个由FTP、SMTP、TCP、UDP和IP等协议构成的协议簇,只是因为在TCP/IP协议中TCP协议和IP协议最具代表性,所以才被称为TCP/IP协议。

议/网络协议仍是大部分互联网共同遵守的一种网络规则。

表1-4 网络控制协议与传输控制协议/网络协议的比较

	网络控制协议	传输控制协议/网络协议
适用环境	同构网络环境	异构网络环境
研发时间	1970年	1974年
研发者	罗伯特·卡恩	温顿·瑟夫和罗伯特·卡恩
层级	数据链路层	应用层、运输层、网络层、网络接口层

（三）互联网在全球的商业化

在某种意义上，互联网的诞生可以被视为美苏冷战的产物。20世纪60年代，无论是政府还是民众，都坚信科学技术——特别是计算机相关技术的发展水平，决定着战争的成败。因而在互联网发展的早期，政府、研究机构以及大学是最主要的推动者。后来，伴随着个人计算机和信息与通信技术基础设施的不断普及，众多科技企业逐渐从互联网上嗅到了属于未来的无限商机，也成为互联网发展的积极推动者。

1991年，美国三家新兴的网络运营商①联合成立了全球第一个"商业互联网交易中心"，开启了美国的互联网商业化进程。在这之后的五年里，一批互联网企业如雨后春笋般涌现，也促成了网络浏览器、搜索引擎以及即时通讯等各项应用的逐渐问世。

2000年前后，互联网在美国已经完全普及，在其他国家也开始"生根发芽"。

中国与互联网的结缘可以追溯到1994年，因而这一年也被定义为中国的"互联网元年"。1994年4月20日，中关村地区教育与科研示范网络（NCFC）②

---

① 这三家运营商分别是UUNET、PSINet和CerfNET。

② 1989年国家计委利用世界银行贷款而设立的重点学科项目，世界银行将其命名为National Computing and Networking Facility of China，由清华大学、北京大学和中国科学院计算所三个单位共同实施。

开通了一条连入互联网的 64K 国际专线,标志着中国正式接入国际互联网。1994 年 5 月 15 日,中科院高能物理研究所设立了国内第一个 Web 服务器①,并推出了中国第一套网页,用于介绍中国的高科技发展情况。1995年,中国电信开通了北京、上海两个接入互联网的节点。1997—2000 年,一大批如今耳熟能详的互联网公司陆续成立——如网易(1997 年 6 月)、搜狐(1998 年 2 月)、腾讯(1998 年 11 月)、新浪(1998 年 12 月)、阿里巴巴(1999 年 9 月)和百度(2000 年 1 月)。在经历了 21 世纪初的互联网寒冬后,中国的互联网行业日趋成熟,如今已然缓慢成长为用户数、网络连接数、市场规模以及业务种类都居于全球领先地位的"互联网发达"国家。

与中美两国的高速发展不同,世界另一大经济体——欧盟的互联网发展速度要缓慢地多,自然地,其数字经济发展水平也长期落后于中国与美国。出现这一结果的原因是多方面的,但主要可以归纳为以下三点:其一,欧洲对于互联网时代的关键资源——数据的监管十分严苛。1995 年,欧盟通过《数据保护指令》(Data Protection Directive,DPD),这一法案对企业使用个人数据进行了严格的审查和要求,但这个法案有一个巨大的失误——它只限制欧盟内部的企业,而对外来的企业却没有要求,因而间接地导致欧洲本土完全没有任何大型互联网企业——《数据保护指令》的条文如一根根藤蔓缠绕住了本土互联网企业向上高飞的可能。2018 年 5 月,欧盟通过了取代《数据保护指令》的《通用数据保护条例》(General Data Protection Regulation,GDPR)②,进一步加强了对于数据安全的要求。更为重要的是,该条例的适用范围极为广泛,任何收集、传输、保留或处理涉及欧盟所有成员国内个人信息的机构组织均受该条例的约束——这意味着外来企业如谷

---

① Web 服务器,也称 www(world wide web)服务器,提供网页信息浏览服务。世界第一台 web 服务器建立于 1989 年。
② 2016 年 4 月由欧盟议会通过,2018 年在欧盟成员国内正式生效实施。

歌公司①和脸书公司(Facebook)②也要像欧盟本土企业一样受到严格的法律要求。其二，众所周知，如同欧洲国家的领土一样，欧盟任何一国的本土市场都相对较小，且大部分国家的互联网运营商都彼此不同、规模有限，因而无法有效面对美国互联网巨头的冲击与竞争。其三，欧洲的互联网基础设施建设水平相对落后，高速网络迟迟不能联通欧洲，从而造成了先天性的竞争劣势。虽然整体发展水平有限，但是一些欧盟国家的互联网经济和数字经济发展也有不少亮点，在本书的第三章中我们将会重点介绍这部分内容。

（四）互联网的纵向拓展——移动互联网

进入 21 世纪后，移动互联(Mobile Internet)③技术的出现与发展可以被视为互联网技术面临的最大变革。时至今日，这一变革仍在继续发酵。正如前文所述，互联网是将一个个计算机相互联系起来的技术。如果连接的主体从计算机变成了人们随身携带的智能手机，那么互联网的广度、深度和覆盖度自然将得到指数级别的提升。而想要实现这一跃迁，存在以下两个先决条件：信息传输主体的充分智能以及无线网络的全面覆盖。第一点，是指移动电话的充分智能，只有当人们能够在手机上进行以往只能在计算机上实现的绝大多数信息处理和传输活动时，移动互联才有意义；第二点，是指只有当人们在任何地方都能够连接到互联网时，移动互联才算真正实现。幸运的是，进入 21 世纪后，以上两个条件先后得到满足，从而驱动移动互联技术成为互联网技术系列中的核心技术。

从 1969 年互联网的始祖——阿帕网诞生到现在，互联网已然无处不

---

① 谷歌公司，成立于 1998 年 9 月，全球最大的搜索引擎公司，总部位于美国加州。

② 脸书公司，成立于 2004 年 2 月，全球排名第一的照片分享站点，总部位于美国加州。2021 年 10 月 28 日，马克·扎克伯格宣布，Facebook 将更名为"Meta"。

③ 移动互联是移动互联网的简称，是指互联网的技术、平台、商业模式和应用与移动通信技术结合并实践的活动的总称。

在。纵观过去五十多年互联网技术的发展历程,仍有一个难题悬而未决,那就是在互联网由"中心化"到"去中心化"的历史背景之下,商业互联网活动的各个方面应该由谁来监督和控制,特别是网络连接和信息传递的基本规则与实施标准该由谁来制定的问题。目前比较普遍的做法是,商业互联网活动的相关规则和标准均由来自商业界、学术界以及政府界的诸多代表组成的委员会共同商定,譬如,国际电信联盟电信标准局(ITU-T)①就负责制定国际电信技术和运营标准以及国际电信业务计账原则等。不可否认的是,上述委员会所制定的相关规则和标准必然将对某项具体技术的推广与采用造成影响,从而使市场上决出赢家和输家。而在大多数情况下,这一过程并不是完全中性的,这又难免涉及"网络中立性"(Net Neutrality)②原则能否保持这一新的问题。诚然,网络用户、服务提供商以及政府围绕技术标准所进行的斗争是数字经济发展过程中的重要篇章,这些都将在本书的后续部分中着重介绍。

二、物联网的产生与发展

毫无疑问,在互联网技术的发展进程中,计算机在前期和中期都是最主要的终端设备。直到21世纪,互联网迈入了移动互联时代,智能手机的普及率和使用率日益提升,进而逐渐成为同计算机不相上下、不分轩轾的终端设备。事实上,无论是计算机还是智能手机,本质上都是专为信息处理而存在的专用型终端。显而易见的是,从收集信息、整理信息,再到经由计算机或智能手机这些终端来进行处理、分析信息,需要耗费额外的时间和过程。而互联网发展的一个可能性,就是降低网络对于特定终端的依赖,换言

---

① 国际电信联盟电信标准局,英文全称 Telecommunication Standardization Sector of the International Telecommunications Union,是一个研究和制定除无线电以外的所有电信领域设备和系统标准的国际性组织。

② 网络中立性,即"非歧视性的互联互通",是指网络运营者(所有者)不得通过调整网络配置使服务产生差别,即平等对待所有使用该网络的用户。

之,就是让任何物品、设备都能够成为信息处理设备,进而实现真正意义上的"万物互联"。

(一)"物联网"概念的提出

早在1995年,微软公司(Microsoft)①创始人比尔·盖茨(Bill Gates)就在他的著作《未来之路》中提出了未来微软乃至整个科技领域的发展方向,那就是"物的互联网"(Internet of Things,IoT),即"物联网"②。他还在书中详细描述了对于物联网的早期构想——"在家时,用户可以自行选择收看喜爱的电视节目而不用接受电视台的强制播放;购物时,用户可以自行在电子论坛查询到全面的信息而不用听售货员的推销与唠叨;付款时,用户可以使用电子钱包支付而无须现金;听音乐时,用户可以在网上享用而不用在储物箱里翻找光盘或磁带。"以上种种,无一不是我们每个人如今正在经历的稀松平常的生活,但要知道,这些预测与畅想在近三十年之前是多么的荒谬、虚妄且遥不可及。

根据刘陈等(2011)定义,物联网是指"通过信息传感器、射频识别技术、全球定位系统、红外感应器、激光扫描器等各种装置与技术,实时采集任何需要监控、连接、互动的物体或过程,采集其声、光、热、电、力学、化学、生物以及位置等各种需要的信息,通过各类可能的网络接入,实现物与物、物与人的泛在连接,实现对物品和过程的智能化感知、识别与管理"。但事实上,构建基础物联网所需要的技术并不复杂,在这一概念完全兴起之前,物联网在我们的日常生活中就已经随处可见了——常见的自动贩卖机就是最好的例子。

---

① 微软公司,成立于1975年4月,全球最大的电脑软件提供商,总部位于美国华盛顿州。

② 物联网是互联网基础上的延伸和扩展的网络,将各种信息传感设备与网络结合起来而形成的一个巨大网络,实现任何时间、任何地点,人、机、物的互联互通。

在 20 世纪 80 年代,可乐就已经风靡世界,深受年轻人喜爱,对于卡内基梅隆大学计算机实验室的年轻学者来说也不例外。但是,这些学者的实验室在二楼,而可乐贩卖机却在一楼,每当学者在研究之余抽空下楼买可乐时,却常常遇到可乐缺货只能悻悻而归。为此,他们利用所学将可乐贩卖机接入网络,并编写程序以监视可乐的数量和冰镇情况,如此一来,他们便能够在第一时间购买到冰镇可乐了。1990 年,美国施乐公司(Xerox)[①]在此基础上进行加工改良,推出了首款联网可乐贩售机(Networked Coke Machine),成为物联网领域的最早产品。

1998 年,英国工程师凯文 • 阿什顿(Kevin Ashton)在宝洁公司(P&G)[②]的一次内部演讲中正式提出了"物联网"这一概念。一年后,他参与创建了麻省理工学院自动识别中心(MIT Auto-ID Center)。麻省理工学院自动识别中心是物联网技术的开拓者,长期引领着物联网相关技术的研究前沿与标准制定,而阿什顿也因此被誉为"物联网之父"。

(二)物联网的技术依托

在成立早期,麻省理工学院自动识别中心将依托"射频识别"(Radio Frequency Identification,RFID)技术搭建的物流网络视为物联网的主要架构,当时的相关商业应用也大多基于此项技术。所谓射频识别技术,其原理是通过在阅读器(Reader)与电子标签(TAG)之间进行非接触式的数据通信,以达到识别目标的目的。在物联网络中,射频识别的电子标签携带的信息相当于赋予了物体一个虚拟"身份证",通过阅读器读取电子标签上的信息,就可以在网络上实时查询、动态跟踪标签所贴附物品的属性、特征及其他信息。

---

①　施乐公司,成立于 1906 年,全球最大的数字与信息技术产品生产商,总部位于美国康涅狄格州。

②　宝洁公司,成立于 1837 年,全球日用消费品巨头,总部位于美国俄亥俄州。

　　射频识别技术的应用十分广泛,包括物流仓储、交通枢纽管理以及身份识别等。值得说明的是,如今中国使用的第二代身份证内置了智能芯片,并可以用机器读取数字芯片内的信息,而这正是运用了射频识别技术。虽然射频识别技术尚存在成本相对较高、技术标准不统一以及安全性较低等问题,但由于其识别速度快、数据容量大、使用寿命长以及可以动态实时通信等优点,目前来看射频识别技术仍然是物联网在未来一段时间内高度依赖的核心技术。

　　除了射频识别技术外,物联网发展的关键技术还包括"传感器技术"与"嵌入式系统"。

　　传感器(Sensor)作为信息获取的重要手段,与计算机技术和信息通信技术共同构成信息与通信技术的"三大支柱"。简言之,传感器是一种感应和转化装置,它能够检测温度、光线和声音等多种信息,并将它们转化为机器上面的电流或电压,从而实现机器的智能化。物联网使用的是 20 世纪80 年代发展起来的第三代传感器——智能传感器,它对外界信息具有一定检测、自诊断、数据处理以及自适应能力,是微型计算机技术与检测技术的结合体。20 世纪 90 年代后,智能化测量技术水平进一步提高,在传感器一级水平实现了感知智能,使其具有自诊断功能、记忆功能、多参量测量功能以及联网通信功能等,进一步丰富了物联网的功能。

　　传感器技术最为知名的应用当属我们在炎炎夏日的必需品——空调。安装在空调内部的热敏电阻,能够检测室内环境温度是否达到了设定值,从而进行温度调节。最近几年,一些智能空调还开发出了带红外线的"人体感应器",只有当红外线检测到区域内有人时,才会进行温度调节。同样的,安装在数码相机内部的感光元件,能够获取从镜头传递而来的光线并将其转换成电子信号,最终通过处理器处理并存储成为电子相片。正是因为感光元件替代了胶片相机所必需的感光胶片,数码相机最终也替代了胶片相机,占领了整个市场。近些年来,基于光电通信和生物学原理的新型传感技术的发展,无疑是推动世界信息化产业进步的重要力量。而相应的,对于传感器抗干扰性和精确度的提升,也需要与时俱进。

嵌入型系统(Embedded System)是以应用为中心,以计算机技术为基础,软硬件可裁剪①,适用于对功能、功耗、体积、成本以及可靠性有严格要求的计算机系统。与个人计算机这样的通用计算机系统不同,嵌入式系统执行的是带有特定要求的、预先定义的单项任务。简言之,凡是带有微处理器的专用软硬件系统,都可被视为嵌入式系统。

无论是工业生产、日常生活还是航空航天,嵌入式系统已然渗透进现代社会的点点滴滴。小到在 21 世纪初期风靡一时的 MP3 音乐播放器,大到汽车的制动防抱死系统(ABS)、飞机的自动巡航系统,甚至医院的磁共振成像系统(MRI),无一不是嵌入式系统的终极应用。毫不夸张地说,正是嵌入式系统的发展,才显著提升了物联网的收集、传输速度,进而拓宽了物联网的应用空间。

射频识别技术、传感器技术与嵌入式系统共同构成了物联网基本框架中的底层架构——感知层。在感知层收集的信息和数据被传输到以互联网技术和云计算技术为基础的网络层,再由网络层整合处理之后传输给应用层,经由大数据整理与分析,最终为用户提供包括定位追踪、远程控制、智能管理与风险识别等在内的多种数字服务,这便是物联网的完整技术架构(见图 1-7)。

(三)物联网在全球的商业化

2005 年,在比尔·盖茨提出"物物互联"这一概念的十年之后,国际电

---

① 即硬件和软件均由多个模块组成,可以根据实际的产品需求进行选择,不用的模块就不添加。

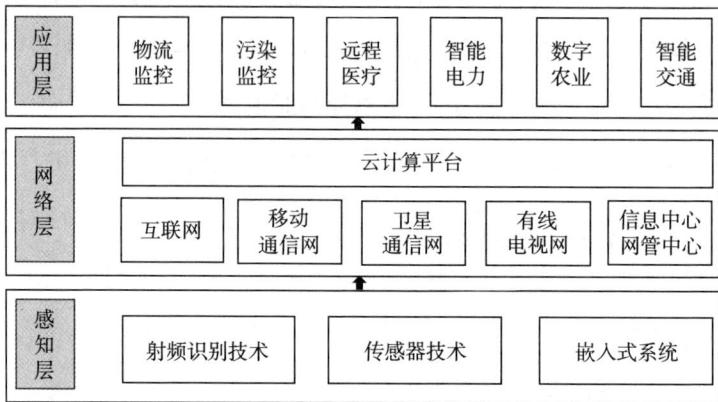

图1-7 物联网的基本架构

信联盟（International Telecommunication Union，ITU）①发布了《ITU 互联网报告2005：物联网》，指出无所不在的"物联网"时代即将来临。自此，物联网正式被官方认定为至关重要的信息通信技术，真正开始了其在全球范围内的蓬勃发展。物联网技术最早出现于美国，自然地，其商业化进程也由美国知名企业如亚马逊（Amazon）②和微软等巨头所引领。

亚马逊云服务（Amazon Web Services，AWS），是目前全球范围内最全面、应用最广泛的云平台，在全球拥有数百万活跃客户和数千个合作伙伴。亚马逊云服务最早于2006年就开始提供云服务，有着紧密的生态圈和丰富的细分产品，因此即使竞争激烈仍是业内最受欢迎的云服务提供商。世界最大的收费视频网站网飞（Netflix）③，从2008年至2015年，在长达七年的时间里将其所有系统从自有的数据中心完全迁移至亚马逊云服务上，在当时可谓耗时耗力。然而，正所谓不破不立、破而后立，这一举动大大缩减了

---

① 国际电信联盟，联合国中主管信息通信技术事务的重要机构，总部位于瑞士日内瓦。

② 亚马逊，成立于1994年，美国最大的网络电子商务公司，总部位于美国华盛顿州西雅图。

③ 网飞，成立于1997年，美国最大的互联网流媒体服务商，总部位于美国加利福尼亚州。

构建、扩容服务器的开支，如今才有了网飞在全球的成功。

微软于 2008 年开始研发公有云服务，并于 2010 年推出了它的云计算平台 Azure。Azure 拥有全球数量最多的数据中心区域，可提供企业虚拟运行其全部或部分计算操作所需的一切。相较于亚马逊云服务，Azure 的服务更专注于工业领域。2019 年，Azure 就与通用电气（General Electric Company，GE）①合作，帮助通用电气旗下的 GE 航空（GE Aviation）建立了基于区块链技术的供应链追踪系统，用来监控、收集飞机引擎关键零件的制造周期和生命周期等重要数据，以在保障安全的同时还能降低成本。

可喜的是，在物联网技术的发展水平上，中国已经逐渐追赶甚至超越了部分发达国家，成为全球物联网的领先国之一。自 2009 年成立至今，阿里云（Alibaba Cloud）服务已成为全球物联网领域的三巨头之一，其技术优势聚焦在解决城市、交通、工业以及医疗等领域的复杂跨域应用。2015 年，百度智能云正式对外开放运营，为国家电网、三一重工、中国国航以及部分高校和地方政府都提供了先进的技术和丰富的解决方案，加速了中国产业智能化建设。

2020 年，中国物联网产业规模首次突破了 1.7 万亿元，"边缘的智能化、连接的泛在化、服务的平台化、数据的延伸化"成为物联网技术发展的四大前沿。未来巨大的市场需求——包括国内外市场，无疑将为物联网带来难得的发展机遇和广阔的发展空间。

第三节　大数据的"大时代"

1992 年 10 月，香港电视广播有限公司（TVB）为庆祝 25 周年台庆，出品了一部由郑少秋和刘青云等担任主演、由著名导演韦家辉执导并监制的

---

①　通用电气，成立于 1892 年，是世界上最大的集制造、技术和服务于一体的跨国公司，总部位于美国波士顿。

时装商战剧——《大时代》。这部一共四十集的电视剧以 20 世纪 60—90 年代的香港金融市场为时代背景，透过两个家庭、两代人的恩怨情仇，演绎出名利与人性的复杂纠缠。其故事情节跌宕起伏、扣人心弦，一时风靡全港电视屏幕，成为当年的香港收视率亚军。在该电视剧中，著名演员郑少秋饰演大反派丁蟹，此角色性格乖张，擅长在香港股票市场处于熊市时通过做空恒生指数期货而牟取暴利。

在该剧首播一个月后，正值香港股市暴跌，股民损失惨重，将现实中的熊市与正在播放的《大时代》中的熊市联系到一起，创造出"丁蟹效应"一词。据香港媒体记载，此后十几年间每当郑少秋主演的电视剧播放或《大时代》重播之时，香港股市都会出现大幅下跌。

"丁蟹效应"在现实中自然是不会真实存在的。任何一个演员或电视剧都不可能具备让香港股市大跌的魔力。而之所以出现这一传言，是多方面因素共同作用的结果，根据现实情况至少存在三种可能的解释。第一，一些其他因素导致每当《大时代》播放时香港股市正处于比较低迷的状态。事实上，《大时代》大都在每年的 9—11 月播放，而这段时间正是长久以来香港股市交易量较低、容易出现熊市的时期。又比如，2007 年 8 月，《大时代》在美国无线卫星电视台重播，此时的美股大跌自然有更加合理的解释——2006 年春季美国次贷危机就开始逐步显现了，2007 年 4 月美国第二大次级抵押贷款公司新世纪金融（New Century Financial）就已经申请了破产保护，只是到了 8 月该场危机才终于席卷全美而已。第二，鼓吹"丁蟹效应"的媒体报道会很自然地忽略一些郑少秋出现在荧幕上但股市并未下跌的时间段。例如，2009 年 3—4 月，郑少秋主演的《台球天王》在香港无线电视台播出，其间恒生指数就持续上涨达 13% 以上——这样的例子还有很多，只是被媒体主动"忽视"了而已。第三，虽然目前缺少相关证据，但是也存在部分电视台或流媒体在股市下跌时特意播放《大时代》以获取更高关注度的可能性。

"丁蟹效应"的出现,实质上是一个统计学问题。其本质是,在"电视台播放《大时代》"与"股市下跌"这两个事件之间存在但并不强烈的相关关系,被一些人错误地视为因果关系。上文给出的三种可能解释,也分别对应统计学中内生性谬误的三种成因:遗漏变量、测度错误和反向因果。在网络媒体异常发达的今天,这种相关关系与因果关系的混淆,常常会带来错误的结论和判断。诚然,想要准确识别事件与事件之间的因果关系确非易事,因而有了计量经济学这一专门尝试通过数据分析来解决此问题的经济学分支,但是想要进行准确的因果推断仍然是一件极其困难的事情,需要大量的专业训练才能实现。

那么,既然准确的因果推断如此困难,是否可以通过更加全面、更加完整的相关性分析来获取知识呢?在"丁蟹效应"的例子里,如果香港电视剧集播放史显示,郑少秋每次出现在屏幕上香港股市都会下跌,那么是否存在因果关系就不再重要了。股票投资者只需要关注电视节目预告表,在有郑少秋参演的剧集放映期间不再买入,就可以避免"丁蟹效应"带来的收入波动。这一假设所反映的便是"大数据"(Big Data)的思想。

随着"云时代"的全面到来,大数据分析也正在席卷全球,彻底改变知识生产与企业决策过程。接下来,我们就将简要介绍大数据分析的算力基础——云计算技术以及大数据技术自身的发展历程。

一、云计算(Cloud Computing)

算力,顾名思义,即"计算能力"。狭义上讲,算力又称哈希率(Hash-Rate),特指计算机运算哈希函数输出的速度,用来测度比特币的网络处理能力,通俗来讲就是"挖矿能力"①;广义上讲,算力可以通指计算机的数据

---

① 算力一般用于挖取比特币的过程。

处理能力。

前文在介绍计算机的发展历程时提到，计算机算力的提升与运算成本的下降是数字经济得以迅速发展的现实条件。然而即使经过了多轮"提速降费"，计算机算力仍然是企业的一大投资支出，记录在企业的信息与通信技术投资之内。近年来引起热烈讨论的"ICT 资本深化"（ICT Capital Deepening），就是指企业总资本中信息与通信技术资本占比呈上升的趋势。20 世纪 90 年代，国内市场上常见的商用台式电脑售价在 1 万—2 万元，而当时北京市海淀区的房价约为 5000 元/平方米。可见一台电脑对于当时的企业来说实在是笔不小的投资，更遑论高速互联网、存储服务器以及运转这些设备所必需的电费、房屋租赁费等其他种种额外开销。

进入 21 世纪，尽管企业的单位算力成本显著降低，但企业对于算力的总体需求变得更高了——一方面越来越多的数据和信息需要记录、存储，另一方面随着数据驱动型决策（Data-Driven Decision Making，DDDM）①的发展，企业对于运算速度的要求也逐步提高。更重要的一点是，"算力浪费"的问题也随着投资规模的增长日益加重。就像我们花重金购买的跑步机终究逃不过成为"猫爬架"或是"晾衣架"的命运，一家企业耗费巨资购买的机器算力，也经常是闲置或者低利用率的。要知道，"数据分析"在大多数情况下是任务导向型的（Task-based），机器只在执行任务时才运转，而无须像其他生产型设备一样持续运行。因此，如果按最大运算需求的标准去专门购置大量计算设备和网络服务，就必定会导致资源浪费。

那么，如何解决这一问题呢？众所周知，传统制造业企业可以通过资本

---

① 使用事实、指标和数据来指导与组织目标、追求和计划一致的战略业务决策。

租赁（Capital Leases）与经营租赁（Operating Leases）来长期使用昂贵的大型机械和厂房。那么自然地，如果计算资源也可以随时按需租赁，那么企业不仅能满足自身的数据处理需求，还能大大降低成本。云计算就是顺应这样的需求而出现的数字技术，它代表一种通过网络统一组织和灵活调用各种信息与通信技术资本，实现大规模计算的信息处理方式。

所谓云计算，就是利用分布式计算和虚拟资源管理等核心技术，通过高速网络将分散的信息与通信技术资源（包括计算与存储、应用运行平台和大数据分析工具等资源）集中起来形成共享的资源池，并以动态按需、可度量的方式向用户提供服务。用户在连接网络后，就可以使用各种形式的终端（如个人计算机、平板电脑、智能手机甚至智能家具等）来获取计算服务。简单地说，云计算就是计算机技术与互联网技术的综合体，它使用户在没有计算机时却通过互联网享受到了高速、便捷的计算服务。

（一）云计算的商业化历程

云计算这一思想的提出者是"达特茅斯会议"的发起人约翰·麦卡锡。1961年，在麻省理工学院一百周年纪念庆典上，麦卡锡提出了"公用计算"（Utility Computing）的概念，用来描述将计算资源按照公共服务（如电话）进行组织的技术安排。然而限于当时的计算机与互联网发展水平，在公用计算上的研发投入十分有限，因而并未形成可商业化的技术产品。

经过几十年的思想演变与技术沉淀，20世纪90年代中后期，云计算的概念逐渐浮出水面、为人接受，与之相应的，云计算的商业化之路也在慢慢展开。1996年，康柏公司（Compaq）①在其内部文件中首次提及"云计算"（Cloud Computing）一词，并大胆预测商业计算会逐渐转向云计算。然而，当时的云计算还只是一个理论概念，科技水平尚不支持该技术落地。1999

————————

① 康柏公司，成立于1982年，美国电脑公司，2002年被惠普公司收购。

年，威睿公司（VMware）①率先针对 x86 平台②推出了商业虚拟化软件"威睿工作站"（VMware Workstation），用户可以在单一的桌面上同时运行不同的操作系统，并能进行开发、测试和部署新的应用程序。这一软件旨在将 x86 系统转变成通用共享的基础设施资源，以使应用程序可以在完全隔离的、便携式的、操作系统可选的虚拟空间中运行。同年，软营公司（Salesforce）③喊出"无软件"（No Software）的口号，率先在企业中引入了远程提供服务的概念。软营通过自己的互联网站点向企业提供客户关系管理（Customer Relation Management，CRM）软件系统，第一次使企业不必像以前那样必须部署自己的计算机系统和软件才能进行客户管理，成为之后触目皆是的"软件即服务"（Software as a Service，SaaS）的最早实践。

进入 21 世纪，多家互联网巨头开始推动云计算技术的进一步突破与广泛应用，云计算时代全面到来。

2003—2006 年，搜索引擎提供商、互联网平台巨头谷歌的研究人员连续发表四篇学术论文，分别探讨了分布式文件系统（GFS）、并行计算框架（MapReduce）、No SQL 数据库管理（Big Table）以及分布式资源管理（Chubby）。这四篇文章奠定了谷歌云计算服务的技术基础，也为云计算技术的整体发展指明了前进方向。2006 年 8 月，在谷歌搜索引擎策略会上，谷歌首席执行官埃里克·施密特（Eric Schmidt）宣称云计算是一个充满机会的新领域，云计算技术已然进入发展的快车道。如前文所述，电商巨头亚马逊为了扩大自身平台的影响力，早在 2002 年就推出了亚马逊云服务。通过亚

---

① 威睿公司，成立于 1998 年，全球云基础架构和移动商务解决方案厂商，总部位于美国加利福尼亚州。

② 1978 年 6 月，英特尔发布了新款 16 位微处理器"8086"，标志着 x86 架构的诞生。x86 指的是特定微处理器执行的一些计算机语言指令集，定义了芯片的基本使用规则。

③ 软营公司，成立于 1999 年，全球领先的客户关系管理（CRM）软件服务提供商，总部位于美国旧金山。

马逊云服务,其他企业可以将亚马逊网站上的功能通过应用程序编程接口（API）整合到自家网站上。渐渐地,亚马逊发现亚马逊云服务还有更多待开发的功能:在网络销售淡季,如果将闲置的计算资源作为一种虚拟服务出售给其他企业,亚马逊就可以借机从电商平台变身为一家提供各种数字化服务的科技公司。2006 年,亚马逊先后推出"简单存储"（Simple Storage Service,S3）和"弹性云计算"（Elastic Cloud Computer,EC2）两项核心服务,彻底开启了云计算时代。2007 年 8 月,软营公司发布了 Force.com 平台,提出"平台即服务"（Platform as a Service,PaaS）这一把服务器平台作为一种服务提供的商业模式,自此,云计算的应用空间得到进一步扩展。

"软件即服务"（SaaS）、"平台即服务"（PaaS）以及同期发展起来的"基础设施即服务"（Infrastructure as a Service,IaaS）,共同构成了云服务商业化的三种最主要模式。

（二）云计算的地区发展现状

根据高德纳咨询公司（Gartner）①和中国信通院②等机构的统计数据,2020 年,全球公有云市场规模首次超过 2000 亿美元,而中国云计算市场规模也超过 2000 亿元人民币。如图 1-8 所示,美国云计算市场规模最大,占全球比重将近 1/2。亚太地区的云计算市场规模增速最快,2020 年中国云计算市场增速高达 50%,与之对应的是,中国云计算市场规模占比也上升到 16%,略低于欧洲。

云计算技术的发展极大地提升了企业的信息与通信技术能力。在云计

①　高德纳咨询公司,成立于 1979 年,全球最具权威的 IT 研究与顾问咨询公司,总部位于美国康涅狄克州。

②　全称中国信息通信研究院,始建于 1957 年,工业和信息化部直属科研事业单位,是国家在信息通信领域重要的支撑单位。

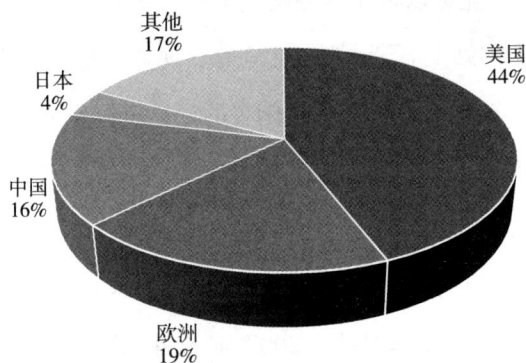

图 1-8　2020 年全球云计算市场规模占比

资料来源：高德纳咨询、中国信通院与前瞻产业研究院。

算的加持下，企业能够同时、大量处理各类数据与信息，从而提高企业的行业竞争力与决策时效性。正是在这样的背景之下，大数据分析应运而生、逐渐发展，为企业的管理经营模式带来了重大变革。

二、大数据（Big Data）

前文介绍了谷歌在 2003—2006 年发布了四篇奠定云计算技术基础的学术论文。而这四篇论文中的前两篇（GFS 与 MapReduce）也是大数据分析的开山之作。

2006 年，全文检索引擎 Lucene[①] 开源项目的创始人、被视为天才程序员的道·卡廷（Doug Cutting）受到上述两篇论文的启发，根据论文原理采用 Java 语言编写了一个名为 Hadoop 的软件框架。Hadoop 将类似 GFS 的分布式文件系统和类似 MapReduce 的并行计算框架统一起来，允许用户同时存储和计算数据。Hadoop 的优势在于其可以被安装在服务器集群上，通过服务器之间的通信和协同工作来高效地处理大型数据集。在正式发布后，

---

① 第一个提供全文文本搜索的开源数据库，开发于 2000 年。

Hadoop 最早被雅虎公司(Yahoo)①用于其 Webmap 项目中(卡廷当时是雅虎的雇员),帮助雅虎将其计算速度提高了 33 倍。2008 年 7 月,Hadoop 打破世界纪录,成为最快排序 1TB 数据的系统,用时仅 209 秒,标志着数据处理技术进入了新的纪元——属于大数据的时代。

由于 Hadoop 本身是阿帕奇(Apache)软件基金会发布的一个开源项目,充分意识到这一软件潜在价值的科技企业开始纷纷将其纳入自己的业务之中。包括脸书、亚马逊、IBM、百度、阿里巴巴、华为以及腾讯等在内的各国科技巨头,都开始采用 Hadoop 构建自己的大数据系统,推出了各自版本的 Hadoop。

除了上述内化 Hadoop 技术的科技企业之外,还有一些初创企业专门为客户提供 Hadoop 解决方案。它们利用自身技术对 Hadoop 进行优化、改进和二次开发,以满足客户对于大数据分析的切实需求,而卡廷在离开雅虎之后供职的肯睿公司(Cloudera)②便是其中翘楚。至此,由大型科技企业和初创服务型公司共同组成的大数据产业已经初见雏形,大数据技术正式进入高速发展期。

(一)大数据计算的模式

大数据技术的两种核心模式是批处理计算(Batch Computing)③与流处理计算(Stream Computing)④,主要差别在于计算过程是否与数据收集同时进行。Hadoop 就是典型的批处理框架,使用预先存储的历史数据,且计算时间较长。批处理计算也因此也被称为"大数据离线计算"。与之相对的,

---

① 雅虎公司,成立于 1995 年,著名的互联网门户网站,总部位于美国加利福尼亚州。

② 肯睿公司,成立于 2008 年,全球领先的企业级数据管理和分析平台提供商,总部位于美国加利福尼亚州。

③ 对某对象进行批量处理。

④ 对运动过程中不断变化的大规模流动数据进行实时分析,捕捉到可能有用的信息,并把结果发送到下一计算节点。

如果想要对于实时在线产生的数据进行处理，该模式就是流处理计算，也被称为"大数据实时计算"，代表性系统框架是 Spark① 和 Storm② 等。流处理计算的出现，进一步拓展了大数据技术的应用空间。

本质上，大数据技术就是处理海量数据的技术。对于什么样的数据是"海量数据"，目前并没有统一的判断标准。一个不太准确的判断方式是，看一组数据是否可以被传统数据分析工具（如 Excel、EViews 等软件）充分挖掘、处理和分析。如果答案是"否"，那么这组数据就可以被视为大数据。大数据技术具有十分广阔的应用场景，具体包括数据分析、数据挖掘、数据可视化与机器学习等方向，其中数据分析和数据挖掘是大数据技术的核心应用。

（二）大数据的发展历程

2008 年 9 月 4 日，世界上历史最悠久、最具名望的顶级学术期刊《自然》刊登了一个名为"大数据"的论文专辑，意味着科学技术界开始正视大数据带来的诸多改变。2011 年 5 月，著名咨询公司麦肯锡发布了名为《大数据：创新、竞争和生产力的下一个前沿》的报告，强调数据已经成为经济社会发展的重要推动力。该报告还对大数据作出了定义：大小超出常规数据库工具获取、存储、管理和分析能力的数据集。2012 年，大数据概念的重要推广者维克托·迈尔—舍恩伯格（Viktor Mayer-Schnberger）与其合作者合著的《大数据时代》一书正式出版，大众开始逐渐了解大数据，进而关注大数据对于经济、社会和生活带来的诸多改变。

中国对于大数据的重视和关注，甚至先于美国。早在 2012 年 3 月，中国科技部发布的《"十二五"国家科技计划信息技术领域 2013 年度备选项目征集指南》中，就将"大数据研究"列在首位。2015 年，党的十八届五中全

---

① Spark 是专为大规模数据处理而设计的快速通用的计算引擎。
② Storm 是一个分布式实时流式计算平台。

会正式提出"国家大数据战略"①,旨在全面推进中国大数据的发展和应用,加快建设数据强国,推动数据资源开放共享,释放技术红利、制度红利和创新红利,促进经济转型升级。

2013 年 3 月 29 日,美国奥巴马政府宣布推出"大数据研究和发展计划"并设立两亿美元的启动资金,以提高美国的数据分析处理能力,促进创新。自此,大数据技术从商业行为上升到了国家科技战略水平,其重要性堪比我们将在第二章详细讨论的、克林顿政府在 1993 年正式推行的"国家信息基础设施"计划(National Information Infrastructure,NII),俗称"信息高速公路"计划。

(三)经济学中的大数据研究

斯坦福大学数字经济研究中心主任埃里克·布伦乔尔森(Erik Bryn-jolfsson)最早尝试从经济学角度研究大数据分析,尤其是数据驱动型决策对于企业的影响。基于美国 179 家上市公司的调查数据和公开信息,布伦乔尔森与合作者估计数据驱动型决策模式可以解释 2005—2009 年美国企业 5%—6%的生产率增长。

企业从管理者主导的经验型决策转向高度依赖数据分析结果的科学型决策,这一变化会降低企业决策中的不确定性,进而提升企业的经营效率和创新能力。大数据分析带来的显著竞争优势,促使越来越多的企业尤其是制造业企业开始转向数据驱动型决策模式。在 2005—2010 年,美国制造业中使用数据驱动型决策模式的企业占比从 11%增长到 30%,到 2020 年,这一比例已经超过 50%。对于其他行业来说,大数据分析同样成为企业竞争的关键内容,这也为大数据行业的发展赋予了强大动力。数字经济是以数

---

① 《中国共产党第十八届中央委员会第五次全体会议公报》,人民出版社 2015 年版,第 8 页。

据为关键要素的经济形态，而大数据技术的发展决定了数字经济发展的广度与深度。

第四节　从区块链到智能合约

计算机、互联网与大数据等数字技术的迅速发展与广泛应用以信息安全、网络安全与隐私保护为基础。因为相信自己与计算机的交互过程是安全的，计算机用户才会将个人信息在电脑上进行存储与处理；因为相信自己与其他用户之间的交流和交易记录是加密的，互联网用户才能放心大胆地使用网络进行信息搜索与传输；因为相信个人数据和信息不会被数字平台售卖给他人或移作他用，软件用户才愿意签署各类软件和应用的用户协议并将个人数据传输给数字平台。然而，随着数字技术的不断进步，信息盗取、网络攻击和隐私泄露也变得异常频繁，保密、信任与安全似乎已经成为数字时代的"奢侈品"。

在系统安全方面，据微软自身统计数据显示，1999—2020 年，Windows 平台共提交了 7272 个可能会被黑客用于窃取信息的系统漏洞。其中，仅 2020 年一年提交的系统漏洞就达 1220 个，是 1999 年的 7 倍多。作为占据操作系统市场绝对主导地位的 Windows 系统，其漏洞正"越补越多"。见微知著，由此可以看出绝大多数个人计算机的运行环境都易被黑客入侵、存在安全隐患。在网络攻击方面，网宿科技与数世咨询联合发布的《2021 年中国互联网安全报告》显示，2021 年分布式拒绝服务（Distributed Denial of Service，DDoS）攻击[①]事件数量同比增长约 60%；网络应用攻击延续了倍增态势，2021 全年体量达 229.83 亿次，同比增长 141.30%；2021 年，平均每秒发生 2688 次恶意爬虫攻击，全年攻击量为

---

① 分布式拒绝服务攻击，是指利用合理的客户端请求来占用过多的服务器资源，从而使合法用户无法得到服务器的响应。

2020 年的 2. 36 倍。诸多证据表明,传统意义上的网络安全手段已无法充分应对不断升级的信息窃取与网络攻击,亟须新的加密技术重塑数字安全体系。

法律学者、同样也是密码学家的尼克·萨博(Nick Szabo)在 2014 年 12 月 11 日发表的一篇博客文章《可信任计算的黎明》中写道:"如今,互联网虽然繁荣,但也非常脆弱,把一切都交付给一台服务器的做法是脆弱的。只有区块链与智能合约才是希望,才是未来。"萨博提及的"区块链"与"智能合约",便是本部分将重点介绍的以"去中心化"为主要特点的新型加密技术。

区块链和智能合约的故事,要从 2008 年 10 月一篇关于虚拟货币——比特币的工作论文讲起(见图 1-9)。

Bitcoin: A Peer-to-Peer Electronic Cash System

Satoshi Nakamoto
satoshin@gmx.com
www.bitcoin.org

Abstract. A purely peer-to-peer version of electronic cash would allow online payments to be sent directly from one party to another without going through a financial institution. Digital signatures provide part of the solution, but the main benefits are lost if a trusted third party is still required to prevent double-spending. We propose a solution to the double-spending problem using a peer-to-peer network. The network timestamps transactions by hashing them into an ongoing chain of hash-based proof-of-work, forming a record that cannot be changed without redoing the proof-of-work. The longest chain not only serves as proof of the sequence of events witnessed, but proof that it came from the largest pool of CPU power. As long as a majority of CPU power is controlled by nodes that are not cooperating to attack the network, they'll generate the longest chain and outpace attackers. The network itself requires minimal structure. Messages are broadcast on a best effort basis, and nodes can leave and rejoin the network at will, accepting the longest proof-of-work chain as proof of what happened while they were gone.

图 1-9　中本聪比特币工作论文的摘要部分

资料来源:比特币官方网站,见 http://bitcoin.org。

一、比特币

2008 年 10 月 31 日，距雷曼兄弟公司（Lehman Brothers）①申请破产刚刚过去 45 天，国际金融危机即将全面爆发。而此时，在一个网上的密码学研究邮件组（Email List）②里，一位网名为中本聪（Satoshi Nakamoto）的资深用户发布了一篇名为《比特币：一种点对点式的电子现金系统》的工作论文（见图 1-9）。该文章提出了一种全新的虚拟货币——"比特币"（bitcoin，BTC）的概念，并给出了比特币的基础算法。通俗来说，比特币就是一种去中心化的"自由货币"，交易双方无须建立信任就可以直接进行金融交易。次年元旦，比特币创世区块诞生，一场加密货币热潮即将开始。

与法定货币不同，比特币没有一个集中的发行方，而是由网络节点计算生成，谁都有可能参与制造比特币。比特币的总量存在上限（2100 万个），其获取方式是每个参与者通过竞争计算生成在每个节点达成共识的数据块（Block），这些数据块（或称公共账簿）记录了利用比特币进行的每一笔交易，并通过将数据块分布在不同参与者的设备中确保了其真实性（不可篡改）。而这每一个数据块共同构成的公共、可信的数据库便是之后为人所熟知的区块链（Blockchain）（见图 1-10）。区块链的命名同样来自中本聪，这是他于 2009 年 1 月发布的比特币 0.1 版本程序在电脑磁盘上创建的文件夹的名字。

比特币问世后，市面上也出现了一些其他的、同样基于区块链的虚拟货币"竞品"，但是这些货币中的绝大多数在发行规模、大众认可度和市场价

---

① 雷曼兄弟公司，成立于 1850 年，于 2008 年申请破产保护，曾是美国第四大投资银行。

② 邮件组是由某个领域的研究机构或网站组织的、围绕特定话题进行资源与资料共享的邮件列表。通常，邮件组向该领域的研究人员和学者开放，允许他们通过邮件共享自己的最新研究成果与心得。

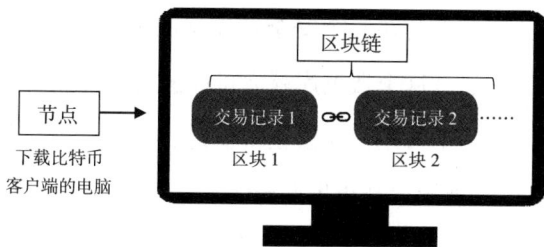

图 1-10　比特币与区块链

值上都无法与比特币相提并论。

　　然而，比特币并没有成为一种货币性的交易中介，而更像是一种供给稀缺、炒家横行的虚拟金融资产。2018 年 11 月，比特币的价格还只有 3000 美元/枚，到了 2021 年 2 月，已经超过 5 万美元/枚。2021 年 11 月 10 日，比特币的价格再创历史新高，首次逼近 6.9 万美元/枚。仅仅两个月后，2022 年 1 月 22 日，比特币在一天内一度跌破 3.6 万美元/枚，最大跌幅为 12.8%。价值升贬如此剧烈的一种虚拟资产，必然无法成为真正意义上的货币，而相对于比特币本身，我们应该更加关注作为底层技术的区块链以及区块链的应用空间。

二、区块链

　　简单地说，区块链就是一个去中心化（Decentralization）①的分布式账本（Distributed Ledger）②。这一数据库形式的电子账本因为互联网而有必要存在，同时也因为互联网而得以实现。前文介绍的互联网、云计算和大数据分析的发展为精确记录大量信息打下了基础，但是也为信息的记录和传递带来了新的风险——网络安全问题（Cyber Security）。网络黑客可以通过各

---

①　去中心化不是不要中心，而是由节点自由选择中心，即每一个节点都可以成为中心。
②　一种在网络成员之间共享、复制和同步的数据库，用来记录参与者之间的交易。

种方式尝试破坏、篡改或泄露加密数据库，从而导致信息失效或错误。试想，如果一家电子商务平台在一个安全性堪忧的云端数据库中记录了该企业的全部交易数据，那么这个数据库就有可能遭到黑客袭击，使交易信息被篡改或删除，进而导致平台用户无法正常交易、确权和维权，久而久之，这一电子商务平台自然会被用户和市场摒弃。

区块链是如何解决这一问题的呢？因为区块链本身就是一个由一堆数据块组成的数据库，如果让区块链的参与者（对比特币来说就是每一个进行挖矿算法的"矿工"）共享这一数据库，每个参与者持有数据库的一部分"区块"，同时将每一组信息尽可能多地分散在这些数据块中，那么如此一来，篡改这些信息就如同煎水作冰、敲冰求火——除非黑客能够侵入区块链的所有匿名持有者的电脑中，这显然不可能！这一天才的设想使成为去中心化的网络安全成为可能，而近年来，这一理念正逐渐演变成更具一般性的"泛在化"（Ubiquity）概念。

上述去中心化过程是通过为数据加密实现的，密码学也因此成为区块链的支柱技术。安全散列算法（Secure Hash Algorithm，即"哈希算法"）的出现，使区块链和比特币所追求的去中心化得以真正实现。在实际操作中，区块链通过哈希算法对一个交易区块中的交易信息进行加密，并把信息压缩成由一串数字和字母组成的散列字符串。区块链的哈希值（Hash Value）能够唯一而精准地标识一个区块，区块链中任意节点都能通过简单的哈希算法获得这个区块的哈希值，计算出的哈希值没有变化也就意味着区块链中的信息没有被篡改。

三、区块链的交易机制：P2P

哈希算法已然确保了区块链的安全性，若想区块链经济能够进一步发展，接下来就需要构建一个稳定高效的交易机制。与一般意义的金融交易不同，区块链和比特币所涉及的交易一般不涉及第三方信任和个人信用，也不受大多数国家监管机构的保护与认可,可以说,传统的交易机制对于区块链和比特币失效了。那么区块链使用的是何种交易机制呢?目前绝大多数区块链开发者采用的仍是中本聪在其关于比特币的工作论文中提出的——"点对点"(Point-to-Point,P2P)网络协议。

说起 P2P,大多数人的认知是"P2P 金融",因此不免"谈 P2P 色变"。事实上,"在线影音""高速下载"等也属于 P2P,P2P 在本质上是一种网络传输协议。在 P2P 网络中,每一台计算机都是独立节点,拥有自己的计算自由,按照预定的网络协议进行协作和交互(朱玮等,2020)。可以看出,P2P 与区块链的去中心化内核是高度一致的。比特币以及大多区块链应用采用的就是 P2P 网络架构,将所有参与者连接到一个对等网络中去,与上面介绍的哈希算法相结合,从而实现区块链上数据的发布、传输和存储,以及分布式的数据处理。

四、以太币和智能合约

在比特币的诸多竞争者中,以太币(Ether,ETH)被公认是最有可能威胁到其地位的一个。一些该领域的参与者甚至认为以太币在几乎所有方面都超越了比特币,是真正意义上的"区块链 2.0 版本"(Blockchain 2.0)。

以太币是以太坊(Ethereum)的一种数字代币,而以太坊是一个开源的有智能合约功能的公共区块链平台。2013 年,受比特币的启发,当时年仅19 岁的俄裔加拿大少年维塔利克·布特林(Vitalik Buterin)与合作者联合发布了以太坊白皮书。2014 年 7 月,以太币正式开始预售。

在数字技术层面,以太坊的关键贡献是利用 EVM(Ethereum Virtual Machine)虚拟机将"智能合约"(Smart Contract)变为现实。

智能合约,就是一种由代码编写而成、自动执行的数字合约。智能合约这一概念最早出自尼克·萨博(Nick Szabo)于 1995 年发表的论文《智能合约:数字市场的创建基石》。在该文中,萨博给出如下定义:"一个智能合约是一套以数字形式定义的承诺（Commitment），包括合约参与方可以在上面执行这些承诺的协议。"从这个角度来说，智能合约，既不智能，也不是合约。智能合约中的智能，并不是指具有人的感知、认知能力的那种智能（Intelligent），而是指可以自动执行任务的智能（Smart）。传统意义上的合约，是基于签订双方在想法上达成一致后对于特定事件作出的一系列承诺。为了签订合约，双方需要就合约条款、责任、义务等进行多轮协商，尝试化解现实存在的各种分歧。当发生违约时，需要依靠法院等行政力量参与处理。客观地说，这是一种耗时耗力但仍然缺乏保障的社会行为。萨博认为，在数字经济环境中，人们可以基于计算机算法与密码学技术形成"数字化的商务关系"，并通过公共网络来确立和保障这种商务关系。一旦满足了外部条件，智能合约将自动执行，无法进行人为干预。也就是说，传统合约需要律法和法院来防范、化解违约风险，而智能合约中的一行行代码就能确保违约不会发生——这便是极客所崇尚的"代码即法律"（Code is Law）。通过执行智能合约，传统关系中难以构建的人与人之间的相互信任，就被基于算法形成的"区块链信任"所替代了。

以太坊与智能合约的出现，拓展了区块链的应用范围，使其从比特币这一单纯的"去中心化货币"升级为更具扩展性的"去中心化的操作系统"。用户可以使用以太坊生成自己的区块链，并在其中进行各种复杂操作、完成各种预定任务。自此，区块链开始被广泛运用于所有需要形成去中心化安排的数字化场景，成为网络环境中安全、高效和信任的代名词，我们也正式进入了区块链 2.0 时代。

需要特别说明的是，尽管看似前景无限，但目前的加密货币与区块链领域依然乱象横生，利用加密货币进行的洗钱、诈骗等犯罪行为频发，而打着"区块链"名号进行的诈骗、传销案件也屡被曝光。2021 年 9 月，中国人民银行等十部门发布了《关于进一步防范和处置虚拟货币交易炒作风险的通知》。通知指出，虚拟货币不具有与法定货币等同的法律地位。比特币、以太币、泰达币（USDT）①等虚拟货币具有非货币当局发行、使用加密技术及分布式账户或类似技术、以数字化形式存在等主要特点，不具有法偿性②，不应且不能作为货币在市场上流通使用。

案例 1-1：R3 国际区块链联盟的兴衰

2014 年，曾供职于华尔街多家金融机构的戴维·路特（David Rutter）创立了 R3 公司③，彼时的 R3 还只是一家区块链初创公司。2015 年 9 月，R3 发起组建了"R3 国际区块链联盟"，旨在为全球银行提供区块链技术、建设分布式总账系统，使金融机构能够以更快、更安全的方式进行交易。

在最初的设想中，R3 联盟是一个"旨在研究区块链技术并制定出银行业区块链技术开发的行业标准，同时充分考虑知识产权保护，帮助联盟内的成员加快协作、促进产出的国际合作组织"。通俗地讲，就是加盟的金融机构支付会员费，R3 公司则利用这些资金开展研究，针对银行业的需求开发出适合的分布式总账系统，而最终所有联盟会员共享研发成果。在 R3 联盟成立早期，全球数十家顶尖的金融机构、科技企业和智库均积极加入，其早期会员包括巴克莱银行、瑞士信贷银行、摩根士丹利、高盛、汇丰、德意志银行和中国平安等行业巨头。

我们在前文已经探讨过，区块链技术下的数据交换是安全可靠的，同时智能合约可以自动执行操作而无须人类扮演中介。如此看来，区块链技术与智能合约似乎天然适配金融业。除了"共享区块链"这一设想，R3 还重点宣传了 Corda——这一专为金融机构开发的分布式账

---

① 泰达币，一种将加密货币与美元挂钩的虚拟货币。
② 法偿性货币，即法律规定货币，在我国只有人民币具有法偿性。
③ R3，全称 R3 CEV，成立于 2014 年，总部位于美国纽约。

本平台。Corda 计划通过引入智能合约来记录各方法律协议并使其自动执行,进而提升效率。正是这些绝妙的设想,吸引了不少金融机构加入了 R3 联盟。

然而,事与愿违。如许多初创公司一样,R3 真正研发出来的产品与其宣传并不相符,可谓"货不对板"。分布式账本 Corda 问世后,就有专业人士指出它是私有链(Private Blockchain)或联盟链(Consortium Blockchain),具有明确的中心化或多中心特点,而私有链远远背离了区块链去中心化的特性,最终会带来更大的安全风险。① 甚至有人批判 Corda 只是一个简单的数据库,其性能尚且不如 SQL 数据库,在技术上是"愚蠢且效率低下的"。2017 年 2 月,R3 终于承认其耗费巨资开发的 Corda"没有区块链",并声称"没有区块链,是因为我们不需要区块链"。不知那些为了获取最新区块链技术成果而加入 R3 联盟的会员,听了此话之后作何感想。

除了开发的产品鱼目混珠,R3 的管理体系也颇受微词。也许是因为创始人习惯了金融业的"挥金如土",也许是因为 R3 总部设立在车水马龙的纽约而不是"码农遍地走"的帕罗奥图(Palo Alto)②,R3 雇佣了一大批西装革履的银行家而不是敲代码的程序员。无论是首席执行官的薪酬还是公司的人事架构,都饱受质疑。

随着时间的推移,R3 和 Corda 对会员的吸引力越来越小。桑坦德银行、高盛集团等初始会员纷纷退出联盟,并开始独立开发自家的区块链技术和产品。

---

① 根据网络去中心化程度的不同,区块链可被分为公有链、私有链和联盟链。只有在公有链中,才能实现任意区块链服务客户均可使用,任意节点均可接入,所有接入节点均可参与读写数据。

② 帕罗奥图坐落于美国旧金山湾区,毗邻斯坦福大学,是硅谷的核心城市之一,诞生了脸书、苹果、谷歌、特斯拉等多个国际知名公司。

　　R3 联盟的未来究竟如何,现在还不得而知。但是对于每一个试图在区块链领域闯出一片天地的初创企业和创业者来说,R3 的发展历程都值得我们细致研究和深入反思。

第五节　数字技术的融合应用

　　前文所介绍的几类数字技术都属于著名经济学家、麻省理工学院教授达龙·阿西莫格鲁在其论文《人工智能的危害》中,所描述的"技术平台"的范畴。其他技术在技术平台的基础之上得到进一步发展,进而形成社会整体的技术进步,最终促进经济发展与效率提升(Acemoglu,2021)。互联网、物联网、人工智能、云计算、大数据以及区块链之间相互融合,或者它们与其他技术的相互融合,逐渐发展、形成了当前数字经济中的一系列关键应用、产品和服务,而基于这些新应用又构建出了数字经济的完整业态。

　　在经济学理论的意义上,本书的一个中心思想——数字经济的核心特征是"融合",融合式创新是数字经济超越传统工业经济的关键特征。本书接下来将详细介绍的四种应用——工业机器人、数字货币、虚拟现实类技术和元宇宙,都是这一思想的映射与体现。

一、工业机器人

　　在媒体报道与学术研究中,常常将"人工智能"与"机器人"技术混为一谈。事实上,这两项技术之间存在相当大的差异:人工智能技术强调让机器模仿人的思维过程,而机器人技术则是让机器能够从事人的工作(包括体力工作和脑力工作)。人工智能技术的应用并不都是以机器人的形式存在的,例如,围棋大师 AlphaGo 就是人工智能的一大突破性应用,但它并不是机器人;而在机器人的工作过程中,则多多少少包含智能性的功能(如计算、识别等)。在现实经济活动中,人工智能企业以智能算法的设计和应用为主要生产活动，如 DeepMind 公司和 Open AI 公司①等行业巨头；而机器人企业则更加专注于机械和设备制造，如发那科公司（FANUC）②和波士顿动力公司（Boston Dynamics）③。人工智能算法与机器人制造的结合，在工业领域得到了广泛使用，经过半个世纪的发展，工业机器人逐渐成为工业生产的主流技术。

（一）第一个工业机器人：尤尼梅特

工业机器人的起源可以追溯到 20 世纪中期。1956 年的一场夏日鸡尾酒会上，工程师约瑟夫·恩格尔贝格（Joseph Engelberger）与机械发明家乔治·德沃尔（George Devol）一见如故、相谈甚欢。恩格尔贝格是科幻小说家艾萨克·阿西莫夫的忠实粉丝，受阿西莫夫所著《机器人》系列科幻小说的启发，他一直想将小说中的机器人变为现实，而德沃尔则一直致力于机械部件与装置的发明。1957 年，恩格尔贝格创立了联合控制公司（Unimation Corp.），以专心发展机器人事业，并最终于 1959 年同德沃尔一同开发出了世界上第一台工业机器人"尤尼梅特"（Unimate），恩格尔贝尔也因此被后世尊称为"机器人之父"。尤尼梅特（见图 1-11）一经问世，通用汽车公司就将它投入了位于新泽西州的生产车间中，用于从磨具中提取滚烫的金属部件，通用汽车也由此成为世界上第一家使用机器人的制造业企业。

包括尤尼梅特在内的早期工业机器人，设计思路都大致相同，它们大多体积庞大，采用"机械手臂"样式，参与工业生产过程中的铸造、锻造、冲压、焊接和喷绘等工作，以减少这些工作对于工人的潜在伤害。之后，伴随着微

---

① Open AI 公司，成立于 2015 年，由硅谷、西雅图科技大亨等联合建立的人工智能非营利组织，旨在预防人工智能的灾难性影响，推动人工智能发挥积极作用。

② 发那科公司，成立于 1956 年，是世界上最大的专业数控系统生产厂家，也是世界上唯一一家由机器人来做机器人的公司，总部位于日本山梨县。

③ 波士顿动力公司，初创于 1992 年，是一家美国的工程与机器人设计公司，现已被韩国现代汽车收购。

控技术和机械制造技术的进步,工业生产中越来越多的重复性流程工作开始逐渐由工业机器人代替人类完成。尤尼梅特的应用虽然只是机器人发展的一小步,但它确实展示了工业机械化的美好前景,也为工业机器人的蓬勃发展拉开了序幕。

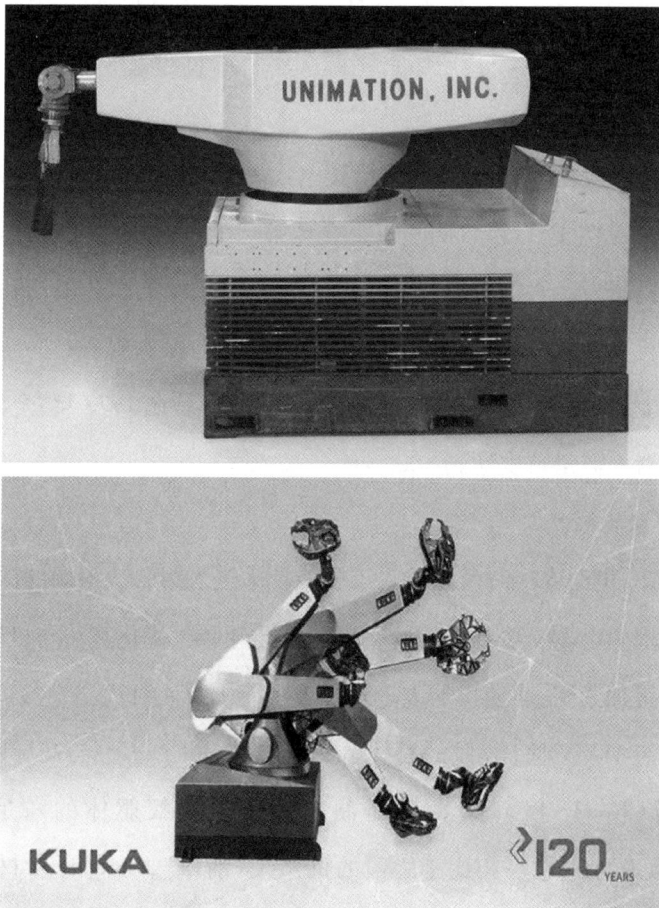

图 1-11　尤尼梅特(上)和 Famulus 六轴机器人(下)
资料来源:维基百科和库卡公司官方网站。

(二)六轴机器人

20 世纪 70 年代后,随着计算机和人工智能技术的发展,工业机器人制造开始与人工智能技术产生交互。这一阶段的工业机器人逐渐开始具备一定的感知能力与自适应能力,可以根据任务要求和对象状况改变作业内容,其商业化进程也大大加速。工业机器人领域的"四大家族"格局基本形成,即日本的发那科和安川电机(Yaskawa Electric)[1]、瑞士的ABB[2]以及德国的库卡(Kuka)[3]四大企业抢占、分食全球市场。与此同时,中国的机器人研发也渐渐起步,1972年,中国科学院沈阳自动化研究所开始了机器人研究工作。

在这一阶段,工业机器人的前沿技术代表当属库卡公司于1973年发布的Famulus(见图1-11)。Famulus是全球第一个具有六个机电驱动轴的多关节工业机器人。六轴机器人可以穿过空间中的X、Y和Z轴,同时每个轴可以独立转动,相比以往的机器人其可用功能得到巨大提升。时至今日,机器人市场上应用最多的仍然是六轴机器人。同样是在1973年,全世界运行的工业机器人数量首次达到3000台。

(三)智能机器人

进入20世纪80年代,随着人工智能技术进入第二次浪潮的深化期,机械制造技术登上了一个新的台阶,而人工神经网络、优化算法与机器人制造的结合也更加紧密,工业机器人正式进入智能机器人时代。

1989年,麻省理工学院的科林·安格尔(Colin Angle)与其导师罗迪·布鲁克斯(Rondy Brooks)一起研制出了仿造蚂蚁躯体的六足机器人Genghis(见图1-12)。相比于之前的机器人"前辈",Genghis身材纤细、材料便宜,它拥有4台微处理器、12个伺服电机以及22个传感器,因而行动

---

[1] 安川电机,成立于1915年,以伺服电机起家。
[2] 1988年,瑞典的阿西亚公司(ASEA)和瑞士的布朗勃法瑞公司(BBC Brown Boveri)合并为ABB公司,目前是工业机器人四大家族公司中最大的一个。
[3] 库卡,成立于1898年,以焊接设备起家,已于2021年被中国美的集团收购。

十分灵活,可以自主穿越岩石地形并保持平衡。数年后成功登陆火星进行探索的"旅居者"(Sojourner)机器人,就沿用了 Genghis 的感应技术①。虽然 Genghis 本身并不是工业机器人,但是其所代表的轻型化、小型化的设计理念与基于传感器的运动预测等技术彻底改变了工业机器人行业。后来,波士顿动力公司研发生产的 Atlas 拟人机器人,以及初创科技公司 Waymo②设计的自动驾驶汽车,无一不是受到了 Genghis 的启发。而参与研发 Genghis 的安格尔,正是如今全球最大的家用消费机器人公司 iRobot 的创始人兼首席执行官。

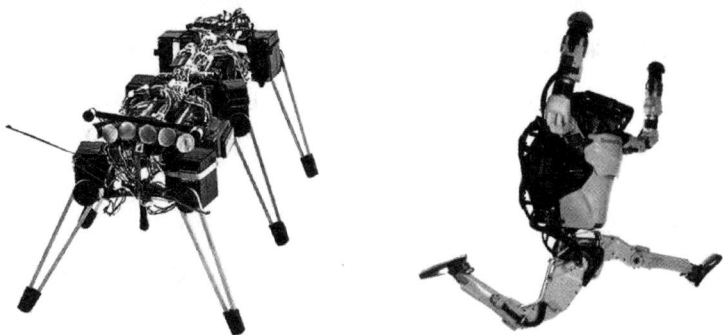

图 1-12　Genghis(左)和 Atlas(右)

资料来源:维基百科和波士顿动力公司官方网站。

(四)市场前景广阔

进入 21 世纪,工业机器人的发展进一步提速,成为制造行业的核心投资领域。

2009 年 8 月 19 日,英国皇家工程学院发布了一份名为《自主系统》的科学报告,提出,"由于智能机器人越来越多地出现在经济社会活动的

---

①　1997 年 7 月 4 日,美国的探路者号携带"旅居者"小型机器人在火星表面实现硬着陆,是人类第一次完成火星车任务。

②　Waymo,成立于 2016 年,专注于研发自动驾驶汽车,是谷歌集团旗下的子公司。

各个方面，2019 年人类将迎来'机器人革命'。届时，无人驾驶汽车会在马路上狂奔，声控机器狗将冲进民居，而机器人纷纷学会思考。"当然，就像2012 年并不是世界末日那样，"机器人革命"也并未发生，但是这份报告足以反映出机器人技术发展之迅速，甚至让人类都心生胆怯。

根据国际机器人联合会（International Federation of Robotics，IFR）①发布的行业报告，2020 年全球共有 384 万台工业机器人正在运行，到 2024 年这一数字预计将增至 518 万台。分地区看，亚洲是全球最大的工业机器人市场，2020 年有 71% 的工业机器人"工作"在亚洲，未来一段时间内这一占比也将继续提高；分行业看，使用工业机器人最多的五个行业分别是：电子制造、自动驾驶、采矿冶金、塑料化工以及食品制造（按使用量大小排序）。该报告还指出，人工智能与机器人制造的进一步融合，将是下一阶段工业机器人发展的关键突破口。

二、数字货币

与前文介绍的比特币和以太币等基于区块链的虚拟货币不同，一般语境中的数字货币（Digital Currency，又称央行数字货币）是由一国的中央银行发布的法定加密货币，与该国央行发布的现实货币除形式之外并无差别。

全球 80% 的央行都在积极研究主权数字货币问题，而在数字货币的研究、发布和使用上，中国走在了最前列。中国人民银行的数字货币项目"DC/EP"②是目前全球最为成熟的同时也是全球仅有的广泛投入使用的数字货币。下面我们就以 DC/EP 项目为典型案例对数字货币的技术内涵进行重点介绍。

---

① 总部位于德国法兰克福，致力于发展和保护全球机器人行业的非营利性组织。

② DC/EP，英文全称 Digital Currency Electronic Payment，即"数字货币电子支付"，指其同时具有法定货币与电子支付的双重职能，具有法偿性。

（一）数字人民币

早在 2014 年，中国人民银行就开始研究数字货币的设计、发行与管理。2017 年年末，经国务院批准，中国人民银行组织部分四大国有银行和有关机构共同开展 DC/EP 的研发工作，标志着数字人民币项目正式启动。2018 年 11 月，中国金融学顶级期刊《金融研究》刊发了中国人民银行研究局局长徐忠与研究员邹传伟的合作文章《区块链能做什么，不能做什么?》，文章从经济学角度研究了区块链的功能，探讨了区块链技术的经济应用与潜在障碍，这也从侧面反映出中国人民银行对区块链相关技术的重视与思考。正是基于这篇文章的研究与支持，数字人民币最终并没有选择区块链技术，而是建立在集中式分类记账的技术之上——即所有交易均由中国人民银行处理。

2019 年 8 月 10 日，中国人民银行结算司副司长、数字货币研究所所长穆长春发表演讲，首次将 DC/EP 的研发现状公之于众。2019 年 10 月 28 日，中国国际经济交流中心副理事长黄奇帆在首届外滩金融峰会上表示，中国人民银行推出的数字货币将采用双层运营体系，即中国人民银行先把 DC/EP 兑换给商业银行或者其他金融机构，再由这些机构将之兑换给公众。2019 年 11 月 28 日，中国人民银行副行长范一飞出席"第八届中国支付清算论坛"时表示，中国人民银行法定数字货币 DC/EP 已经基本完成了顶层设计、标准制定、功能研发和联调测试等工作。

自 2020 年开始，DC/EP 试点开始快速推广。截至 2021 年年底，DC/EP 已经在深圳进行了三次大规模试点，在苏州进行了两次大规模试点，在北京进行了一次大规模试点，测试方式以红包补贴的形式发放到中签者手中，用于在指定商家进行消费。在使用方式上，则兼顾二维码支付与近距离无线通信技术（NFC）的"碰一碰"功能，同时支持商家扫码和被商家扫码。仅 2021 年春节期间，在苏州和北京同时进行的大规模试点红包总金数额就达到了 4000 万元，覆盖了线上、线下全方位的消费场景测试。

1. DC/EP 的技术架构

毫无疑问，被市场接受的数字货币才是有意义的数字货币。数字货币的市场接受程度取决于其技术架构在内的顶层设计，因此中国人民银行在研发之初就高度重视其市场服务能力和竞争能力，重点关注其支付便捷性、体系安全性、操作灵活性、应用场景多元化和系统高效性等能力。根据中国人民银行已经公布的信息和资料，DC/EP 将采用分布式的系统架构，结合云计算技术优势部署业务体系，为海量数字货币交易提供有效支撑。

具体地，DC/EP 的发行采用"一币、两库、三中心"架构（见表 1-5）："一币"自然是数字货币的主题部分，"两库"可以被视为数字货币的发行系统与储存系统，而"三中心"则保证了数字货币的安全、可信。

表 1-5　DC/EP 的核心要素

要素	全称	内　容
一币	央行数字货币	由央行担保、发行
两库	中央银行的发行库	在央行私有云上存放发行基金的数据库
	商业银行的银行库	商业银行管理数字人民币所需的数据库
三中心	认证中心	对机构与用户的信息进行集中管理
	登记中心	每一笔 DC/EP 与对应用户的权属登记；交易流水的全过程登记
	大数据分析中心	反洗钱、支付行为分析

从 DC/EP 的技术架构可以看出，在数字人民币目前的实践中，关键技术包括大数据分析、可信加密和智能合约等（高彩霞和李铭，2020），而去中心化的区块链目前来看并不是 DC/EP 的核心技术。对于这些技术的综合运用，构建了 DC/EP 的中心化双层运营体系，也确保了数字人民币的安全、高效与便捷。

2. DC/EP 的意义与内涵

DC/EP 是由中国人民银行公开发行的数字货币,因而天然避免了比特币等虚拟货币存在的丢币风险、价值波动和缺乏监管等问题。除此之外,数字人民币还有以下几大优点:一是双离线支付。无须网络信号就可以进行电子支付,更加方便实用;二是安全性更高。实名钱包若被盗用,数字人民币可以提供挂失功能;三是多终端选择。除了智能手机,IC 卡、NFC 等其他硬件也可实现支付;四是分层信息管理。非实名钱包可以进行小额支付、转账,实名钱包可以进行大额支付、转账,用户可以根据自己的需要灵活选择;五是点对点交付。政府发放的民生资金,能够点对点发放到民众的数字钱包中,杜绝了虚报冒领、截留挪用的可能;六是成本低廉。远低于纸币的发行、回笼与储存所需的成本;七是可追溯性。有助于推进反洗钱、反逃税等工作的进行,能够有效预防和惩治金融违法犯罪;八是有助于实现人民币的国际化。

然而,DC/EP 自身也存在一些亟待解决的问题,譬如,如何能够保证数字人民币的“可控匿名”,如何和当前的国际货币体系、国际支付体系对接,等等。而对于此类问题的解决,还需要更深层次的技术突破以及更广泛的改革试点。

(二)国际上的数字货币

2020 年 8 月 24 日,国际清算银行(BIS)发表了一篇题为《央行数字货币的兴起:驱动因素、方法和技术》的工作报告。该报告认为,央行数字货币(Central Bank Digital Currency,CBDC)将极大地改变人类未来的支付以及生活方式,并鼓励各国央行努力适应数字支付的挑战。该报告显示,截至2020 年 7 月,全球有接近四十家中央银行发布了央行数字货币。通过对这些国家央行在数字货币领域的研究与实验进行比较分析,国际清算银行发现央行数字货币的发展与更高的移动和互联网使用率、更高的创新能力,以及更高的政府效率密切相关。这一结论也印证了本书的核心判断之一:一国的政府治理能力直接影响着其数字技术与数字经济的发展水平。同时,该报告还呼吁全球各国央行互相借鉴经验,以进一步提高国内及跨境支付的效率、增强支付领域金融体系的稳定性。

近年来,各主要经济体央行如美联储和欧央行均逐步开始加强对于数字货币的研究工作。2020年10月12日,欧洲中央银行启动了针对数字欧元的公共咨询服务,旨在广泛听取公众对数字欧元项目的意见,评估其需求。2022年3月23日,美联储主席鲍威尔在国际清算银行创新峰会的虚拟小组会议上表示,美联储支持数字金融产品创新,但包括加密货币在内的某些新技术"很容易看到风险",可能需要监管改革。可以看出,欧美的央行在数字货币上均保持了相对审慎的态度。

中国DC/EP的发展毫无疑问处于全球领先的阶段,而如何在保持技术优势的同时确保这一体系的安全发展,是中国金融行业目前所面临的一大挑战,也是为世界贡献"中国方案"的良好契机。

三、虚拟现实类技术

数字技术创造了一个基于现实又有别于现实的数字世界。这个数字世界在威廉·吉布森(William F.Gibson)所著的《神经漫游者》中被称为"赛博空间"(Cyberspace)①,在尼尔·斯蒂芬森(Neal T.Stephenson)的《雪崩》中则是"虚拟实境"(Metaverse)②——后来这一词汇被重新解读为"元宇宙"。构建这一数字世界的底层技术是包括虚拟现实(Virtual Reality,VR)、增强现实(Augmented Reality,AR)和混合现实(Mixed Reality,MR)等多种技术

---

① 赛博空间,是控制论(cybernetics)和空间(space)两个词的组合,指在计算机以及计算机网络里的虚拟现实。

② 元宇宙,是元(meta)和宇宙(verse)两个词的组合,在小说中,现实世界中的人都有一个"网络分身"(Avatar),人们可以通过"网络分身"在一个使用真实世界隐喻的三维虚拟空间(平行于现实世界的网络世界)中娱乐交流,这个空间就是虚拟实境。

在内的扩展现实(Extended Reality, XR)系列技术。扩展现实的标准定义是:通过计算机技术和可穿戴设备,将真实与虚拟相结合,打造一个可人机交互的虚拟环境。通俗来讲,就是通过与视觉交互技术融合,实现虚拟世界与现实世界之间无缝转换的"沉浸感"体验。接下来,本书将向大家一一介绍。

(一)虚拟现实技术

虚拟现实技术,就是使虚拟和现实相互结合的技术,包括计算机、电子信息和仿真技术,其基本实现方式是计算机模拟虚拟环境从而给人以环境沉浸感。

事实上,早在虚拟现实的概念正式提出之前,人类已经在科幻文学作品中构想出了能够带来全方位沉浸式体验的奇异设备。1935 年,美国科幻小说家斯坦利·温鲍姆(Stanley G. Weinbaum)在其小说《皮格马利翁的眼镜》中描述了这样的一种眼镜:只要戴上眼镜,小说主角就能沉浸在一个可以模拟视觉、听觉、味觉、嗅觉和触感的电影中,进而以电影主人公的第一视角经历电影中的完整剧情(见图 1-13)。

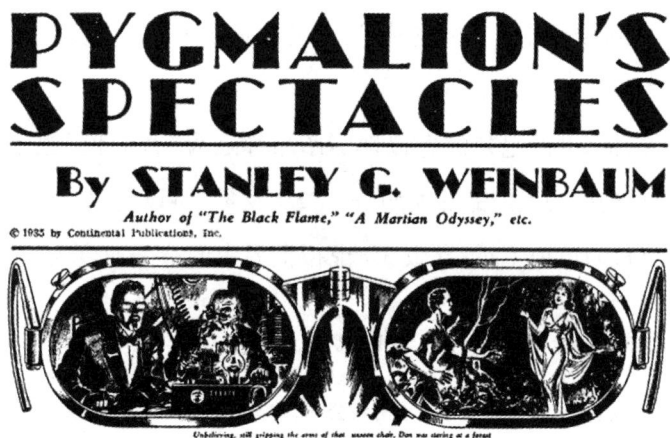

图 1-13　《皮格马利翁的眼镜》中的 VR 眼镜

资料来源:古腾堡工程官方网站,见 http://gutenberg.org。

半个世纪之后，一位热爱艺术、哲学与计算机的年轻人首次提出了虚拟现实这一概念，并于 1984 年在硅谷创立了 VPL Research 公司，致力于发展虚拟现实事业，他就是"虚拟现实之父"杰伦·拉尼尔（Jaron Lanier）。VPL Research 公司并没有纸上谈兵，而是真正制造出了第一套商业化的虚拟现实产品，其中比较知名的有 EyePhone——最早的轻型头戴立体显示眼镜，以及 DataGlove——用于个人计算机输入和虚拟互动的传感手套，而这一套"眼镜+手套"的装备售价高达 5 万美元。要知道即使是三十多年后的今天，5 万美元对于大部分人来说依然是个不小的数字，所以 VPL Research 虽然将虚拟现实设备推向了民用市场，但其实销量寥寥。

整个 20 世纪 90 年代，虚拟现实更多是作为一种高科技玩具和个人计算机辅助设备而出现，主要被用于创造拟真的视频游戏体验，雅达利（Atari）[①]、世嘉（Sega）[②]和任天堂（Nintendo）[③]等游戏厂商，和以飞利浦（Phillips）[④]为代表的家用设备制造商是该技术的主要开发者。虽然在媒体上得到了广泛关注，但 20 世纪末到 21 世纪初虚拟现实商业化依然遭遇了严重失败（Lanier, 2017）。大多数目标用户并没有选择采用这项昂贵、笨重，并且视觉沉浸感十分糟糕的技术，而是偏向选择在传统设备上享受影音娱乐和电子游戏。

可以说，将 21 世纪初的虚拟现实产品称之为"智商税"也毫不为过。一方面，早期虚拟现实产品的通病——"3D 眩晕"难以解决。简单来说，就是由于计算机的算力不足，导致 3D 虚拟世界中的渲染速度无法匹配上用

---

① 雅达利，成立于 1972 年，知名游戏开发商，产品包括打砖块、吃豆人等。已于 2013 年申请破产。
② 世嘉，成立于 1954 年，日本电子游戏公司，曾与任天堂、索尼、微软并列四大家用游戏机制造商。
③ 任天堂，成立于 1889 年，于 1970 年代开始投入电子游戏产业，现代电子游戏产业的开创者。
④ 飞利浦，成立于 1891 年，世界上最大的电子品牌之一，总部位于荷兰。

户的运动速度,使用户出现身体不适。另一方面,虚拟现实适配的软件还无法保证足够的拟真度与可互动性,最终导致低像素、低分辨率的视觉效果并不能带来所谓的沉浸感。因此,虚拟现实产业的进一步发展,无疑对于计算机软硬件以及相关数字技术的提升提出了更高的要求。

2010 年之后,一大批像 Oculus① 这样的由大科技公司支持的初创独角兽企业开发出了更快的图形渲染技术和更低成本的运动追踪技术,虚拟现实技术自此开始走向复兴。与此同时,智能手机的发展也为虚拟现实提供了画质更高、能耗更低、分辨率更高的屏幕选择,使虚拟现实开发者可以专注于研究更加纯粹的虚拟现实技术而不用再分心于屏幕优化。2013 年,Oculus 在其官网上发售了开发者版本的 Oculus Rift,定价 300 美元,这是首个得到充分商业化、定价能够被普通消费者所接受、得到市场普遍认可的虚拟现实产品。不久之后,宏达电子公司(HTC)② 和维尔福公司(Valve)③ 合作开发的虚拟现实头显产品 HTC Vive 也随之上市,虚拟现实市场逐渐进入群雄割据的"战国时代"。

虽然颇受关注,也被寄予厚望,但时至今日虚拟现实的内容生态依旧薄弱,我们期待的 VR 购物、VR 医疗或者 VR 工业都没能实现,而只能用来体验电子游戏的虚拟现实似乎还有些不尽如人意。

(二)增强现实技术

显然,虚拟现实技术所构建的虚拟空间是全方位、沉浸式的。那么,如果不追求构建一个完整的数字世界,而是只希望对现实空间进行调整与添加以适应用户需求,就到了增强现实技术大显身手的时候了。从技术上来

---

① Oculus,成立于 2012 年,虚拟现实头戴设备制造商,已于 2014 年 7 月被脸书收购。

② 宏达电子公司,成立于 1997 年,全球最大的智能手机代工和生产厂商,总部位于中国台湾。

③ 维尔福公司,成立于 1996 年,是一家专门开发电子游戏的公司,总部位于美国西雅图。

说，增强现实技术，就是实时地计算摄影机影像的位置、角度并加上相应图像的技术，以将真实世界信息和虚拟世界信息"无缝"合成，简言之，就是在屏幕上把虚拟世界套进现实世界之中。

1992年，波音公司的两位研究员，在其论文中首次使用了增强现实这个词，用来描述将计算机呈现的元素覆盖在真实世界上的技术（Caudell 和 Mizell，1992）。1997年，北卡罗莱纳州立大学教授罗纳德·阿祖玛（Ronald Azuma）在其论文《增强现实技术的调研》中重新定义了增强现实技术，认为这一技术应该包含三个特征：虚拟与现实结合、实时互动，以及基于三维的定位。

增强现实技术在商业领域的突破性进展是2012年谷歌推出的首款AR眼镜——Google Glass。与 Oculus Rift 等 VR 眼镜不同，Google Glass 真的是一款眼镜，只是用户可以通过语音指令来实现拍摄照片、发送信息以及查询路况等一般智能手机才具有的功能。Google Glass 的镜框右侧有一个宽条状的电脑处理器装置，而镜片前端悬置了一台500万像素的小型摄像头，可拍摄720P清晰度的视频。虽然最终因为成本过高、侵犯隐私等种种原因没有得到市场特别积极的反馈，但是 Google Glass 确实将增强现实技术带入了大众视野中。

2016年夏天，与虚拟现实技术类似，增强现实技术也通过一个游戏的发行风靡全球。这一款游戏便是由任天堂公司授权、Niantic Labs 公司①负责开发和运营的一款手机游戏"宝可梦 Go"。利用智能手机的高清摄像头，玩家可以在手机拍照界面发现现实世界里的宝可梦（Pokémon）形象，并对其进行捕捉和战斗，从而使真实世界和游戏世界实现了高度融合。试想一下，你带着疲惫的身体走出拥挤的地铁站，只需要打开手机进入游戏，便能看到可爱的宝可梦在熟悉的报刊亭边向你招手，又怎会不童心再现呢？

————————————

① Niantic Labs，成立于2011年，最初是谷歌旗下的初创公司，2015年脱离谷歌成为独立游戏公司。

宝可梦 Go 的火爆，为我们揭示了增强现实技术下一阶段发展的潜在趋势——不试图创造现实，而是改造和重构现实，从而让使用者获得更加接近真实的奇妙体验。现如今，AR 试衣镜、AR 历史博物馆、AR 实况直播都已真实地走进了我们的生活，给我们新奇体验的同时，也使我们更觉枕稳衾温。

（三）混合现实技术

除了虚拟现实技术和增强现实技术之外，还有一些介于二者之间、或者将这两项技术结合的综合技术，混合现实就是其中代表。所谓混合现实，就是通过在虚拟环境中引入现实场景信息，从而在虚拟世界、现实世界和用户之间搭建起一个交互反馈的信息回路，以增强用户体验的真实感。

简单来说，虚拟现实是纯虚拟的数字画面，增强现实是在裸眼现实中加入虚拟的数字画面，那么混合现实就是在数字化的现实中加入虚拟的数字画面。混合现实技术结合了虚拟现实与增强现实的优势，但是从概念上来说更像增强现实，甚至可以说混合现实技术是增强现实的完美升华。正如"可穿戴计算之父"史蒂夫·曼恩（Steve Mann）教授所说，"混合现实与增强现实的区别在于，混合现实通过一个摄像头让你看到了裸眼看不到的现实，而增强现实只能够叠加虚拟环境却不管现实本身。"

当然，目前包含混合现实技术的智能眼镜仍处于开发阶段，但是我们完全可以期待一个能让虚拟和现实完全互动的产品来颠覆我们的感官体验。

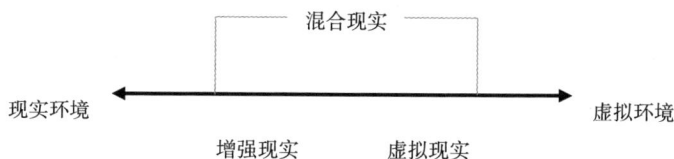

图 1-14　扩展现实系列技术与现实之间的关系

以上就是我们对扩展现实系列技术的简单介绍，图 1-14 大致描述了这几类技术之间的关系，当然，不同技术之间的边界是比较模糊的。总体来说，扩展现实系列技术被赋予了许多期待,科技界希望通过这一系列技术的发展来解决现实问题、克服真实世界中存在于时间和空间中的各种障碍。而这些期待最终催生出了一种新的综合技术概念——元宇宙,接下来我们就将专门介绍这一基于扩展现实、又被广泛认为高于扩展现实的应用型数字技术。

四、元宇宙

社交媒体巨头脸书,毫无疑问是扩展现实系列技术研发的全球领军者之一。脸书公司创始人马克·扎克伯格(Mark Zuckerberg)也坚信,更好的技术能够给用户带来更好的社交体验,进而提高用户黏性、扩大脸书的应用空间。自 2020 年起,脸书每年都会组织名为 Facebook Connect 的扩展现实开发者大会,邀请全球各地的扩展现实开发者、内容创作者与市场营销人员参会以庆祝扩展现实行业的成长与进步,并展望这一行业的未来发展。而就在 2021 年 10 月 28 日的 Facebook Connect 2021 大会上,扎克伯格正式宣布将公司名从"脸书"修改为"Meta",一时引发了全世界的关注与讨论,"Meta"一词也随之火爆全球。

Meta 一词便是元宇宙(Metaverse)的简写。在 Facebook Connect 2021 大会上,扎克伯格表示将在 5 年内使脸书从社交媒体平台转型为元宇宙公司和社交科技公司(Social Technology Company),并细致地阐释了脸书对元宇宙的认识、元宇宙转型的战略规划以及目前脸书在元宇宙领域上所取得的各项进展。那么,究竟什么是元宇宙?它与我们上文所介绍的扩展现实系列技术又有何不同?如果只是一时的概念炒作,为什么它又能得到包括脸书、谷歌和亚马逊在内的科技巨擘的持续关注和大力布局?

所谓元宇宙技术,简单来说就是基于扩展现实系列技术所开发的各类综合性应用。我们在前文已经提到,这一词汇首次出现是在尼尔·斯蒂芬森所著的著名科幻小说《雪崩》中。斯蒂芬森如此描述元宇宙:通过高科技设备与终端,未来的人类可以进入由计算机模拟的虚拟化、数字化的三维世界,现实世界的所有事物都可以被数字化复制到虚拟世界中,而人们可以通过数字化的"分身"(Avatar)在虚拟世界中做任何现实生活中可以做的事情。

在技术层面,元宇宙是将扩展现实技术、区块链、云计算以及数字孪生等技术综合运用的产物。扩展现实技术构建了元宇宙的基本架构,区块链为元宇宙的物品归属和交易支付提供了一种安全、高效的解决方案,云计算确保了元宇宙的规模与可持续性,而数字孪生(Digital Twins)①让元宇宙内的环境与真实世界高度对应。在一定程度上,可以认为元宇宙是数字技术的集大成者。

如果元宇宙的核心用途仅仅在于虚拟社交或者网络游戏,它对于人类社会与数字经济的发展可能没有一些科技媒体所吹嘘的那么具有颠覆性。然而新冠肺炎疫情的暴发以及各国为应对疫情所采取的各种隔离和保持社交距离的政策措施,让人们第一次在真正意义上意识到一个功能齐全、能够在一定程度上替代现实空间而存在的数字空间的重要性。在线教育(Online Education),就是一个绝佳的示例(见图 1-15)。

在 2020 年之前,在线教育虽然已有了一定的规模和发展,但其始终不是主流的教育方式,而是常常以"课外补习"的形式存在。与之对应的,传统的在线教育也依赖于互联网和计算机软硬件来进行课程讲授、师生互动与考核评估。而新冠肺炎疫情暴发后,在线教育一跃成为与线下教学同等重要的教学模式。然而在绝大多数情况下,由于学生注意力分散、教师不适应网络授课、缺少有效的监督以及教学环境的泛在化,在线教学的质量往往难以持续保持在较高水平。

此时,教育元宇宙(Edu-metaverse)的出现,便为解决上述问题提供了一种解决方案。通过在"云+网+端"基础上构建虚拟教学平台,教师和学生

---

①　数字孪生,也被称为数字化映射,即利用物理模型、传感器、运行历史等数据,集成多学科、多尺度的仿真过程,在信息世界中对物理世界进行等价映射,从而反映相对应物理实体产品的全生命周期过程。

图1-15　在线教育示意图

资料来源：《自然》杂志《自然电子学》子刊，《后疫情时代的在线教育》2021年第1期。

以数字身份参与课堂、进行教学活动与师生互动，可以显著提高一般线上教学所不具备的沉浸感。简单来说，在虚拟课堂中，每个老师和学生都可以创建一个自身的卡通形象，学生可以像走进真实教室一样选择座位，而虚拟讲台上的老师与学生可以更直观地产生交互。除了虚拟课堂，虚拟空间的可塑性也催生了如虚拟实验室、虚拟集会、虚拟音乐会等场景，将元宇宙从课堂教学延伸至课后活动，由此实现了教学全过程的"元宇宙化"。

在扎克伯格看来，元宇宙的出现将彻底革新人类的社交方式，而其他一些更加积极的观点甚至认为，元宇宙具有重塑数字时代的经济社会体系的巨大潜能。毋庸置疑，元宇宙与各个产业的结合将带来包括元宇宙办公、元宇宙医疗和元宇宙旅游在内的许多新的可能性。笔者始终认为，相较于工业经济与农业经济，数字经济的一个巨大改进便在于，创新行为的实质从"破坏"升级到了"融合"。而前文所介绍的各项应用型技术也为此提供了很好的佐证:无论是数字技术之间的相互融合,还是数字技术与传统技术、传统产业的融合,都极大地提高了社会生产效率,创造出了新模式、新场景和新业态。数字技术驱动的融合式创新,正是数字经济的活力所在。

小　结

　　本章介绍了许多数字技术,这些数字技术大多是最早在科幻小说中被提出,再由科学家和工程师通过开创性的研发工作将之变为现实。这就充分说明了数字技术具有的一个共性——面向未来。计算机的未来,将是更加轻量化甚至无实体的仿真机械,能够像人类一样具有认知智能;大数据分析的未来,将彻底改变企业和政府的决策管理模式,提高其精确度与前瞻性,进而提高企业和公共管理效率;区块链和智能合约的未来,将被应用于经济活动的各个方面,从而降低交易成本和市场摩擦;而人类生活的未来,将是无人工厂代替传统工厂、数字货币取代纸币,是物联网连接起每一个我们使用的产品,是元宇宙成为与现实宇宙同等重要的主要活动场所……如此这般的未来当然值得期待,但同时也不免令人担忧随之而来的种种潜在问题。

　　数字技术带来的各种可能性是前所未有的。这些技术中蕴含的增长动能,已经在过去的数十年里得到了一定程度的释放,并催生出"信息经济"和"知识经济"等多种新经济形态,进而演化为当前占据主导地位的数字经济。在下一章中,我们就将把关注点放在数字经济的"前世今生"上。

第二章

数字经济的"前世今生"

> 信息革命是在科技一体化和科技非线性发展新形势下掀起的一种高科技革命,信息革命既是科技革命,又是产业革命。
>
> ——乌家培:《谈信息经济与知识经济》,《情报资料工作》1998 年第 4 期

数字技术中最为基础的便是以计算机和互联网为代表的信息与通信技术(ICT)。20 世纪 50 年代开始,信息与通信技术得到了长足的发展与进步,促使信息这一虚拟资源得到了充分开发,成为与石油、电气和稀土等同样重要的经济资源。由此,以信息为核心要素、以信息与通信技术为基础、以信息产业为主导的经济模式——"信息经济"(Information Economy)逐渐成形并发展起来,成为人类历史上第一个以虚拟要素为主体的经济模式。

到了 20 世纪 70 年代末 80 年代初,伴随着信息经济的发展,人们也逐

渐意识到不同类型信息之间存在的差异。渐渐地，作为信息的一个子类的知识，被单独提取出来，成为"知识经济"（Knowledge Economy）的主导要素。从这个角度来说，知识经济也可以被视为信息经济的一个子类，但随着这一经济模式的不断发展，其内涵又逐渐超出了信息经济的范畴，涉及了几乎所有的虚拟经济活动。特别是近十年来，人们对于知识的生产、分配与使用过程又产生了新的理解，知识创造在人类经济社会活动中的重要性得到进一步提升。

如果将从"信息经济"到"知识经济"的发展历程视为一次信息资源的"提纯"，那么，从"知识经济"到"数字经济"的发展历程就是一次知识生产的"泛化"。随着信息经济的进一步发展，人们关注的重点从精炼后的信息和知识，逐渐扩大为这两类虚拟资源的载体——数据要素，"数字经济"（Digital Economy）也应运而生。得益于数据的泛在性、非竞争性和互补性特征，数字经济具有了信息经济和知识经济所不具备的广度与深度。围绕数据要素的产生、积累、挖掘和应用而发展起来的数字技术构建了数字经济的基础框架，赋予了数字经济彻底颠覆传统经济模式的巨大力量——这是信息经济和知识经济永远无法企及的高度。在这一过程中，融合式创新的作用得到了充分发挥，它改变了工业经济形成以来的固有经济规律，使数字经济成为继农业经济和工业经济之后的人类第三种主要经济形态。

在本章中，我们将按照"信息经济—知识经济—数字经济"的历史沿袭介绍这三类经济模式的发展过程，重点阐述技术进步、经济实践以及相关理论的同步升级与协同演化。需要注意的一点是，本书对于三个时代的划分并不是以上一个时代的完全结束为标志的。在很大程度上，我们目前仍处于信息经济时代和知识经济时代之中，信息和知识仍在经济发展中发挥着极其重要的作用。只是相对于信息和知识这两类要素，数据要素和数字技术发挥的作用更加广泛，更能代表进入 21 世纪之后全球经济发展的时代特征,数字经济也因此是对于新经济形态的更好概括。从这个角度来说,从信息经济到知识经济再到数字经济的形态演化,恰恰代表了以数字技术为核心技术特征的新经济形态对于传统工业经济形态的持续替代与深度融合。

第一节　信息经济时代:计算机革命与
信息产业形成

纵观人类经济发展史,大多数新经济模式的出现均滞后于其核心技术的产生与应用,但领先于相关经济制度和治理模式的形成与改进。这一时间上的先后关系可以被视为"技术—经济—治理"体系的一项基本原则,也符合现实中科技研发与经济社会活动的客观规律:新技术的出现催生出新的经济模式,新旧经济模式发生冲突之后,政府作为经济活动的监管者与市场秩序的维持者对治理方式作出调整、改进,以适应新经济模式的现实需要。

信息经济本质上就是由计算机等信息与通信技术催生出的这样一种新经济模式。信息经济兴起于 20 世纪 50—60 年代,而在 20 世纪 70 年代末 80 年代初逐渐式微并过渡到知识经济时代。想要充分掌握信息经济时代的发展过程,首先需要明确"信息"这一概念长久以来的变化与演进。所谓"信息",如今泛指人类社会传播的一切内容,《牛津词典》给出的定义是"关于某人某事的事实或细节",而究其起源,信息的英文 Information 一词来源于拉丁文 Informatio,原意为"解释和阐述"。

1948 年,信息论创始人、达特茅斯会议的参与者之一克劳德·香农[1]提

---

[1] 克劳德·香农(Claude Shannon,1916—2001 年),美国数学家、信息论创始人、麻省理工学院教授,为香农而设的"香农奖"是通信理论领域的最高奖,也被称为"信息领域的诺贝尔奖"。

出，"信息是用来消除随机不确定性的东西"。控制论创始人、应用数学家诺伯特·维纳①则表示，"信息就是组织程度的一种度量"，代表"负熵"。本质上，香农和维纳对于信息的理解反映的是同一种精神——信息代表着无序的反面，是事件发生的现实规律的一种表述形式。美国信息管理专家福雷斯特·伍迪·霍顿（F.W.Horton）则认为，"信息是为了满足用户决策的需要而经过加工处理的数据"。简言之，信息是经过加工的数据，或者说，信息是数据处理的结果。霍顿首次将信息与数据这两个概念联系在一起，是对于信息的一种现代化解读。

在经济学研究中，学者们大多采用肯尼斯·约瑟夫·阿罗②对于信息的定义。阿罗认为，"信息"就是根据条件概率原则有效地改变概率的任何观察结果（Observations），或者可以理解为传递中的"知识差"（Knowledge Gap）。根据这一定义，在获取了信息之后，人们的决策质量会有所提升，最终带动经济产出的提升。举一个简单的例子，如果某一家计算机生产企业甲获取了如下信息——竞争对手企业乙下个月会生产出一批基于新生产技术的性能更高、价格更低的笔记本电脑，那么企业甲就可能会下调下个月自家笔记本电脑的定价，从而减少潜在的亏损和滞销。而如果没有获得这条信息，企业甲就会选择不同的定价策略。这两类不同的定价决策之间就存在着因信息的差异而导致的知识差。在一定程度上，可以将阿罗的这一定义视为对香农所作出的定义的一种统计学解释。

加拿大社会学家伯努瓦·戈丁（Godin，2008）认为，在计算机技术出现之后的五十多年里，信息的概念变化一共经历了三个阶段。第一个阶段大

---

① 诺伯特·维纳（Norbert Wiener，1894—1964 年），美国数学家、控制论创始人、信息论的前驱、麻省理工学院教授，曾于 1935—1936 年在北京清华大学担任访问教授。

② 肯尼斯·约瑟夫·阿罗（Kenneth J.Arrow，1921—2017 年），美国经济学家、信息经济学发展先驱，于 1972 年获诺贝尔经济学奖。

约从 20 世纪 50 年代到 60 年代末,这个阶段的信息主要代指狭义的"科学与技术知识"(Scientific and Technological Knowledge);第二个阶段从 20 世纪 70 年代到 80 年代,信息从科学知识上升为经济活动,同时信息产业的概念逐渐形成;第三个阶段从 20 世纪 80 年代末至今,信息更多地代表了一种特殊的数字技术,即信息与通信技术。

在本书所关注的相对狭义的信息经济时代中,信息先是以科学知识的形式存在,后来发展为一种以信息生产和传输为主的经济活动,而驱动这一变化的核心变量就是由计算机技术推动的信息技术革命。

一、信息经济时代之前的信息经济

在信息经济学的先驱肯尼斯·阿罗眼中,信息是一种不可分割、难以被独占或垄断的经济商品。在 20 世纪 50—60 年代之前,这一虚拟商品的生产、传播和交易受到了很大限制,导致信息经济难以得到规模发展。但即使是在信息经济完全形成之前,也存在着许多传递和使用经济信息的典型事例,可以说信息贯穿了人类的经济发展史。

(一)声光通信

作为四大文明古国之一的中国,其信息传递的历史可以追溯到殷商盘庚①年代(公元前 1400 年前后)。商朝自建立后历经王位更迭、内战不断,尤其是频繁迁都加剧了其政治不稳定程度,直到盘庚迁都至殷墟后,延续九代的王室争夺终于结束,国都得以真正稳定,商朝也最终重现商汤②时代的辉煌——正所谓"昔有成汤,自彼氐羌,莫敢不来享,莫敢不来王,曰商是常"③。而殷商故都殷墟,正是如今的河南省安阳市小屯村。

---

① 盘庚,子姓,名旬,商朝第十九位君主(不计太丁),在位期间迁都于殷,复兴商朝。
② 商汤(?—前 1588 年),即成汤,子姓,名履,灭夏建商,商朝开国君主。
③ 出自《诗经·商颂》的《殷武》篇,先秦时代华夏族诗歌。

清朝光绪①年间，时任国子监祭酒②的金石学家③王懿荣从药铺买了中药"龙骨"治病，却发现这味药材上刻着有规律的、如文字一般的图案，出于好奇，他便派人去药堂买下了所有龙骨，却惊奇地发现每片龙骨上都有着相似的图案。几经对比，王懿荣终于确信这些"龙骨"根本不是上万年前的"龙骨"，而是几千年前的兽骨，而这些骨片上的一笔一画，正是殷商时期的文字。追根溯源，人们最终发现这批龙骨来源于河南安阳小屯村，当地人不知这种龟甲、兽骨是古代遗物，只把它们磨成小碎片当作"包治百病"的药材进行售卖。百余年来，在小屯村挖掘出土的甲骨已超过十五万片，而后世也将这些镌刻、书写于龟甲与兽骨上的记录占卜的古老文字称之为"甲骨文"，抑或甲骨卜辞。

根据甲骨文的记载，在殷商盘庚年代，边戍向天子报告军情的记述中有

图2-1 甲骨文的"鼓"字

"来鼓"二字，即为"击鼓传令"之意。如图2-1所示，甲骨文"鼓"字的左边是上有装饰物、下有鼓架的鼓，右边是一个人手上拿着小棍，整个字形似一个人手拿着鼓槌正在敲鼓。据历史学家考证，殷商周边有众多氏族和方国④，而其中不乏与商交恶者，特别是西边的犬戎、羌方，北境的鬼方⑤，都曾屡屡与商交战。为抵御外敌来犯，商王在边境

---

① 爱新觉罗·载湉，清朝第十一位皇帝，在位期间使用年号"光绪"，起止时间为光绪元年（1875年）至光绪三十四年（1908年）。
② 即国子监的最高官位，国子监是中国古代最高学府和教育管理机构。
③ 中国考古学的前身，以古代青铜器、石刻碑碣为主要研究对象，偏重于著录和考证文字资料，以达到证经补史的目的。
④ 古代的联合城邦制国家。
⑤ 商周时居于我国西北方的游牧少数民族，其活动载于《汲冢周书》《易经》《史记·殷本纪》等古籍以及出土的商周甲骨卜辞中。后经我国、苏联和蒙古国的考古发掘及研究工作，证明鬼方迁到了南西伯利亚、东起贝加尔湖西至巴尔喀什湖一带。

派重兵把守的同时,还设置了配有专兵守候的铜制大鼓,一旦出现敌情,士兵须第一时间击鼓传信,且鼓点的间隔、节奏代表着军情的危急程度。如此一来,鼓声站站相传,最终将敌情呈报至商王。

至周朝时,一种名为"烽燧墩台"的信息传递形式逐渐发展起来,也就是我们熟知的烽火台。烽火台通常建在易于相互瞭望的高岗上,所谓"烽燧",白天施烟为"燧",夜间点火为"烽",有敌人入侵时兵士只需点燃稻草,台台相传即可传递军令。《史记·周本纪》中记载,"幽王为烽燧大鼓,有寇至则举烽火,诸侯悉至"。按周朝规定,天子若举烽燧,各地诸侯必须马上带兵前去救援、共同抵抗敌人,而著名的"周幽王烽火戏诸侯"的故事便是发生在当时。由此可见,烽燧制度的实施,意味着早在周朝时中国就已出现了庞大而又完善的军事信息联系网络。

(二)古代中国的邮驿

除了击鼓传信与烽燧墩台这两种传统的声光通信方式外,古代的通信兵还会运送"简书"以传报信息。正如《诗经》所载,"昔我往矣,黍稷方华。今我来思,雨雪载途。王事多难,不遑启居。岂不怀归?畏此简书"①。简书,就是动物兽骨或成册的竹简,上面记录了官府想要传递的信息和情报,多是国有急难时用来告急求救的文书。可以说,"简书"代表了中国历史上最早的、体系化的信息通信方式——邮驿。"传送文书,步递曰邮,马递曰驿",邮驿便是古代以驿站为主体的信息传送网络。历史学家认为,中国的邮驿制度从殷商盘庚年代开始一直持续了两千七百多年,直到辛亥革命后,北洋政府于1912年宣布"裁驿归邮"②才结束。

邮驿的存续时间如此之久,自然说明其在信息传输上具有多种优势。

---

①　出自《诗经·出车》,通过对周宣王初年讨伐猃狁胜利的歌咏,表现了中兴君臣对建功立业的自信。

②　即裁撤驿站归为邮政。

但与此同时,邮驿制度的劣势也十分明显,即信息的传输速度相当有限,受制于距离和马力,特别是在信息传递需求强烈——如外敌入侵之时,就需要更加迅捷的传递手段。而前文所说的烽火台恰好能够在短时间内进行大范围、跨区域的信息传递,只是传递的信息内容相对有限,多发挥警示作用。可以说,烽火台与邮驿的结合,构成了中国古代信息传递的基本模式。

进入封建社会之后,以邮驿为代表的信息传递逐渐覆盖全中国,从而形成了由中央调控的邮政体系。秦始皇在全国修驰道,"车同轨、书同文",建立了以国都咸阳为中心的驿站网,制定了邮驿律令,形成了中国最早的《邮驿法》。到了汉代,邮驿制度进一步发展,甚至通过丝绸之路连通了印度、波斯和缅甸等周边邻国,实现了信息与商品的跨国传递。唐代的邮驿制度更是如其国力一般发扬至盛,全国共有陆驿、水驿及水陆兼办邮驿多达1600多处。宋朝则由于战事频发,催生出了以最快速度传递军情军令为目的的"急递铺",急递铺实行每到一站就换人、换马接力传递,从而保证了军事信息的安全与快速。

到了明朝,伴随着以"郑和下西洋"为标志的海上交通路线的开启,海上邮驿也应运而生。而发展至清朝,邮驿制度也如日薄西山的封建王朝一般,逐渐由盛而衰。清末时期,驿制崩坏、违误驰递,遍布全国的官办驿站臃肿腐败、耗资巨大,成为传递效率低下、贪污腐化严重的官僚机构。光绪二十二年(1896年),大清邮政局开办,随着交通运输业的发展,驿站传递公文和接待来往官吏的重要性日渐消失。直到1912年,古老的邮驿制度终于随着清王朝的覆灭而一同掩于尘土。

纵观整个中国封建时代的信息传递史,在绝大多数情况下,邮驿只传达官府文书,并不向老百姓开放。而民众想要传递信息,只有自己亲自传达、托人捎带或者采用"鸿雁捎书"等稳定性较差的传输形式。这在一定程度上限制了基于信息的民间经济的发展与扩张,使生产和交易活动只能在物理上可到达的区域中进行。

关于邮驿制度,还有一段颇为有趣的历史。自西汉至隋朝,各地方都设置了"督邮"一职,以代表太守监察属县、督送邮书、宣达政令和司法。而在历史故事与民间传说中,督邮常常被视为贪污腐败的代表,"张翼德怒鞭督邮"①便是《三国演义》中一则脍炙人口的经典故事,从中除了可以看出督邮这一职务之重要外,还足以瞥见"信息"的价值之高。

（三）欧洲的早期邮政

与中国相比,欧洲的信息传递历史要简短得多。

欧洲的文明史,依据传统可简单划分为古典时代（The Classical Ages）②、中世纪（The Middle Ages）③与近现代。其中尤以中世纪的结束——16世纪为分割线,欧洲自此渐渐走向辉煌。16世纪是地理大发现、殖民主义发展的一个世纪,同时也是科技发展、文艺进步以及教会权威逐渐衰弱的世纪。毫不夸张地说,16世纪就是欧洲发展的分水岭,是黑夜的边缘与黎明的交汇所在。在16世纪之前,东方古国已历经了唐之盛、宋之富,而彼时的欧洲——从今天的俄罗斯向西直到欧洲大陆,大部分地区还是人迹罕至的原始森林。有别于华夏文明,当时欧洲的人们文化水平普遍较低,生活区域也颇受限制,大部分人都祖祖辈辈生活在领主的农庄中,足不出户、目不识丁,因而书信在当时的欧洲并不是一种普遍存在的信息传递形式。

---

①　一位贪图贿赂的督邮前往刘备担任县尉的安喜县巡察,因刘备不愿向他行贿而怀恨在心,意图陷害刘备。张飞察觉后,狠狠地鞭打了督邮为刘备报仇。

②　即公元前5世纪—公元5世纪中期,始于公元前509年罗马共和国的建立,终于公元476年西罗马帝国的灭亡,是民主城邦制的时代。

③　即公元5世纪后期—15世纪中期,始于公元476年西罗马帝国的灭亡,终于1453年东罗马帝国的灭亡,也称"黑暗时代"。

直到 1517 年 10 月 31 日——万圣节前一天，德国威登堡大学的神学教授马丁·路德①在威登堡大教堂的门口张贴了《九十五条论纲》，用九十五条辩词严厉抨击了罗马教廷出售"赎罪券"②的行径，将矛头直指罗马教皇，点燃了宗教改革（Reformation）③的烈火。宗教改革打破了天主教的精神束缚，为西欧资本主义的发展和多元化的现代社会奠定了基础。除此之外，宗教改革还影响了欧洲邮政系统的建立与发展。一方面，宗教改革加深了欧洲各国之间的矛盾，频繁发生的武力摩擦与地区纷争催生出了及时掌握他国信息的需求，欧洲的邮政系统由此逐渐建立；另一方面，宗教改革加速了教育的世俗化和工商业的发展，商业网络的进一步扩张和密集化也催生出了商业信息的传递需求，以威尼斯等商贸都市为中心的邮政网络开始形成。

但从 16 世纪到 18 世纪，邮政服务的开展仍然需要皇室或者政府的授权，这就导致了部分大家族和商贾对于邮政业务的垄断。由奥利地皇帝授权的塔克西斯家族邮政（Thurn and Taxis），从 1516 年获得授权之后一直持续经营了近四百年，直到 1867 年被普鲁士政府收买邮政业务权而结束，在这期间塔克西斯家族邮政遍布欧洲大陆、所雇佣的信使更是超过两万多名。而此塔克西斯正是出租车的英文"Taxi"的由来，足以见得此家族的影响力之大。除此之外，英国首相威廉·皮特④还授权了自己的朋友约翰·帕尔默（John Palmer）经营从布里斯托尔（Bristol）⑤到伦敦的邮政马车业务。相

---

① 马丁·路德（Martin Luther，1483—1546 年），德国宗教改革家，欧洲宗教改革运动的发起人、基督教新教的创立者。

② 教皇声称，要想灵魂得救就必须依靠教会与上帝沟通，即购买教会颁发的"赎罪券"才能净化灵魂。

③ 欧洲基督教自上而下的改革运动，始于 1517 年《九十五条论纲》的提出，终于 1648 年《威斯特伐利亚和约》的出台。

④ 威廉·皮特（William Pitt，1759—1806 年），英国历史上最年轻的首相。

⑤ 英国西南地区最大的城市，在 19 世纪之前其地位仅次于伦敦。

较于传统的"邮差骑马送信"方式,邮政马车不仅速度更快、成本更低,而且安全性更佳,于是一时之间生意火爆。尽管邮政马车确有裨益,但试想一下,如若上海到北京的所有快递只能由某一家公司配送,这属实过于暴利、颇为不妥。

(四)铁路邮政

进入19世纪,"蒸汽时代"①的到来颠覆了传统邮政的开展方式,尤其是1825年火车机车的出现与运行,使铁路邮政逐渐成为英国最主要的信息传递和运输方式。1825年之后的十年间,英国相继开通了博尔顿—里尔、坎特伯雷—惠特斯特布尔、沃灵顿—牛顿、利物浦—曼彻斯特等多条铁路线路,这些铁路最开始以运送煤炭和客运为主。但随着城市棉纺织工业的兴起,越来越多的人走出农庄去城市闯荡,离乡的孩子要写信给母亲报平安、分离的恋人要写信给爱人诉衷肠、异地的员工要写信给客户谈商务,一时之间邮政系统压力倍增。显然,四足的骏马已经无法承担工业时代的信息传递需求,于是上述铁路线路纷纷开始运送邮件。与四轮马车相比,铁路运邮的运力更佳、速度更快、范围更广,于是很快便超越甚至替代了繁荣了数十载的邮政马车业务。

1838年8月14日,英国邮政正式颁布了由铁路运送邮件的法令,进一步促进了铁路邮政的发展。到了1853年,全英国一共有62家铁路公司的206条线路参与运送邮件,其中38家在英格兰和威尔士、12家在苏格兰、12家在爱尔兰(金燕、张可辉,2021)。除了大不列颠岛外,铁路邮政也在隔海相望的欧洲大陆迅速发展起来并逐渐占据主导地位,直至两项革命性的新技术——电报和电话将信息传递的时效性与便携性提升到了一个新纪元。

---

①　蒸汽时代(19世纪初—19世纪70年代的第二次工业革命),以蒸汽机的发明和应用为标志。

尽管铁路邮政存在着收费高昂、垄断定价以及安全隐患等种种问题，但它是人类历史上第一次使用科技成果实现的快速而广泛的信息传递方式，在人类的信息交流史上意义重大。

（五）电报与电话

与前述信息传递方式相比，电话与电报离我们的现代生活要近得多。无论是谍战剧中频频出现的"电报战""破译者"，还是在手机出现之前家家户户都必备的固定电话，想必大家都十分熟悉。本书的第一章曾简单介绍了电报和电话这两项通信技术，由于专门介绍二者发展历程的文献著作十分丰富，因此本书就不再一一赘述。值得注意的是，与蒸汽机等技术不同，电报与电话这两项技术均在发展早期就已进入了中国。

1844 年，美国科学家塞缪尔·莫尔斯使用自制的电磁式电报机，通过65 公里长的电报线路成功从华盛顿州向巴尔的摩发出了人类历史上第一份电报。1866 年，首条横跨大西洋的海底电报电缆正式投入使用。1870 年4 月，时任英国驻华公使威妥玛①给清朝总理衙门大臣、恭亲王爱新觉罗·奕訢②写了一封信，要求清政府允许英资电报公司在华架设电报电缆，经过多次交涉，清政府不得不答应其要求。1871 年，丹麦、挪威、英国和沙俄等合资的"大北电报公司"铺设了中国第一条海底电缆，从香港经上海租界区至日本长崎，从当年 6 月 3 日起开始经营收发电报业务——而此时距离莫尔斯拍发人类第一封电报仅仅过去 27 年。如今，依然屹立在外滩的大北电报公司大楼已经成为上海电信博物馆，静静陈列着百年来那些难再言说的历史（见图 2-2）。

---

① 威妥玛（Thomas Francis Wade，1818—1895 年），英国外交官、著名汉学家。他发明的拉丁字母标注汉语发音系统"威妥玛式拼音法"，是晚清至 1958 年汉语拼音方案公布前，中国和国际上流行的中文拼音方案。

② 爱新觉罗·奕訢（1833—1898 年），清末政治家、道光帝第六子、洋务运动的主要领导者。

图 2-2　大北电报公司

资料来源：上海电信博物馆。

　　1880 年，李鸿章主张开办了电报总局，后清政府又相继开设了天津—上海、北京—天津的电报线路。1908 年，在电磁波无线通信发明 13 年之后，江苏省用官款修建了淞崇无线电局，供官商通报，这是中国最早的商用无线电报。

　　电话技术在中国的发展历程与电报十分相似。1876 年，美国发明家亚历山大·贝尔试验成功了世界上第一台可用的电话机。而短短 5 年后的 1881 年，在华铺设首条电报线路的大北电报公司便在上海的公共租界区架设电线杆、装设电话 25 部；次年，大北电报公司还在外滩设立了中国第一个电话局。

　　同样是 1882 年，英籍电气技师皮晓浦（J.D.Bishop）获准在上海租界区的十六铺沿街架起了一部露天电话——这便是中国的第一部付费公用电话，付

36 文钱（相当于现在的 5—7 元）即可通话一次。《淞南梦影录》①一书如此写道："上海之有德律风②，始于壬午季夏，其法沿途竖立木杆，上系铅线，线条与电报无异，惟其中机括不同。传递之法，只须向线端传语，无异一室晤言。"

遗憾的是，无论是电报还是电话技术，都未能使清朝的信息传递方式发生根本性变化，也没有像它们在欧罗巴、美利坚那样掀起商业模式与经济活动的巨大变革。这自然与当时清朝的时代背景，尤其是封建经济制度有着非常密切的关系，也充分证明了没有合理制度的支撑，生命力再顽强的技术变革之种也难以结出经济发展的果实。

（六）信息经济的先行者：IBM 与 AT&T

进入 20 世纪，在两次工业革命③的先后推动下，资本主义经济制度逐渐确立，私营企业成为信息处理与传递相关技术的主要推动者与核心供应商。有"蓝色巨人"之称的国际商业机器公司（International Business Machines Corporation，IBM）成立于 1911 年，是世界上最早的信息科技公司，也是为数不多的在历次经济危机和技术革命中存活并成功转型的公司之一。而关于这一科技圈"活化石"的起源，还要从美国十年一度的人口普查说起。

1."蓝色巨人"IBM

1787 年费城制宪会议的召开，制定了人类历史上第一部成文宪法《美利坚合众国宪法》，堪称人类历史与法治的一大进步。但是该宪法仍然设立了诸多有损人权、骇人听闻的条款，其中就包括著名的"五分之三妥协"

---

① 由黄协埙（1851—1924 年）所著的一部记录晚清社会百态的史料书，黄协埙曾任《申报》总编。

② 即电话英文 telephone 的音译。

③ 第一次工业革命（18 世纪 60 年代—19 世纪中期）使人类进入"蒸汽时代"，第二次工业革命（19 世纪 60 年代—20 世纪初）使人类进入"电气时代"。

（Three-Fifths Compromise）。众所周知，美国当时依然实行奴隶制①，相较于北方，南方各州的奴隶制更为普及，奴隶数量也更多。在此次会议上，北方各州要求废除奴隶制，南方各州则要求计算众议院代表数量时也应该包括奴隶人口，双方各退一步之后便有了"五分之三妥协"——"各州的众议员名额和直接税税额按照各州人口比例进行分配，而各州人口数是奴隶人口的五分之三与自由人口数的加总"。通俗来讲，就是一个黑奴算五分之三个人，而实际上奴隶并没有选举权，所以这意味着奴隶主拥有了这五分之三的选举权。如此一来，国会又规定必须每十年进行一次人口普查，以调整众议院的代表权分配。尽管后来五分之三条款最终随着奴隶制的废除而失效，但十年一次的人口普查却延续了下来。

要知道，在当时人口普查意味着普查员需要手动输入每个公民的资料——性别、年龄、出生地点、受教育情况、职业状况、婚姻状况等，而每进行一次人口普查，都需要将现行数据与历史数据进行整理、汇编。到了1880年，美国人口已达五千万之多，普查员需要手动输入过去十次普查的数据，麻木的普查员最终在1888年完成了这一工作，而想到两年后将要开始的新一轮人口普查，每个人都直冒冷汗。

年轻的机械工程师赫尔曼·霍勒瑞斯（Herman Hollerith）从哥伦比亚大学毕业后就在人口调查局工作，他看着同事整天忙碌于无聊的录入工作，便着手研究改进制表机以减轻普查员的负担。到了1890年的人口普查，霍勒瑞斯终于将自己多年的心血——穿孔制表机投入实践（见图2-3）。穿孔制表机把每个人的资料以编码方式输入穿孔卡中，利用新的电力技术把一排排针压入卡片，将形成的电路予以记录，由此实现半自动录入。最终，

---

　　① 又称美国种植园奴隶制，从殖民地时期到1863年解放奴隶为止，在南部地区使用奴隶劳动、种植供出口农作物的大农业组织形式。

人口调查局仅花费不到两个月的时间就完成了此次普查数据的录入工作,相较上一次普查节省了 500 万美元。

穿孔制表机的出现,标志着半自动处理数据和信息时代的开始,这种基于制作和处理打孔卡的信息处理方式在计算机出现前的信息处理领域占据着绝对主导地位。霍勒瑞斯充分意识到了穿孔制表机的巨大商业价值,为了将这一产品充分商业化,他于 1896 年 12 月创办了制表机器公司(Tabulating Machine Company,TMC),开始推广这一产品和服务。TMC 获得了大批各级政府的信息订单,帮助政府处理人口统计、经济核算等大量信息处理工作,一些私营企业也开始使用穿孔制表机记录数据和信息。1911 年,TMC 公司与其他几家公司合并重组为"计算—制表—记录"公司(Computing-Tabulating-Recording,CTR)。1924 年,不断扩张的 CTR 公司将自己的目光投向国际市场,更名为 IBM 公司。

IBM 并没有将自身的业务局限于制造穿孔制表机,即使它在这一领域的技术优势已经无人可敌——20 世纪 20 年代,IBM 研发出的 80 列穿孔卡片和卡罗尔压印机能够以极高的效率(每分钟制作 460 张打孔卡)制作和存储符合当时标准的海量信息,迅速成为行业标杆。到了 20 世纪 40 年代,ABC 计算机和电子数字积分计算机等早期计算机的相继问世让 IBM 看到了曙光,然而即使在现在看来,跳脱出已获得巨大成功与巨额利润的穿孔制表机行业似乎过于大胆,于是 IBM 一直在等待转型的机会。1956 年,IBM 遭受了制表机领域的反垄断调查,于是顺水推舟地放弃了大部分穿孔卡片的产能,摇身一变成为一家计算机技术企业,开始投入大量的人力、物力和财力研发计算机相关技术。

1964 年 4 月 7 日,IBM 正式公布了划时代的大型计算机 System/360①

----

① 360 意味着 360 度。

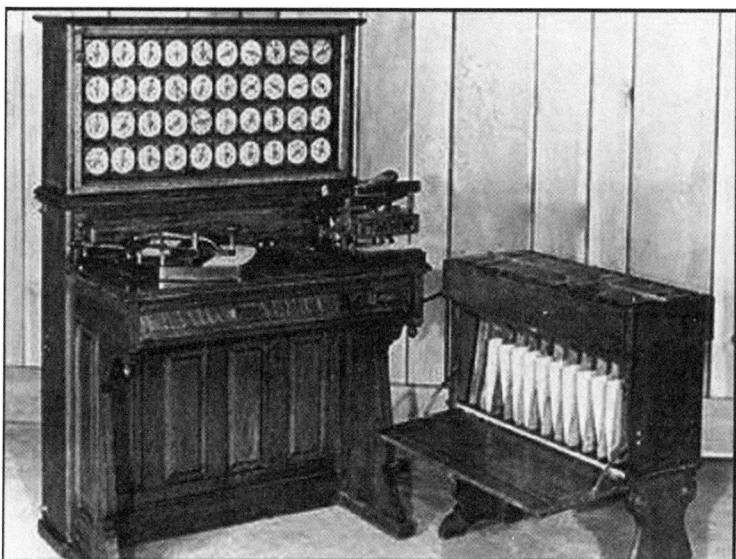

图 2-3 霍勒瑞斯制作的穿孔制表机

资料来源：IBM 官方网站，见 http://ibm.com。

（见图 2-4），意即涵盖一切。物如其名，System/360 首次引进了软件兼容的概念，是世界上首个指令集可兼容计算机，即用一套系统便可操作整个计算机系统，甚至以后升级系统也无须学习更多内容，与此同时 System/360 的最高运算速度可达每秒 100 万次。如此具有突破性，IBM 在 System/360 上的投入自然是空前的，公司为此招募了 7 万名新员工，建立了 5 座新工厂，最多时有超过 2000 名工程师和程序员参与软件编写，研发费用超过了 50 亿美元（远高于当时 IBM 一年的收入）。这一切努力并没有付诸东流，最终为 IBM 带来了巨大的商业成功——System/360 公之于众的第一个月就收到了超过 10 万份的全球订单。1966 年，IBM 每月售出超过一千台 System/360，每台的价格在 250 万—300 万美元，约合现在的 2000 万美元。1970 年，IBM 全年营收达到 75 亿美元，占据了全球大型机市场 70% 的份额，奠定了其在主流计算机市场的绝对霸主地位。

图 2-4　System/360 大型机

资料来源:IBM 官方网站,见 http://ibm.com。

2. 电信巨头 AT&T

如果说 IBM 为美国的经济繁荣提供了整理与分析信息的工具设备,那么 AT&T 就是在信息层面将全美国连成了一个整体。

AT&T 全名为美国电话电报公司(American Telephone & Telegraph,AT&T),由"电话之父"亚历山大·贝尔于 1877 年创建——比 IBM 的前身 TMC 公司还早 19 年,并在 1899 年成为整个贝尔系统(Bell System)①的母公司。20 世纪初,AT&T 毫不意外地垄断了美国的整个电信行业,仅电话业务的市场份额就高达 90%。除了作为行业先行者的市场进入优势外,AT&T 能够在整个 20 世纪占据美国电信行业头把交椅的关键还在于其强大的研发实力,而这则来源于 1925 年成立的全球最大私人实验室——贝尔实验室(Alcatel-Lucent Bell Labs)。在过去的一个世纪中,贝尔实验室共获得两万五千多项专利、七项诺贝尔物理学奖以及一项诺贝尔化学奖,为全世界带来的创新技术与产品更是数不胜数(见表 2-1)。

---

①　贝尔系统,包含制造器材设备的西电公司、从事科研的贝尔研究所和运营电话业务的贝尔运营公司,是贝尔创立的一系列电报电话公司与研究机构的总和。

表 2-1 1940—1980 年贝尔实验室主要研究成果

年份	研究成果
1940	数据型网络
1947	晶体管、移动电话技术
1954	太阳能电池
1958	激光
1960	金氧半场效晶体管(MOSFET)
1962	语音信号数字传输、通信卫星:Telstar1
1963	无线电天文学
1969	UNIX 操作系统、电荷耦合组件
1972	C 语言
1979	系统单芯片型的数字信号处理器(SoCDSP)
1980	C++语言

AT&T 充裕的研究资金支持加之贝尔本人的金字招牌,确保了贝尔实验室在信息通信领域长期处于绝对的领先地位,其研究成果也促进了计算机科学、半导体、晶体管等关键技术的发展。C 语言、UNIX 操作系统、数字交换机、晶体管和射电天文望远镜等多个领域的前沿技术都出自贝尔实验室。贝尔实验室对于 AT&T 的持续技术支持,也验证了进入信息经济时代后研发创新能力对于企业竞争力的决定性影响。

无论是计算机"化石"IBM 还是电信巨头 AT&T,它们的崛起都有着时代的特殊性。经历了 20 世纪 30 年代的经济危机,又经历了第二次世界大战,美国的经济在战后迎来了大幅恢复,彻底从大萧条的阴影中走了出来。同持续扩张、发展的美国工业相对应的,是不断高涨的美国经济对于信息和信息处理的需求,因此 IBM 和 AT&T 才有了滋长的土壤。

(七)硅谷兴起

IBM 坐落于美国东北部纽约州的小镇阿尔蒙克,而 AT&T 下设的贝尔实验室则位于毗邻纽约州的新泽西州,它们都处于以纽约为中心的美国东北部大西洋沿岸城市群中,这里便是美国传统的工业和金融业的重镇之地。而穿过中央大平原、跨过落基山脉,在美国的西海岸,尤其是在加利福尼亚州北部的硅谷(Silicon Valley)①地区,则聚集了一批与 IBM 等老牌企业针锋相对的信息技术企业——它们力图在信息经济崛起的时代对抗东海岸的强劲对手,由此便使硅谷逐渐成为全球信息技术的发展高地。

在 19 世纪,美国的西海岸还只是盛产水果的农业种植区和经济作物加工区,谁能想到仅仅一个世纪之后这里竟摇身一变成为地球上最富影响力与科技含量的地区呢? 这一切,都要从一所大学说起。

1891 年,斯坦福大学在硅谷所在地——帕罗奥图市(Palo Alto)建校,为此后硅谷地区的科技发展提供了源源不断的技术与人才支持。1909 年,斯坦福大学的毕业生西里尔·埃尔维尔(Cyril Elwell)成立了鲍尔森无线电话和电报公司,尝试将来自欧洲的新发明——无线电发射机进行商品化。不久之后,鲍尔森无线电话和电报公司更名为联邦电报公司(Federal Telegraph Company,FTC),联邦电报公司成立三十年后,开发出了全球第一台商用无线电报,也因此成为进驻硅谷的第一家信息企业。虽然联邦电报公司在之后的商业竞争中败北,最终被另一家电报公司马可尼公司收购(其创始人伽利尔摩·马可尼②早在特斯拉之前就进行了无线电报通信),但是它为硅谷培养和启发了一批年轻的科技人才(如三极管的发明人李·德·弗雷斯特③),燃起了他们心中的创新创业之火,也缔造了无线电通信这一极具未来的信息行业。

---

① 此称谓最早出现于 1971 年的一篇对西海岸企业的报道中,由于当时这里是研究、生产以硅为基础的半导体芯片的地方,因此而得名。

② 伽利尔摩·马可尼(Guglielmo Marconi,1874—1937 年),意大利无线电工程师、实用无线电报通信的创始人,于 1909 年获诺贝尔物理学奖。

③ 李·德·弗雷斯特(Lee de Forest,1873—1961 年),美国发明家、无线电之父、电子管之父、电视始祖。

与此同时,联邦电报公司还开创了"大学—工业"相互合作的模式,这一模式也是之后得到广泛使用的"产—学—研"创新模式的前身。从20世纪30年代开始,斯坦福大学就允许其教师在准许的时间内为业界提供咨询服务,而联邦电报公司的大部分员工都是斯坦福的毕业生,因此学校和公司的联系自然得以加强,公司依托学校的知识与技术,学校又能利用公司进行实践与应用,可谓双赢。此后,许多斯坦福毕业生都在硅谷创业,并依托学校和导师持续进行技术研发,最终形成了硅谷现有的工业模式。

1939年,硅谷的第一家世界级企业,也是引导硅谷走向成功的领军者之一——惠普公司(Hewlett-Packard,HP)诞生于帕罗奥图市的一间小汽车库。惠普公司的创始人同样是两位斯坦福大学的毕业生——比尔·休利特(Bill Hewlett)和戴维·帕卡德(David Packard),惠普公司便是以他们二人的姓氏联合命名。比尔和戴维的导师——时任斯坦福大学副校长弗里德里克·特曼(Frederick Terman)还为他们的创业提供了一笔小小的资助以示鼓励,可谓是践行了"大学—工业"相互合作的模式,而特曼施行的"卓越尖塔"计划(Steeple of Excellence),旨在发展尖端学科、加强大学和工业的合作,大大推动了斯坦福大学学术创业的制度化。

惠普公司的第一个产品便是在小车库里研制成功的阻容式声频振荡器——用来测试音响设备的电子仪器,这一小小的仪器一经上市便被迪士尼电影公司看中,迪士尼的音响工程师用它来制作和测试动画电影的音响系统,迪士尼也因此成为惠普最早的一批用户。

第二次世界大战开始后,美国政府对电子仪器的需求日益增大,而惠普不断研发出的电子产品得到了科学界的肯定与市场的欢迎,惠普公司由此越做越大,开始涉足电子医疗仪器等其他领域。从20世纪40年代到70年代,惠普一直是全球领先的电子仪器制造商,直到个人计算机的浪潮席卷硅谷,惠普才开始转型生产计算机硬件设备与配件。虽然在计算机的研发与生产上,惠普明显落后于该领域的先行者,但它却颇具战略眼光地成了个人计算机打印机发展的领导者。

惠普成立的 12 年后,也就是 1951 年,特曼校长筹划已久的斯坦福大学研究园区(Stanford University Research Park)终于完成规划,惠普当然是第一批进驻园区的企业之一。该园区被认为是如今普遍存在的大学—工业园区之鼻祖①,在建成之后吸引了越来越多有创新精神的信息科技企业在园区内创立、发展和扩张,由此硅谷真正成为美国乃至全球的科技研发之都与创新创业高地。而正在此时,一场由计算机等现代信息与通信技术推动的新的信息技术革命正在酝酿,逐渐形成一场席卷全球经济的"完美风暴"。

二、信息与通信技术革命的到来与信息经济的形成

诺贝尔经济学奖得主肯尼斯·阿罗在《信息经济学》一书中写道:"或许,从来没有一个经济学家会否认,大多数经济决策都是在具有相当不确定性的条件下作出的,但只是在最近几十年,大约从 1950 年开始,明确地分析不确定性下的经济行为的工具才得以开始运用。"尽管阿罗没有明确指出,但是毫无疑问,他所说的这些"分析工具"指的便是以计算机和无线通信为代表的信息与通信技术。

20 世纪 60 年代早期,以基于中小规模集成电路、使用半导体为主存储器的第三代计算机的出现为标志,新一轮的信息技术革命——信息与通信技术革命正式开始。

回望人类的信息技术发展历史,第一次信息技术革命是语言的使用,发生在距今约 35000—50000 年前;第二次信息技术革命是文字的创造,即公元前 3500 年两河流域的苏美尔人创造的楔形文字;第三次信息技术革命是

---

① 许多国内的科技园区都是学习斯坦福研究园区而建的,如清华科技园、北航科技园等。

印刷术的发明,即公元 1040 年(北宋时期)毕昇发明的活字印刷术;第四次信息技术革命便是 19 世纪电报、电话、广播和电视的发明和普及应用。而半个多世纪后的今天再去回顾 20 世纪 60 年代兴起的这场信息与通信技术革命,就会发现它的意义之大,完全可以算是人类历史上的第五次信息技术革命。

计算机的出现将信息的收集、处理和传输速度提升了若干个数量级,解决了 20 世纪 50 年代世界经济发展面临的一大难题——当工业制造业已经足够发达、生产制造技术已经足够先进时,接下来该如何进一步提高全社会生产率、提升人们的生活水平呢? 对此,计算机给出的答案是:将信息作为一种生产要素纳入经济活动中,提升已有经济活动的信息含量(信息化转型),同时创造全新的、以信息为主要内容的经济活动(信息技术产业)。

(一)计算机主要元件的演变

1. 电子真空管时代:早期计算机

第一台通用电子计算机电子数字积分计算机(ENIAC)问世于 1946 年,在此后的十几年,便是计算机研发的高潮时期,而这一时期计算机的主要元件都是由电子真空管制成的。通俗地说,电子管就是一个被密封在透明玻璃罩中的信号放大器,可以为电子元件提供真空环境,进而利用电场进行信号调节。尽管第一代计算机迅速地进入市场,但早期电子管计算机在商业化过程中面临着许多现实问题,大致可以概括为"大""慢""脆""贵""专"——这也是早期计算机设备的通病。

"大",指的是早期计算机的体积非常庞大,只有投入大量的电子管才能保证计算过程的顺畅运行。以早期计算机电子数字积分计算机和离散变量自动电子计算机为例,电子数字积分计算机的占地面积达 170 平方米,重达 30 吨,使用了 17000 多只电子管;而电子数字积分计算机的升级版——由冯·诺依曼参与设计的离散变量自动电子计算机,虽然已经"瘦身"不少，但仍使用了约 6000 个电子管，重达 7850 千克，占地面积依然有 45 平方米之多。如此这般的庞然大物，对于任何一家企业来说都不是容易安置的。

"慢"，是早期计算机面临的第二个严重问题。电子数字积分计算机的计算能力是每秒 5000 次加法运算或每秒 400 次乘法运算，这一计算速度是使用继电器运转的机电式计算机的 1000 倍、手工计算的 20 万倍，然而这一计算能力仅相当于一台如今市售 40 元的电子积分计算器，考虑到其庞大的体积与巨额的投入，早期计算机的单位算力实在不敢恭维。

"脆"，是早期计算机面临的另一个难题。早期电子计算机的功耗极大，因此机器运行产生的高热量很容易损坏电子管，恼人的是，只要有一个电子管损坏，整台机器就无法正常运转。以电子数字积分计算机为例，如果机器出现了问题，就需要从 17000 多个电子管中找出损坏的那一个，才能换上全新的电子管——这简直犹如大海捞针。不仅如此，在电子数字积分计算机的运行过程中，还需要多名修理工程师实时待命，随时准备维修、更换电子管。

"贵"，反映在早期计算机的成本上。作为开拓者的电子数字积分计算机，其成本自不用多论，而基于离散变量自动电子计算机设计出的世界上第一台商业计算机 LEO① 的生产成本是 5 万多美元，在如此之高的投入下，LEO 计算出两个数字相乘的结果居然需要 10 秒钟——这速度大概还比不过如今会心算的小学生。除了研发成本外，早期计算机的贵还体现在耗电量上，电子数字积分计算机在运行时会将室温提高到 50°C，因此需要至少两个 15kW 的鼓风机对其进行冷却。而在运行过程中，电子数字积分计算机高达 160kW 的电能消耗更是足以让整个费城停电。

"专"，即缺少兼容性。最初，电子数字积分计算机采用跳线和开关进

---

① LEO，生产于 1951 年，用于为伦敦某餐厅进行后台记账。

行编程。对其重新编程以解决新的问题需要大量的预先计划,而操作起来需要数天时间才能完成。然而这些新的程序只能"一事一程",不具备经过简单拓展以解决其他问题的能力。最早商业化的 LEO 计算机,作用也只是加减乘除,并不能进行复杂的数学计算或处理其他信息问题。

2. 晶体管与集成电路时代:仙童半导体公司

"大、慢、脆、贵、专"这五个特点限制了计算机的早期应用,直到晶体管技术和集成电路出现并被用于计算机制造之后,计算机才真正摆脱了"昂贵的大玩具"这一公众形象。而这两项技术的诞生地,分别是我们在前文介绍过的贝尔实验室与已经形成创新创业生态的硅谷。

1947 年,晶体管——被媒体和科学界称为"20 世纪最重要的科学发明"在贝尔实验室诞生了。其创造者——威廉·肖克利[1]、约翰·巴丁[2]和华特·布拉顿[3]三人也于 1956 年因此项发明获得了诺贝尔物理学奖。与同为具有电子信号放大器作用的电子管相比,晶体管的体积更小、能耗更低、放大倍数更大、生产成本更低并且还更不容易损坏,可以被广泛地运用于集成化生产,因此自研发后就迅速彻底取代了电子管在计算机等电子设备中的作用。晶体管的问世,成为电子工业和计算机制造的强大引擎,标志着电子工业革命的开始。

物理学家威廉·肖克利是贝尔实验室晶体管发明团队的领导者。在晶体管的研发上取得成功之后,肖克利心中的创业之火逐渐燃起。1955 年,肖克利离开了资源丰富、待遇优厚的贝尔实验室,回到老家——位于硅谷的圣克拉拉(Santa Clara)创办了肖克利半导体实验室。晶体管创始人的大名

---

① 威廉·肖克利(William Shockley,1910—1989 年),斯坦福大学教授,在贝尔实验室期间与合作者发明了晶体管,后来在硅谷创立了肖克利半导体实验室。

② 约翰·巴丁(John Bardeen,1908—1991 年),美国物理学家,因发现晶体管效应和超导的 BCS 理论分别于 1956 年和 1972 年两次获得诺贝尔物理学奖。

③ 华特·布拉顿(Walter H.Brattain,1902—1987 年),美国物理学家。

以及诺贝尔物理学奖得主的桂冠,帮助肖克利成功招徕了一大批硅谷的青年才俊。这些年轻人意气风发、自信满满,准备在肖克利的领导下大展宏图,干一番大事业。然而,肖克利本人性格乖张、阴晴不定,并不能算是一个很好的领导者和合作者,他对任何人和事都秉持着怀疑的态度,这毫无疑问影响了实验室的正常运营和研发工作。

1957 年 9 月 18 日,肖克利半导体实验室中八位最具天赋的青年科学家集体辞职,这显然让肖克利大为震怒,于是他便给这八人封了"八叛徒"(The Traitorous Eight)的称号。讽刺的是,这八个人并没有选择去不同的地方供职,而是决定一起成立一家新的科技公司来完成在肖克利实验室未竟的梦想。这一新的公司就是由八人中最具领导力的罗伯特·诺伊斯①担任总裁、日后在半导体领域久负盛名的"仙童半导体公司"(Fairchild Semiconductor)。而 1957 年 9 月 18 日这一天,也被《纽约时报》评选为历史上最重要的十天之一,因为这一天可以被认为是半导体以及互联网时代的创世纪。

1958 年 1 月,仙童半导体拿到了第一张订单——IBM 向他们订购 100 个硅晶体管以用来制作电脑的存储器。经过与 IBM 的合作,仙童半导体名声大噪,从此便踏上了腾飞之路。到 1958 年年底,仙童半导体已经拥有了 50 万美元销售额和 100 名员工,依靠技术创新优势,一举成为硅谷成长最快的公司。

1959 年 7 月,总裁诺伊斯在管理之余还与团队成员研究出一种二氧化硅的扩散技术和 PN 结隔离②技术,创造性地在氧化膜上制作出铝条连线,使元件和导线合为一体——集成电路,从而为半导体集成电路的平面制作

---

① 罗伯特·诺伊斯(Robert Norton Noyce,1927—1990 年),集成电路之父、硅谷之父,先后创办了仙童半导体和英特尔。2000 年,基尔比因集成电路的发明而获得诺贝尔奖,诺伊斯因不在世而无法共享这一殊荣。

② PN 结隔离(Isolation with P-N Junction),一种常用的电路隔离方法。

工艺、为工业大批量生产奠定了坚实的基础。与德州仪器公司(Texas Instruments,TI)①的杰克·基尔比②在锗晶片上研制集成电路不同,诺伊斯直接盯住了硅这一地球含量极为丰富的元素,商业化价值更大、成本更低。自此,大量的半导体器件被制造并用于商业用途,风险投资(Venture Capital,VC)③开始出现,半导体初创公司涌现,更多功能更强、结构更复杂的集成电路被发明,半导体产业正式进入全面商业化阶段。可以说,集成电路揭开了20世纪信息革命的序幕,同时也宣告了信息化时代来临。

　　然而,天下没有不散的筵席。20世纪60年代后期,仙童半导体的天才们又因种种纷争而选择离开公司,继续追寻自己的创业梦想。超微半导体公司(Advanced Micro Devices,AMD)④、国家半导体公司(National Semiconductor Corporation,NSC)⑤、红杉资本公司(Sequoia Capital)⑥等都是仙童"毕业生"的创业作品。1968年,总裁诺伊斯、戈登·摩尔⑦("八叛徒"之一)与安迪·葛罗夫(Andy Grove)也离开了仙童半导体,三人共同创建了英特尔这一后世半导体行业和计算创新领域的全球领导者。有意思的是,如今英特尔正在努力转型为一家以"数据"为中心的公司,旨在推动人工智能、5G等技术的创新与突破。

　　在记录20世纪50—80年代硅谷发展历程的著作《硅谷热》(*Silicon*

---

　　①　德州仪器公司,成立于1930年,总部位于美国德克萨斯州的达拉斯,以开发、制造、销售半导体和计算机技术闻名于世。

　　②　杰克·基尔比(Jack Kilby,1923—2005年),于1958年研制出世界上第一块集成电路,并因此获得2000年诺贝尔物理学奖。

　　③　向初创企业提供资金支持并取得该公司股份的一种融资方式。

　　④　超微半导体公司,成立于1969年,总部位于美国加州圣克拉拉,专门为计算机、通信和消费电子行业设计、制造各种创新的微处理器。

　　⑤　国家半导体公司,成立于1959年,总部位于美国加州圣克拉拉,模拟电源管理技术开发商,已于2011年被德州仪器公司收购。

　　⑥　红杉资本公司,成立于1972年,总部位于美国加州门洛帕克,全球最大的风投公司之一。

　　⑦　戈登·摩尔(Gordon Moore,1929—　　),美国科学家,于1965年提出"摩尔定律"。

Valley Fever)中,作者埃弗雷特·M.罗杰斯写道:"硅谷70多家半导体公司,其中一半都是仙童公司的直接或间接后裔。在仙童公司供职,是进入遍布于硅谷各地的半导体业的途径。1969年,在森尼维尔举办的一次半导体产业的高端会议中,与会的400位工程师中只有24人未曾在仙童公司任职。"由此可见,仙童半导体公司不愧为电子与计算机界的"西点军校"。

总的来说,晶体管与集成电路的发明与应用,使计算机变得更小、更快、更结实、更价廉。而同一时期,编程技术的发展也使计算机从一个专用设备逐渐转化为一种新的通用设备,进而能够广泛应用于经济社会活动的各个领域。

计算机的出现改变了信息处理的基本形式,将人脑从大量冗杂的计算工作中彻底释放出来,从而使人类有更多的精力从事其他更加具有原创性的工作,如科学研发、机械设计和艺术创作等。在计算机技术的加持下,人类的想象力与创造力得到了充分释放,以信息产业的崛起为标志的信息经济也随之逐渐发展壮大。所谓信息经济,是指以现代信息技术等高科技为物质基础,以信息产业为主导,以信息产品生产和信息服务为主体的新经济模式。

(二)信息经济发展的早期领军者

在20世纪50—70年代,信息经济更多的是一种以生产和提供信息技术产品与服务为主要内容的经济,有关信息内容的重要性还有待进一步发掘。这一时期,美国和日本成为信息经济发展的早期领军者。

1.美国的信息经济

美国是世界上最早制定国家信息产业战略,并颁布一系列信息产业政策的国家。正如对硅谷的崛起历程来说,美国政府的参与不可或缺,美国整个信息产业的发展也离不开政府层面的充分支持,主要表现在以下四个方面。其一,美国政府与军方是信息技术产品的最大客户。1956年,美国电子设备销售额超过 30 亿美元,其中有一半来自美国军方订单。其二,美国政府给予信息产业全方位的资金支持。早在硅谷发展早期,美国军方就与其建立了明确的互利共赢、通力合作关系,先由军方出资支持硅谷企业研发新技术、制造新产品,再由硅谷企业推出这些产品的民用化版本。如此一来,硅谷的科技企业在创业与研制新产品时便无须只从商业回报、利润转化率的角度考虑问题,因而能够更好地专注于创新与技术升级。其三,与其他国家相比,作为信息技术发源地的美国具有技术上的先发优势。第二次世界大战时美国政府建立了一大批战时科学研发办公室,以研究核武器等军用设备,战争结束后政府并没有裁撤这些机构,而是将它们转为常设的科学研发机构,由政府管辖并提供经费供其开展各项最前沿的科学研究。其四,美国各级政府积极推进相关政策与法律的制定。20 世纪 70 年代后,美国政府针对高科技企业接连推行了放松监管、减税降费的政策,使高科技产业尤其是信息产业的从业者大为获益,进而吸引了更多有志之士投身到信息产业的浪潮中。同样是在 20 世纪 60—70 年代,美国出台了《信息公开法》《联邦政府信息资源管理条例》和《版权法规》等一系列法律法规,为信息产业的健康发展尤其是为信息服务业通过信息增值获取利润提供了充分的发展空间。

　　20 世纪 50—60 年代的美国信息产业,虽然发展势如破竹但仍处于刚刚崛起的阶段,其重要性并不能与传统的工业与金融业相提并论。然而到了 70 年代,战争红利的消失,以及 1973 年和 1979 年的两次石油危机(Oil Crisis)①将美国经济拖入了"滞胀"(stagflation)②的泥潭,整整十年间美国

_____

　　①　即世界经济受石油价格变化的影响所产生的经济危机。第一次石油危机源于 1973 年 10 月的第四次中东战争,持续了三年,造成了工业化国家经济增长放缓;第二次石油危机源于 1978 年年底伊朗政局的变动,持续了半年,造成了 70 年代末期西方经济的全面衰退;第三次石油危机源于 1990 年 8 月伊拉克宣战科威特,持续了两年,造成了美英等国的经济衰退。

　　②　即经济停滞,失业与通货膨胀同时持续高涨的经济现象。通俗来说就是物价上升但经济停滞不前。

经济的年均增长率只有2%,失业率达10%,通货膨胀率也高达10%。这让美国的政策制定者充分意识到了高度依赖石油等自然资源的工业经济的不稳定性。

进入80年代,经济学家、美联储主席保罗·沃尔克(Paul Adolph Volcker)开始施行紧缩性的货币政策,通过预期调整、放慢货币供应终于解决了困扰美国多年的通货膨胀问题。与此同时,以硅谷为代表的信息产业的进一步发展,大幅降低了美国对于石油重工业的依赖程度,自此,美国经济得以顺利过渡到由信息、知识和创新所主导的后工业化阶段。

2. 日本的信息经济

第二次世界大战后日本的经济腾飞,借助的同样是信息技术革命的"东风",但其发展轨迹与美国这一信息技术发源地有着显著不同。在美国信息经济的发展历程中,政府更多地发挥了辅助企业研发创新的作用,即通过鼓励竞争、政策协助、资金支持和政府订单等手段,帮助信息科技企业的新技术落地。与美国相比,日本政府的做法则显得更加简单直接——由通产省①和大藏省②这两个政府机构直接设计和实施产业政策(Industrial Policy),将银行中的大量家庭储蓄系统地引导到那些被视为有战略性意义的工业建设上,而在一定程度上放弃那些没有价值的产业。

1961年4月,日本中央政府设立"产业结构调查会",负责全国的产业政策设计。1964年5月,产业结构调查会与存在已久的"产业合理化审议会"合并,组成了"产业结构审议会"。产业结构审议会由通商产业大臣任命、由民间人士(包括企业界和学术界等)组成,在政府和民营企业中间发

① 通产省,即通商产业省,日本旧中央省厅之一,承担着宏观经济管理职能,负责制定产业政策、进行行业管理,是对产业界拥有很大影响的综合性政府部门。2001年1月中央省厅再编后,通产省改组为经济产业省。

② 大藏省,日本明治维新后的中央政府财政机关,主管财政、金融和税收。2001年1月中央省厅再编后,大藏省改制拆分为财务省和金融厅。

挥协调作用。该审议会运用多项财政金融手段,施行产业诱导政策,将大量贷款资源从当时看来已经逐渐落后的重化工业转移到了新兴的信息工业中去,为日本产业政策的推行和实施作出了重大贡献。

1971年,通产省根据日本国内经济发展形势,发布了《70年代通商产业政策构想》,提出要发展知识密集型产业,将产业结构高级化的发展方向从"重化工业化"转向"知识密集化",并明确界定了知识密集型产业的四个子类别——研究开发密集产业(电子计算机、集成电路和飞机等)、高级组装产业(工业化生产住宅等)、时兴产业(高级服装等)以及知识产业①(软件和信息处理服务等)。同重化工业相比,知识密集型产业的技术密集程度更高,外部效益更好,生产所需的能源消耗更少,且生产出的产品具有更高的附加价值。以上这些特点使知识密集型产业的发展能够充分发挥20世纪70年代日本的技术优势,进而带动日本经济整体向高技术领域发展。

经过政府的数轮产业政策调整,在50年代,日本产业政策的投资重点还是纺织业等轻工业,而到了70年代,其重点则已经转为以半导体、电信器材和计算机等为代表的信息工业。日本政府这种"主动挑选赢家和输家"(Pick Winners & Losers)的做法后来遭受了许多经济学家的批判,认为其违背了市场经济的基本规律,限制了自由的市场竞争,进而无法达到资源的最优配置,从而造成经济低效率。但无论如何,对于当时的日本来说,大规模的、有针对性的定向产业投资确实帮助了其信息产业得以迅速发展、壮大起来,也使日本经济能够在战后短短三十年时间内恢复并腾飞。

到了20世纪80年代,日本依赖大规模的信息通信产品与机械产品出口,顺利赶超了欧洲老牌资本主义国家,成为仅次于美国的全球第二大经济强国,在世界经济史上创造了奇迹。直到1985年秋天,"广场协议"(Plaza

---

① 这里的知识产业与知识经济中的知识产业概念存在一定差异。

Accord)①的签订终于打破了日本的经济神话。

日本信息经济的快速发展是信息经济时代亚洲经济崛起的突出代表。除日本外，包括韩国、中国台湾、中国香港以及新加坡在内的"亚洲四小龙"（Four Asian Tigers)②也借着第三次产业转移与信息技术革命的"东风"，成功跻身发达经济体行列。

3. 韩国的信息经济

在"亚洲四小龙"中，韩国与日本在地理上最为接近，因此对于日本大力发展信息产业的政策思路与"出口主导型"的开放经济战略，韩国的接受程度最高。在韩国的信息经济发展史中，最值得一提的当属信息与通信技术的核心——半导体技术。早在1975年，韩国政府就出台了《推动半导体产业发展的六年计划》，即采取"政府+大财团"的复合发展模式，举全国之力克服半导体产业发展初期因巨大投入而出现的财务损失，进而实现电子配件与半导体生产的本土化。到了80年代，由韩国电子通信研究所牵头，联合三星、LG、现代三家名企与六所顶尖学府，组成"官产学"模式，对4M/16M/64M DRAM③等计算机存储器领域的关键器件进行技术攻关，花费超过1亿美元，最终实现了技术的快速突破。与此同时，韩国还充分重视产业集群的重要性，仅半导体产业就有2万多家大、中、小企业，形成了从材料、设计、制造、封测到设备制造的全产业链。从一开始为美国、日本的企业进行简单组装的价值链低位，逐渐攀升到自行设计与研发的价值链高位，韩国政府通过持续的基础设施投入与研发资金支持，保证了其信息产业的长期竞争力。

---

① 美、日、德、法、英五国政府联合干预外汇市场，诱导美元对主要货币的汇率有秩序的贬值，以解决美国巨额贸易赤字问题的协议。广场协议签订后，日元大幅升值，国内泡沫急剧扩大，最终由于房地产泡沫的破灭造成了日本经济的长期停滞。

② 英文原意是"亚洲四虎"，国内为了寓意美好，将"虎"翻译为"龙"。

③ 最常用的一种电脑内存。

三、信息经济学简介

（一）信息经济学的发展历程

信息经济学的启蒙思想可以追溯到 18 世纪的统计学大师托马斯·贝叶斯①提出的贝叶斯推理思想。贝叶斯推理研究的是条件概率的推理问题，第一次揭示了人们对概率信息的认知加工过程。进入 20 世纪，美国经济学家索尔斯坦·凡勃仑（Thorstein Veblen）提出的知识促进财富增长的思想，"现代计算机之父"冯·诺依曼和德裔美国经济学家奥斯卡·摩根斯坦（Oskar Morgenstern）提出的预期效用理论，以及诺贝尔奖得主肯尼斯·阿罗和吉拉德·德布鲁（Gerard Debreu）提出的一般均衡范式等经济理论的相继出现，为信息经济学的产生提供了理论的土壤（谢康和肖静华，2013）。

1959 年，美国经济学家雅各布·马尔沙克（Jacob Marschak）发表文章《信息经济学评论》，文中首次提出"信息经济学"（Economics of Information）一词，标志着信息经济学的诞生。在该文中，马尔沙克界定了经济学研究中的信息范畴，将其与传统通信领域的信息概念区分开来，并进一步将信息经济学定义为"研究如何确定最优信息系统、最大化信息价值的一门学科"。除了马尔沙克的这篇文章外，肯尼斯·阿罗对于三类信息形式的划分②，以及上一章介绍过的多领域学者赫伯特·西蒙对于经济组织的决策程序研究，也都为信息经济学的产生作出了重要贡献。

1961 年，著名经济学家、诺贝尔经济学奖得主乔治·斯蒂格勒（George

---

① 托马斯·贝叶斯（Thomas Bayes，1702—1763 年），英国神学家、数学家、数理统计学家和哲学家，概率论理论和贝叶斯统计理论的创立者。

② 1957 年，阿罗在《统计和经济决策》和《决策理论和运筹学》两篇文章中，将信息分为三种类型。他认为，信息经济学的"信息"在本质上是市场参与者所掌握知识与经济环境的时间状态之间概率性建构的知识差，即主客观之间的差异；他认为，经济行为过程中存在连续时间、计算时间和累积时间三种时间状态，因而相应有连续信息、计算信息和累积信息三种信息类型。

Stigler)在经济学顶级期刊《政治经济学》(*Journal of Political Economy*,JPE)上发表论文《信息经济学》,标志着这一新兴研究学科正式进入了主流经济学视野。斯蒂格勒批判了传统经济理论中普遍使用的完全信息假设,他将信息作为经济活动的要素与经济运行的机制进行深入研究,探究了信息不为零的成本与价值,提出了"信息搜寻"(Information Search)这一重要的经济概念及其理论方法。斯蒂格勒的这篇文章,为 20 世纪 60 年代后的信息经济与信息经济学的发展奠定了理论基础。自此,学者与各界人士都开始充分意识到信息的价值——既然不完全信息会导致错误的决策与低效的生产,那么在获取信息上作出付出便是有意义的。经济学上这一广受认可的研究结论,又在一定程度上加速了信息技术产业的发展。

《信息经济学》一文发表后,这一新兴研究领域很快就引起了经济学界的广泛关注。一批又一批的经济学人投身于信息经济学的研究,产生了许多具有广泛而持续影响力的信息经济研究成果,其中的代表包括:美国经济学家乔治·阿克洛夫(George Akerlof)的"柠檬市场"[1]理论,迈克尔·斯宾塞(Michael Spence)关于不对称信息市场的研究,以及约瑟夫·斯蒂格利茨(Joseph Stiglitz)等提出并发展的"信息甄别"(Screening)[2]理论,而他们三位都因在信息经济学领域的杰出贡献而荣获 2001 年诺贝尔经济学奖。此外,苏格兰经济学家詹姆斯·莫里斯(James Mirrlees)发展起来的"委托—代理"理论(Principal-Agent Theory)[3],与美国经济学家威廉·维克瑞(Wil-

---

[1] 柠檬一词在美国俚语中表示"次品";"柠檬市场"指信息不对称的市场,即当产品的卖方对产品质量比买方拥有更多的信息时,低质量产品将会驱逐高质量产品,从而使市场上的产品质量持续下降。

[2] 即通过合同的安排,缺乏信息的一方可以将另一方的真实信息甄别出来,实现有效率的市场均衡。

[3] 信息经济学把拥有私人信息的一方称为代理人,不了解这些信息的一方称为委托人。

liam Vickrey)对于投标方法①的研究成果,也为信息经济学的理论研究作出了奠基性贡献,因而荣膺 1996 年诺贝尔经济学奖。以上这些经济学泰斗的研究成果,毫无疑问地促进了信息产业金融市场、企业组织,以及国际贸易与数字经济的早期模式——电子商务的迅速发展。

1976 年,经济学学科分类的国际标准——美国经济学会的经济文献分类法(JEL)新增了第 26 类——"不确定性与信息经济学",自此,信息经济学正式发展成一门独立学科。

1977 年,斯坦福大学博士生马克·波拉特(Marc Porat)在美国商务部的资助下以"信息经济"为题完成了博士毕业论文,并将其拓展为一套九卷本的学术专著。在概述中,波拉特从一个更加宏观的角度将现实经济分为两类:将物质与能源从一种形态转换到另一种形态的传统经济,以及将信息从一种形态转化到另一种形态的信息经济。波拉特还认为,信息经济是继农业、工业和服务业之后的"第四产业"。波拉特的另一个贡献是尝试测算信息经济在美国经济中的占比,根据他的估计,1967 年美国 GDP(现价 0.9万亿美元)的一半都与信息产业高度相关,而他的测算方法日后也被美国商务部和经济合作与发展组织(OECD)学习与采纳。1983 年,著名经济学家、诺贝尔经济学奖得主保罗·罗默(Paul Romer)提出应该将信息视为一种生产要素,不能忽视信息在推动经济发展中的作用,由此启发了经济增长领域的学者在理论建模时引入信息这一要素,进而使模型能够更加完备。

整个 20 世纪下半叶,信息经济学领域就像一颗蕴含无穷可能的璞玉,吸引了无数经济学大师前来探索、雕琢其中的美妙。相应的,也给后世留下了巨著无数,而这些奠基人中的佼佼者也都因其在信息经济领域的研究而摘得诺贝尔的桂冠,从此流芳百世。

---

① 即如何在信息不完整或其分配不对称的情况下最有效率地配置资源。

根据谢康和肖静华（2013）的梳理与总结，目前，信息经济学主要包括五个研究角度：第一个角度是关于不完全信息与非对称信息，从微观视角分析因信息而产生的委托—代理、激励机制、道德风险等问题，是信息经济学的核心内容；第二个角度是统计决策，研究如何利用信息实现最优化；第三个角度是企业管理中的信息管理与信息系统；第四个角度是信息产业研究，包含信息技术产业与信息服务产业；第五个角度是更加宏观视角中的信息经济，着重关注信息经济的测度理论与方法，这一部分内容与知识经济和数字经济存在诸多交汇。这五个角度之下的信息经济学研究，由微观至宏观，涉及经济、社会发展的各个方面，为人类理解信息在经济中发挥的作用作出了重要贡献。

（二）信息经济学在中国的发展

中国的信息经济学发展起步稍晚，大约从 20 世纪 80 年代开始，国内经济学界逐渐开始学习、吸收西方信息经济学的相关研究成果，而随着中国经济理论与实践发展的需要，信息经济学这一领域在国内也愈发受到重视。

1985 年 1 月，国务院电子振兴领导小组发布《关于中国电子和信息产业发展战略的报告》，确定了集成电路、计算机、通信和软件为重点发展领域，中国的信息产业开始发展壮大。

1986 年 12 月，首届中国信息化问题学术研讨会在北京召开，会上深入探讨了全球信息化的趋势与特点，中国信息科学、信息技术与信息产业的发展现状与主要问题，以及中国信息化的道路、模式与测度等议题。此次会议对于中国信息经济学研究起到了重要的引导作用。1988 年 8 月，全国信息经济理论研讨会在山东烟台正式召开，会议充分讨论了中国信息经济学的概念体系、研究对象以及理论框架。1989 年，在第二届信息经济学学术研讨会上，"中国信息经济学会"正式宣布成立，标志着中国信息经济学从探索阶段进入深化发展阶段。1996 年，在教育部公布的应用经济学专业目录中,信息经济学首次作为一个专业学科被单独列示。同年,武汉大学信息管理学院开始招收该方向的博士生,标志着中国信息经济人才培养开始走向正轨。

在中国信息经济学的发展过程中,出现了一批名家大师,他们将西方的信息经济学研究引入中国并基于中国的经济实践将之发扬光大,其中以乌家培、陈禹为代表的老一代信息经济学学者作出了极其重要的贡献。

"七五"期间(1986—1990 年),乌家培教授主持并完成了"经济信息合理组织及其效益问题研究"的重点课题,对经济信息和信息经济的一系列理论与实践问题提出了创造性的意见,也对推动中国信息经济学的建立和发展起了重要作用。特别需要指出的是,乌家培教授提出,信息经济学应包括信息的经济研究、信息经济的研究以及信息与经济之间关系的研究这三个部分,这一观点对于中国信息经济研究的开展产生了十分深远的影响。

陈禹教授长期致力于信息经济、信息管理与经济系统的复杂性关系探讨,推进了中国信息经济学与复杂经济学之间的融合创新研究。同时,作为中国人民大学信息学院的老院长,陈禹教授在信息经济学的教材编著和人才培养方面贡献颇深,由他主编或执笔的《信息科学概论》《信息经济学教程》《信息管理与信息系统概论》等著作深刻影响了中国信息经济学领域的专业化建设。

第二节　知识经济时代:知识生产与新经济崛起

20 世纪 80 年代,信息与通信技术进入了平稳发展期。一方面,大规模集成电路已经成为电子计算机的基础技术;另一方面,互联网技术开始在各国快速发展,并于 90 年代在美国开始了其商业化进程的第一步。在这一时期,大规模集成电路的应用使计算机的运算能力与运算速度得以稳定提升,而互联网的逐渐普及又使信息以前所未有的速度产生并进行跨地区传输。

　　与之相对的是，在这期间人们对于信息的内涵也有了更加深刻的认识，同时也开始尝试区分有用信息与无用信息。而在有用信息中，以科学信息和高新技术为代表的知识（Knowledge）的作用日渐凸显。而信息与通信技术的发展为知识的生产与传播创造了有利机遇，促成了"信息经济时代"逐渐升级，进化为"知识经济时代"，与此同时"知识经济"相关的经济活动与学术研究也逐渐成为主流。

　　在一定程度上，从信息经济时代向知识经济时代的过渡实质是一种从技术变迁到要素变迁的经济演化过程。信息技术革命驱使企业大幅使用信息与通信技术产品与服务，尽管一开始企业可能并不一定知晓信息与通信技术投资会带来哪些变化。而信息与通信技术产品的广泛使用，最终促进了生产技术的全面创新与交易方式的根本改变，最有价值的信息——科学与技术知识成为决定市场竞争成败的关键，这就驱动企业进一步地在"知识创造"——即研发（R&D）方面加大投入。在此背景下，政府对于研发与教育的重视程度也随之上升，整个社会形成了"尊知重教"的生态。如此一来，主流经济形态便从信息经济自然地过渡到知识经济。进一步地，在技术变迁与要素变迁都积累到一定程度之后，经济发展的范式变迁便自然发生了，而数字经济便是范式变迁的前进方向与最终结果。如此一来，信息经济、知识经济与数字经济这三类经济形态之间的演化路径便十分清晰了。

一、知识的定义

　　对于到底什么才是知识，第一本全面的英语词典——1755 年出版的《英语大辞典》的作者英国作家塞缪尔·约翰逊（Samuel Johnson）给出的定义具有一定代表性。约翰逊认为知识分为两种："我们自己知道一个问题的答案，或者我们知道在哪儿能够找到这个问题的答案。"在现代语境下，约翰逊对知识的定义可以这样理解，"知识代表着对于信息的拥有，或者具有快速定位信息的能力——学习能力"。

　　1996 年,在《以知识为基础的经济》这一经济合作与发展组织发布的具有深远影响力的报告中,知识被分为四个子类:知道是什么的知识(Know-what)、知道为什么的知识(Know-why)、知道怎么做的知识(Know-how),以及知道是谁(Know-who)的知识,分别代表了经济社会活动中的基本事实、原理规律、操作能力以及认知能力。

　　经济增长领域的著名学者、斯坦福大学的查尔斯·琼斯(Charles I. Jones)教授则认为,在如今的大数据时代,"信息"具有两种表现形式:一种是包括创意(idea)在内的知识,另外一种则是数据。琼斯教授的这一划分方式实则是将知识视为信息的一个子类,知识与数据的关键区别在于知识可以被直接用于生产经济物品,数据则需要被加工为知识才能进入生产过程。

　　综合考虑上述定义以及知识经济的发展历程,本书认为,对于知识的一种通用理解应是"有用"且"可用"的信息。"有用"描述的是知识的价值属性,说明知识能够提升经济活动的产量或质量;"可用"描述的是知识的客观属性,说明知识可以在经济社会活动中被直接使用,无须转化为其他类型的资源或要素。从这个角度来说,知识也可以被理解为"高质量的信息"。基于知识的定义可以推知,从信息经济到知识经济的时代转变,反映了人类社会从重视信息的规模与传播过程转向重视信息的质量与使用过程,从关注总量扩张转向关注质量提升,这与中国经济由高速增长阶段转向高质量发展阶段的发展逻辑具有一定的相似性。

二、知识经济

　　美国经济学会前会长弗里茨·马克卢普(Fritz Machlup)在 1962 年出版的《美国的知识生产与分配》一书中,极具前瞻性地提出了"知识产业"(Knowledge Industry)的概念,从而正式开辟了"知识经济"这一研究领域。

　　在该书中,马克卢普将知识生产根据不同的类型划分为两类:创造新知识的"知识探究",以及通过教育等手段增加已有知识存量的"知识传播",且这两类知识生产都会扩大知识规模,进而提高全社会的生产能力与知识水平。进一步地,如表 2-2 所示,马克卢普还扩大了传统经济学中"知识"这一概念的范畴,区分了五类不同的知识(实用知识、学术知识、闲谈与消遣知识、不需要的知识和精神知识),明确了知识存在的三种基本形式(凝聚在物质形态中的人类智慧、个人拥有的知识与技能,以及以某种特殊形式存在的知识)。而与知识存在的三种基本形式相对应,马克卢普又区分了资本的三种形式(物质的或具体的资本、人力资本,以及非物质非人力的资本),并首次将知识视为一种虚拟资本,从而为知识资本理论的研究和发展奠定了坚实的基础。

表 2-2　马克卢普对于知识的分类与知识产业的关系

知识类型	知识定义	是否属于知识产业	可否视为生产性投入
实用知识	对于人们的工作、决策和行为有价值的知识	√	√
学术知识	满足人们在学术创造上的好奇心的那部分知识	√	√
闲谈与消遣知识	满足人们在非学术性方面的好奇心和感官娱乐欲望的知识	√	×
不需要的知识	人们无意识间获取和保留获取的知识	×	×
精神知识	与宗教和灵魂相关的知识	×	×

　　马克卢普认为,知识产业与其他物质产业和服务业相比存在两种主要不同。第一,知识产业的产出是无形的、非物质的、无法度量的虚拟知识,因而无法与其他类型的物质进行数量比较,也无法像大多数服务一样按时计费;第二,大多数知识产业提供的服务不是作为商品在市场上销售的,而是以很低的成本或免费在社会中扩散的,程序员开发出的新的人工智能开源

算法就是一个很好的例证。大多数其他产业的产品消费者可以通过购买行为支付价格来确定它们的市场价值，但是知识产业产品的市场价值往往不能通过这种方式确定，知识产品既没有总销售额，也没有销售价格。而正是由于知识产品的不可度量性，以及由此而引起的生产效率指标与市场价格的难以确定性，才使政策界与学术界难以确定知识产业投资占国民生产总值的最佳比重。

1973 年，美国哈佛大学著名社会学家、思想家丹尼尔·贝尔（Daniel Bell）发表了社会学巨著《后工业社会的来临：对社会预测的一项探索》。所谓"后工业社会"（Post-industrial Society），是相对于"前工业社会"和"工业社会"而言的。在贝尔看来，工业社会以制造技术为基础，前工业社会以资源采撷为基础，而后工业社会则以知识技术为基础。但是这并不意味着在后工业社会工业经济将被完全取代，正如工业部门没有取代农业部门一样，后工业社会只是加重了信息与知识相关产业的比重与重要性。贝尔在该书中还大胆预言，后工业社会将是一个以知识为核心的现代化社会，知识的积累与传播是后工业社会经济发展的主要驱动力。在从工业社会向后工业社会转变的过程中，产品生产型经济将转化为服务型经济，具有专业技术的"知识阶级"将占据社会主导地位、在资源配置中拥有优势，同时理论知识将成为社会变革与政策制定的源泉。

《后工业社会的来临：对社会预测的一项探索》一书首次将知识生产与技术革命提升到影响人类社会发展的高度，对于 20 世纪后期甚至 21 世纪初期的经济社会发展、相关研究的展开都产生了十分深远的影响。在此之后，出版于 1982 年的《大趋势：改变我们生活的十个新方向》以及出版于 1983 年的《未来的经济》等未来学经典著作也都表达了与贝尔类似的观点，认为知识已然成为后工业时代经济社会发展的核心驱动力。

1990 年，联合国信息研究所正式提出"知识经济"（Knowledge Economy）

这一概念,用来描述以知识生产为主要内容的经济模式。1994年,美国信息探索研究所发布论文集《知识经济:21世纪信息时代的本质》,用6篇论文详细阐述了知识、信息和信息技术的经济属性,并提出"信息密集型经济"已经到来。值得注意的一点是,这本论文集的整体基调是"信息"大于"知识",即更加重视信息的作用,文章认为知识只是一种特殊的信息,而信息在经济发展中的作用更具基础性。事实上,这一观点在当时的科技界与经济界非常具有代表性,直至美国进入"新经济"时期,知识在经济中的潜在作用才开始为人所重视。

1996年,经济合作与发展组织发布《以知识为基础的经济》报告,第一次在国际组织文件中正式使用"知识经济"这一概念,该报告中还明确了知识经济的内涵、外延、功能与特点。根据经济合作与发展组织的理解,以知识为基础的经济可以简称为知识经济,而"知识"是"信息"的升级版本,"科学与技术的知识"是知识中最重要、最具经济影响力的一种类型。按照这一理解,知识生产过程本身就是科技创新的过程,知识经济与创新经济的内涵是高度一致的。

1997年6月,世界银行和加拿大政府在加拿大多伦多联合举办了首届全球知识经济大会,共有来自全球124个国家的1500名代表参会,知识经济第一次得到了全球关注。20世纪90年代末期,随着时任美国总统克林顿以及时任中国国家主席江泽民等领导人先后以"知识经济"为话题发表咨文与演讲,以及越来越多的国家开始强调"发展知识经济"的重要性,知识经济的概念得以确定并传播开来。

(一)美国的知识经济

1. 起源

在知识经济的早期发展过程中,美国的知识产业独占鳌头,远远领先于其他经济体。这既是因为美国的整体经济发展水平远高于世界其他经济体,也是因为美国是知识产权保护历史最悠久的两个国家之一(另一个是英国),最早可追溯到 18 世纪末期。

本章的前面部分曾讨论过,在 1787 年 9 月 17 日的费城制宪会议上,制定和通过了人类历史上第一部成文宪法——《美利坚合众国宪法》。而此宪法的第一条第八款就规定美国国会有权"保障著作家和发明家对各自著作和发明在限定期限内的独占权,以促进科学和实用技术的进步",这便是最早的知识产权条款。《美利坚合众国宪法》通过把版权与技术专利置于同一条款之内,成功将这两项国家竞争力的来源从封建专利特权中分离出来,使知识产权观念的雏形初现。更为重要的是,美国将这项权利纳入宪法,与立国的精神融为一体,向世界宣告了美国作为一个国家对于知识的重视程度。在此基础上,美国国会于 1790 年制定了第一部《专利法》,1836 年美国成立了专利局并对专利法进行修订,修订后的《1836 年专利法》被普遍视为人类历史上第一部现代专利法。正是在这样对知识产权保护与滋养的土壤之上,美国的知识经济才得以发芽、成长。

1962 年,在《美国的知识生产与分配》一书中,马克卢普曾尝试将美国知识产业划分为五类可测度的经济部门:教育、研发、传播媒介、信息与通信技术设备以及信息服务业,而基于这五个部门的总产出便可估算得到知识产业在美国国民经济中的占比。根据马克卢普的估计,1958 年,美国知识产业占 GDP 的比重约为 30%,且在知识产业中工作的劳动力占总劳动力的比重也约为 30%;此外,1947—1958 年,美国知识产业的产值以年均 10.6%的速度递增,是这期间美国 GDP 增速的两倍之多,且在知识产业中工作的就业人口——被现代管理学之父彼得·德鲁克(Peter Drucker)称为"知识工作者"——在 10 年时间里增加了 30%。这一宏观层面对于知识经济规模的最早测算与估计,足以显示出知识产业在美国经济中的重要性。

20 世纪 70 年代,两次石油危机的爆发提高了进行经济结构调整的紧迫性，在"滞涨"时代过去，经济重新回归到增长轨道之后，知识经济开始在美国的大地上崛起。

20世纪80年代，美国信息技术政策与立法的重点开始转向保护与支持软件、通信、广播、信息和知识流通等行业的发展，并先后通过了《计算机软件保护法》和《消费者互联网隐私保护法案》等法规。1996年的《美国电信法案》更是通过降低行业准入门槛刺激各类电信公司在信息与通信领域展开激烈竞争，进而通过竞争来保持美国知识经济的活力与动能。在此背景之下，苹果、甲骨文和微软等一批新的科技企业逐渐兴起，其研究实力、生产能力与企业规模均远远超过了仙童半导体和作为贝尔实验室母公司的朗讯科技（Lucent Technologies）等"前辈"，成为知识经济的杰出代表。

2. 代表性企业：苹果、甲骨文与微软

2022年1月4日，美国科技巨头苹果公司（Apple）的股价达到了182.88美元，成为全球首家总市值第一次超过3万亿美元的企业。这一市值在全球经济体的GDP排名中可以排到第五位，仅次于美国、中国、日本与德国这四大经济体。而苹果的历史，还要从四十多年前说起。

1976年4月1日，三位年轻人：史蒂夫·乔布斯（Steve Jobs）、斯蒂芬·沃兹尼亚克（Stephen Wozniak）和罗纳德·韦恩（Ronald Wayne）在硅谷共同成立苹果电脑公司（Apple Computer Inc.），销售由斯蒂芬·沃兹尼亚克设计的早期微型计算机Apple I。Apple I形似一台打字机，其主板还裸露在外，功能十分有限。一年之后，在首届西岸电脑展览会（West Coast Computer Fair）上，苹果公司推出了升级版原型机Apple II。Apple II一经问世便引起轰动，它有更为轻便的塑料机箱，能显示彩色图形，能输出单声道声音，还可以扩展内存，是人类历史上第一台成功商业化的个人计算机。

进入20世纪80年代，尽管遇到了来自信息行业巨头IBM的激烈竞争，但苹果公司还是在个人计算机市场站稳了脚跟，并先后推出了首款将图形用户界面与鼠标结合起来的个人电脑 Apple Lisa(以乔布斯女儿的名字命名),以及配有全新革命性操作系统的 Apple Macintosh(Apple Mac)。Apple Mac 是计算机工业发展史上的一个里程碑,也自然使苹果公司市场占有率大升、股价大涨。

然而,到了 1985 年,随着蓝色巨人 IBM 在个人电脑市场上的进一步加码,以及微软在操作系统和软件程序上的不断紧逼,苹果公司的销量出现严重下滑,这一颓势直到 1997 年乔布斯重返苹果后才逐渐恢复(乔布斯于 1985 年 9 月辞去苹果公司董事长职位)。之后的故事想必不用作者再多赘述,借助数字经济时代的到来,苹果公司重新起势,接连开发出了包括 iPod、iPhone、iPad 和 MacBook 等在内的一系列现象级消费电子产品,重返全球科技公司领导者的地位。

20 世纪后半期,信息技术的迅速发展拓展了计算机的应用空间与使用场景,数据的爆炸式增长使数据分析与信息资源管理成为企业经营和生产活动的重要一环,在此背景下企业对于专用软件的需求也随之大幅提升。而在 20 世纪 60—70 年代,IBM 几乎垄断了整个企业级软件市场,直到甲骨文(Oracle)这家"全球首个纯软件公司"的出现,才改变了这种格局。

1977 年,已过而立之年的拉里·埃里森(Larry Ellison)与鲍勃·迈纳(Bob Miner)、爱德华·奥茨(Edward Oates)一起从 Ampex 录像机公司离职,三人合伙出资 2000 美元成立了软件开发实验室(Software Development Laboratories,SDL)。激起埃里森创业欲望的,正是 IBM 研究人员埃德加·科德[①]于 1976 年发表的学术文章《R 系统:数据库关系理论》——这篇文章奠定了关系型数据库的理论基础。在这篇文章中,科德详细阐释了如何利用一个整体性方案来管理企业拥有的大量数据信息,也就是如何开发关系

①　埃德加·科德(Edgar Codd,1923—2003 年),英国计算机科学家,发明了关系模型理论,并于 1983 年获得图灵奖。

型数据库软件。但讽刺的是，这篇文章并未得到 IBM 的足够重视，彼时的 IBM 科研人员十分热衷于学术发表而不屑于研发能够面向市场的产品，似乎受众够小方能彰显其中的深奥与智慧。[①] 但埃里森却从这篇学术文章中看到了无限的商机，他联合架构师迈纳和奥茨，一起着手开发通用的商用关系型数据库软件系统 Oracle。

1978 年，SDL 迁往硅谷同时更名为"关系型软件公司"（Relational Software Inc，RSI）。次年，RSI 正式发布可用于美国数字设备公司（Digital Equipment Corporation，DEC）[②] 的 PDP－11 小型计算机上的商用数据库软件 Oracle，这个数据库产品整合了比较完整的 SQL 实现，其中包括子查询、连接及其他特性。成功借助于信息经济与知识经济相交汇的时代东风，RSI 的软件迅速席卷了商用数据库市场，同时也让越来越多的企业意识到数据库的重要性。

1982 年，埃里森三人将公司改名为 Oracle[③]，即甲骨文。1987 年，甲骨文收入达到 1.31 亿美元，成为当时全球第四大软件公司和最大的数据库管理系统供应商，其产品销往世界各地。甲骨文的故事向世界证明，在知识经济时代，完全不生产硬件产品的纯软件公司也能占有一席之地。2013 年，甲骨文的营收正式超过 IBM 成为全球第二大软件公司，而软件界的霸主正是我们接下来故事的主角——微软。

计算机技术的突飞猛进以及个人计算机的不断普及，让计算机这一高科技产品逐渐走进了千家万户。然而，若想要让个人、家庭和中小企业真正将个人计算机利用起来，一套简单便捷、具有泛用性的操作系统和应用软件

---

① 直到 1985 年，IBM 才发布自家研发的关系数据库 DB2。

② 美国数字设备公司，成立于 1957 年，于 1998 年被康柏收购，后又与惠普合并。

③ 英文意即"神谕"，1989 年 Oracle 进入中国的时候为了更好地适应中国市场而翻译为甲骨文。我们所熟知的殷墟甲骨文的英译是 Oracle Bone Inscriptions。

就显得至关重要了。微软就是一家为了满足此类需求而崛起的科技企业。

1975 年,19 岁的比尔·盖茨从美国哈佛大学退学,与高中学长保罗·艾伦(Paul Allen)一起成立了微软公司,销售他们为 Altair 8800 计算机开发的编程语言 BASIC。在通过销售 BASIC 程序取得一定收入后,盖茨和艾伦开始将他们的目光转向计算机运行的底层程序——操作系统上。1980 年,IBM 公司选中微软为其最新的个人计算机编写关键的操作系统——这是微软发展中的一个重大转折点,也被很多人视为 IBM 发展史上一个非常重大的决策失误。收到 IBM 的订单后,微软仅以 5 万美元的价格从西雅图计算机公司的程序员蒂姆·帕特森(Tim Paterson)手中买下了操作系统 QDOS 的使用权,并对其进行部分改写,将之命名为 Microsoft DOS(Disk Operating System,磁盘操作系统)后销售给 IBM。借助 IBM 个人电脑的高市场占有率,Microsoft DOS 操作系统取得巨大成功,微软也随之风生水起。其他希望能够与 IBM 的设备相兼容的个人计算机制造商也纷纷联系微软以寻求合作,Microsoft DOS 便如此轻而易举地成了当时个人计算机的标准操作系统。

1985 年,微软开始发行 Windows 系列的第一个产品 Microsoft Windows 1.0。Microsoft Windows 1.0 的设计理念是跨时代的,它摒弃了以往操作系统采用的命令界面,首次实现了计算机用户的图形界面,这在视觉上更易被接受,也非常便于鼠标操作,因而推动了个人计算机的全面普及,成为个人计算机发展史上的重要里程碑。1989 年 8 月 8 日,系列办公软件 Microsoft Office 正式发布,为几乎所有个人计算机使用者提供了便携高效的生产力工具,属于微软的辉煌时代也正式开启。

与信息经济时代的老牌信息技术企业相比,同于 1975 年前后创立的苹果、甲骨文和微软这几家至今仍是行业翘楚的科技企业具有两点明显的差异。其一,这些企业的产品大多直接面向个人消费者与企业用户,其市场地位的直接决定因素是用户的高认可度而非核心生产技术优势;其二,这些企业的产品大多被用于进行知识生产,进而能够扩大知识规模,提高全社会的生产能力与知识水平,譬如,苹果的 Apple II 将计算机从一种专业的高科技产品变成了一种随处可见的家用电器,甲骨文的数据库软件为企业提供了便捷的数据分析手段,微软的操作系统和办公软件则将许多繁冗复杂的脑力劳动程序化、数字化。

计算机与互联网技术的发展,将经由这些软硬件生产出来的海量知识聚集在一起,推动了经济发展与社会进步。正是在这样的大背景下,知识经济时代悄然来临。

3."新经济"

"新经济"(New Economy)一词最早出现于 1983 年美国《时代周刊》(*Time*)杂志的一篇封面文章。该文用"新经济"来描述一种将要在发达国家取代以重工业为主导的旧经济模式、而依赖高新技术发展的全新的经济发展范式。1996 年 12 月,美国《商业周刊》(*Businessweek*)杂志刊发了一系列评论文章,描述了当时出现在美国的一种由信息技术革命与经济全球化浪潮带来的新的经济发展现象与模式,并将之表述为"新经济",至此"新经济"一词真正开始流行。

而在经济学定义里,新经济就是在信息技术革命与制度创新的基础上,经济持续增长与低通货膨胀、低失业率并存,经济周期的阶段性特征淡化的经济现象。新经济的首要特点,当然是高速的经济增长。20 世纪 90 年代中后期,美国的 GDP 实际增速超过 4%,这一数字不但超过了 80 年代中后期至 90 年代初期美国经济的平均增速,甚至也远超 21 世纪初互联网泡沫爆发后的经济增速。新经济的第二个特点,是劳动生产率的持续上升。1972—1995 年,美国的劳动生产率每年平均上升仅 1 个百分点;而在1995—1999 年这短短的 4 年之内,美国的劳动生产率年均增长达到 2.65 个百分点,远超前二十多年的水平。新经济的第三个特点,是低失业与低通胀同时出现。根据著名的菲利普斯曲线理论(Phillips Curve),在短期内任何一个经济体都会面临着失业率和通货膨胀的权衡取舍,即失业与通货膨胀之间存在着一种交替关系——这也是哈佛大学经济学教授格里高利·曼昆(N.Gregory Mankiw)所提出的著名的"十大经济学原理"中的最后一条。然而,这一判断并不适用于"新经济"时期的美国,低失业率与温和的通货膨胀竟然同时出现了:1995—2004年,美国的失业率下降了两个百分点,并且通货膨胀也一直维持在3%以下的低位(2022年7月,美国的通货膨胀率已超8%)。由此,"高GDP增速+低失业+温和通胀"的良性增长模式成为当时美国经济的常态。

在1997年2月的国情咨文讲话中,时任美国总统比尔·克林顿进一步强调了"新经济"的知识内核。克林顿认为,"新经济"形态的出现,其实质就是知识经济,是信息技术革命推动的宏观经济的全方位升级。因此,为了迎接挑战、抓住机遇,美国需要采取全新的以知识为核心的经济战略;为了使美国在21世纪知识经济的新角逐中仍然立于不败之地,就必须加大教育投入,坚持教育优先的战略。克林顿政府采取的上述政策,有效保证了美国在知识经济领域的持续领先地位。1996年,美国政府预算中的研究与开发活动支出总额为1846.65亿美元,而全美高等教育支出更是高达1979.73亿美元(含大学学费与私人捐赠),均居世界第一位,充分显示了美国政府对于科技研发与知识生产的充分重视。

美国之所以能在知识经济时代独占鳌头,除了其自身经济基础、科技发展水平、社会倾向与文化积淀等因素之外,全球化的国际环境也发挥了十分重要的作用。毫无疑问,一个逐渐"扁平化"的世界,有助于美国将其经济中不属于知识经济的部分外包给其他经济体与供应商,如此一来,既减少了美国的生产成本支出,也能使其更加专注于科技创新与知识生产。而相应的,在全球化浪潮下的中国、印度、越南和墨西哥等国便成为美国制造业转移的承接国,成为美国全球化战略的一部分。20 世纪 90 年代末期,美国 90%的公司都至少将一项企业业务外包给其他国家。仅 1998 年一年,美国外包的总值就达到了 515 亿美元,占全球外包总值的 52%。而这一规模在 2008 年国际金融危机来临前持续扩大,离岸外包也成为美国经济的一大突出特征。

(二)其他国家和地区的知识经济

1996 年,经济合作与发展组织估计其成员的知识经济占 GDP 的比重已达 50%,这意味着"新经济"不再是美国独享的增长模式。

1997 年底,欧盟委员会发布了标题为《走向知识化欧洲》的研究报告,报告探究了欧盟在迈向知识经济时代的基本方针,提出要加强欧盟的教育、培训和人才培养,确保欧洲在跨世纪发展中处于优势地位。

1998 年,中国科学院就 21 世纪中国的全面发展向中央提出"迎接知识经济时代,建设国家创新体系"的建议。时任中共中央总书记、国家主席江泽民在这一报告上作出批示:"知识经济、创新意识对于我们 21 世纪的发展至关重要。"[1]1998 年 5 月,他在《庆祝北京大学建校一百周年大会上的讲话》中作出科学判断:"当今世界,科学技术突飞猛进,知识经济初见端倪,国力竞争日趋激烈。邓小平同志反复教导我们,科学技术是第一生产力;必须尊重知识,尊重人才。他的这些重要思想是我们实施科教兴国战略的理论基础。全党全社会都要高度重视知识创新、人才开发对经济发展和社会进步的重大作用,使科教兴国真正成为全民族的广泛共识和实际行动。"[2]在世纪之交,中国决定实施"科教兴国、人才强国"战略,是适应知识经济时代发展的需要,是实现中华民族伟大复兴的需要,也是中国得以在今

---

[1] 中央财经领导小组办公室编:《中国经济发展五十年大事记(1949.10—1999.10)》,人民出版社、中共中央党校出版社 1999 年版,第 519 页。

[2] 《江泽民文选》第二卷,人民出版社 2006 年版,第 123 页。

天成为全球第二大经济体的政策保障。

值得注意的一点是,在信息经济时代发展迅速的日本,何以在知识经济时代变得悄然无声? 而除日本之外,同样在信息经济时代大放异彩的"亚洲四小龙"等新兴经济体在知识经济时代的表现也不算亮眼,其背后的原因究竟是什么?

对于日本来说,以"失去的十年"(1991—2000 年)为标志的长期增长停滞,大大限制了日本经济的转型升级速度。泡沫崩溃所带来的经济停滞与价格紧缩,致使日本的信息技术企业很难转型,而以知识产品为主要生产内容的新企业也难以发展、崛起。由此,导致进入知识经济时代之后的日本并没有形成有特色的知识产业,或者类似苹果、微软这样的领军企业,而其原有的信息技术产业也逐渐被韩国等追赶者所超越。

对于"亚洲四小龙"等新兴经济体来说,20 世纪 90 年代爆发的亚洲金融危机严重影响了其转型升级的速度。加之这些经济体自身规模相对较小、知识产业不完全的客观现实,也导致了它们仅能在部分领域保持竞争优势(如韩国的半导体行业、中国香港与新加坡的金融业以及中国台湾的电子制造业),难以形成完整的知识经济体系。而这也进一步昭显了在知识经济时代与之后的数字经济时代,具备独立而完备的新型生产者网络的重要性。

三、知识生产的经济学研究

根据前文所述,我们知道其实在信息经济出现之后不久便有了"知识经济"这一概念与说法。然而在 20 世纪 60—70 年代的二十余年间,知识经济只是被广泛视为信息经济的一个子类,围绕知识经济而进行的研究也大多都是套用当时已经比较成熟的信息经济学分析框架。

在这些相关研究中,马克卢普在《美国的知识生产与分配》一书中最早提出了"知识生产"和"知识产业"的概念,强调知识而非信息或信息与通信技术在经济发展中所发挥的作用。现在看来，马克卢普的此项研究十分具有前瞻性与预见性，蕴含着极高的学术和社会价值，然而直到三十多年之后，美国迈入"新经济"时期，以及经济合作与发展组织发表了一系列关于知识经济的报告后，有关知识生产、知识经济的相关研究才渐渐得到经济学界的关注。

（一）宏观视角

追根溯源，关于知识如何影响生产的宏观考察，应当源于诺贝尔经济学奖得主、著名经济学家罗伯特·索洛（Robert Solow）于 1956 年提出的新古典增长模型（又称"索洛增长模型"或"索洛模型"）。被广泛视为现代经济增长理论基石的索洛模型尝试回答了经济学研究中一个最为核心的问题——经济增长的动力究竟来源于哪里？在市场完全竞争、规模报酬不变、边际产出递减等前提假设下，索洛模型描绘了长期经济增长稳态的基本特征，强调一国的外生技术进步率（g）决定了长期经济增速。在知识生产的框架中，技术进步率也可以被视为知识生产率，反映了一段时间内一个经济体新增知识（表现为科学与技术知识）的增长情况。从这个角度来说，索洛模型的核心结论就可以被解释为：新增知识的增长速度（虽然在该模型中这一数值是外生的）决定了一个国家的长期经济增长速度与经济发展水平。事实上，在索洛模型提出后的近半个世纪里，全球各大主要经济体的经济增长历程都对其给予了充分的检验与证明，而各国政府也逐渐将"提升科学技术水平"提高到了经济发展的核心战略的高度。

20 世纪 80 年代，由保罗·罗默（Paul Romer）[①]、查尔斯·琼斯（Charles Jones）等宏观经济学者领衔的内生经济增长研究进一步强调了知识生产的重要性，同时他们也开始尝试回答索洛模型无法解释的一个重要问题——

———————

① 保罗·罗默，美国经济学家、新增长理论的主要建立者之一，于 2018 年获得诺贝尔经济学奖。

知识的增长速度究竟由哪些因素决定?

1986 年,罗默发表了一篇在经济学领域很有分量的论文《收益递增与长期经济增长》,在这篇文章中,罗默首次提出了自己的内生经济增长模型,并指出知识与技术研发是经济增长的源泉。在罗默的增长模型中,技术进步速度是内生的(即由模型内部因素所决定),并且在知识生产与人力资本上的投资将提高技术进步速度,从而实现持续的经济增长。罗默认为,投资促进知识积累,而知识又刺激投资,进而形成一种智力投资与现实投资之间的良性循环,而这一过程是可以经由政策刺激的,这就为政府采取并实施提高长期经济增长速度的政策提供了理论支持。

进入 20 世纪 90 年代,《宏观经济学》《经济增长导论》等知名教材的作者、著名经济学家查尔斯·琼斯教授对于罗默等学者提出的第一代内生增长模型进行了批评,指出这一模型与基于实际增长数据进行的实证研究结果并不相符,经济增长的"规模效应"在现实中并不存在。在此基础上,琼斯将"技术进步"这一基本假设修改为"技术创新机会递减"假设,进而提出了新的"半内生经济增长模型"。对于琼斯提出的"技术创新机会递减"假设,可以简单理解为科学研究与知识生产的投入和产出不成正比,即当前的知识水平越高,发现新的知识就会变得越困难。显然,这一假设符合我们在现实中的观察。

罗默和琼斯等的研究激发了 20 世纪 80—90 年代经济学界对于知识生产与经济增长之间关系的学术热潮,这一时期一系列重要研究相继诞生,全面提升了经济学界对于知识生产的理论认知。其中,比较知名的有格罗斯曼和赫尔普曼提出的垂直创新模型(Grossman、Helpman,1991a、1991b),阿吉翁和豪伊特提出的 R&D 增长模型(Aghion、Howitt,1992)与全内生增长模型(Aghion、Howitt,1998)等理论。

（二）其他视角

除知识生产的宏观研究外,国际学术界对于知识经济的分析与研究还采取了多种其他视角。

1985 年,日本著名学者堺屋太一①的著作《知识价值革命》正式出版。在该书中,堺屋太一提出,20 世纪 70—80 年代的信息技术革命驱动美国和日本等发达国家开始"知识价值革命",而在知识价值革命完成后,人类社会将逐渐转变为重视知识的"知识价值社会"。在知识价值社会,人类对于物质产品的需求将逐渐减少,而对于"知识与智慧价值"的需求将主导经济活动。很快,堺屋太一关于知识价值的观点就在日本社会引起了巨大反响。1998 年,堺屋太一在小渊惠三②内阁中作为民间人士阁僚担任经济企划厅长官,其间曾倡议过举办互联网博览会以发展知识经济和数字经济,力图推动日本实现"知识价值革命",尝试帮助日本走出经济长期衰退的泥潭。

1993 年,现代管理学之父彼得·德鲁克(Peter Drucker)在其著作《后资本主义社会》中提出"知识经济学"的概念,强调知识已经成为比土地、劳动力和金融资产更加重要的经济资源,将主导"后资本主义社会"(Post-Capitalist Society)。事实上,德鲁克早在 1957 年出版的《明天的里程碑》一书中就有对于"知识工作"(Knowledge Work)的描述。德鲁克认为,每一位知识工作者都是管理者,运用专业知识和信息从事生产,为社会创造着有用的产品与服务。他还预言,知识工作者将取代传统的"蓝领工人",成为社会经济活动的主体。

客观地讲,堺屋太一和德鲁克等学者的研究并不能被视为严谨的经济学研究,但是他们以及其他一些同时期学者对于知识经济的解读与分析,在

---

① 堺屋太一(1935—2019 年),日本前政府官员、作家、内阁顾问,"团块世代"命名人。

② 小渊惠三(1937—2000 年),日本政治家,于 1998 年 7 月—2000 年 4 月担任日本首相,在职期间扭转了日本经济下滑的局面。

世界范围内都产生了巨大的社会影响,帮助更多的人理解、接受知识经济的基本内容与发展趋势,具有远超过学术研究本身的重要的现实意义。

第三节 数字经济时代:互联网商业化与数字技术赋能

我们在前文中详细探讨了起源于 20 世纪 50—60 年代的信息经济时代,以及发端于 20 世纪 70 年代末 80 年代初的知识经济时代。

信息经济时代与知识经济时代的一大共同点在于,新的产业(分别是信息产业和知识产业)成为经济发展的主要驱动力。在这两个时代中,新兴产业的占比都不断上升,吸引更多的劳动力进入和资本投入;而传统产业则逐渐式微,规模缩减、盈利下降,最终引起经济结构发生替代型变革。换言之,在这两个经济发展阶段中,以工业制造业为代表的传统产业所发生的最主要变化是绝对规模的缩减,其基本生产模式并未发生根本性的变化,社会经济结构也未发生革命性变革。然而,积沙成丘、绳锯木断,当经济结构调整的量变累积到引发质变的程度时,数字技术就会真正开始与实体经济深度融合,而在这一刻,数字经济时代便彻底到来。

接下来我们将主要介绍数字经济的概念形成以及由围绕几类核心数字技术(互联网、大数据、人工智能和区块链)而形成的新兴经济模式,进而讨论新兴经济模式与生产率增长之间不匹配的焦点问题。

一、数字经济概念的形成与发展

数字经济(Digital Economy)这一词汇的出现要远早于其经济学概念的形成。早在 20 世纪 90 年代,许多书籍与文章中都运用了"数字经济"的字眼,只不过其意义与今日有所不同,在当时的语境下数字经济常常被用来代指知识经济或新经济。

知名商业作家、投资人唐·泰普斯科特于 1995 年出版了《数字经济:对网络智能时代机遇与风险的再思考》一书，开创性地预言了美国在"信息高速公路"普及之后所出现的一系列新的生活范式与经济模式，并将这种新的经济模式命名为数字经济——代指以互联网、信息数字化和知识创造为基础的一系列经济活动。正是这本著作奠定了泰普斯科特"数字经济学之父"的地位。

泰普斯科特在书中提到的"信息高速公路"（Information Highway），是1992年美国政府提出的旨在发展数字经济的一项政策，指的是依托互联网建设连通全国的高速信息电子网络，让全美国的人能够共享海量信息资源。现在看来，这一概念与中国在2018年中央经济工作会议上提出的"新基建"①概念具有一定的相似之处，只不过"新基建"的范围更广、技术更新。

1992年，时任参议员（一年后出任美国副总统）的艾伯特·戈尔（Albert Gore）提出了美国"信息高速公路"法案。在同年的国情咨文讲话中，时任美国总统的老布什（乔治·赫伯特·布什，George Herbert Bush）提出，美国计划在20年时间内耗资2000亿—4000亿美元建设美国国家信息基础结构，作为美国发展政策的重点和产业发展的基础。"信息高速公路"的建设虽由共和党总统老布什提出，但却一直持续到下任民主党总统比尔·克林顿上台，并在克林顿在任期间得到了充分发展，成为美国数字经济发展所依托的重要信息基础设施。而此后，"信息高速公路"这一说法也被世界各国所接受，各国政府与科技界也先后制定了类似的发展规划。

再说回《数字经济：对网络智能时代机遇与风险的再思考》一书。该书发售后引起轰动，而"数字经济"的概念也随之渐渐走入大众视野，这自然引起了各国政府的重视。1997年日本通产省在其产业研究报告《迈向数字经济时代：日本经济的快速发展与21世纪世界经济增长》中使用"数字经

---

① 全称为"新型基础建设"，包括5G基站建设、特高压、城际高速铁路和城市轨道交通、新能源汽车充电桩、大数据中心、人工智能、工业互联网七大领域。

济"一词,提出"没有人员、物体和资金的物理移动的经济是可能的"。
1998—2000 年,美国商务部先后发布标题为《新兴中的数字经济》《新兴中的数字经济 II》和《数字经济 2000》的三份专题研究报告。这三份报告中的数字经济代表的是信息技术产业与电子商务,其中电子商务代指通过互联网或其他非独占的以网络为基础的系统进行业务往来的交易方式。可以看出,相较于 90 年代初期"数字经济"这一词汇刚刚出现之时,这一阶段数字经济的定义要明晰了许多,强调的是信息与通信技术制造业、信息与通信技术服务业的发展以及传统企业的信息化转型。

进入 21 世纪后,数字经济进入较为平稳的发展阶段,信息技术产业、电子商务与知识经济渐渐构成了数字经济的主要内容,与之有关的学术研究与政策研究也相继开展,各主要经济体对数字经济的重视程度与日俱增。

2010 年,英国政府制定了《数字经济法案》,将数字经济视为一个完整的生态系统(Ecosystem)而非独立的经济部门,充分体现了数字经济的强融合性。同样在 2010 年,美国商务部提出了"数字国家"(Digital Nation)概念,强调互联网与数字技术在国家发展中的关键作用。2015 年,美国政府发布《美国数字经济议程》,将发展数字经济作为实现繁荣和保持竞争力的关键。

在 2016 年的 G20 杭州峰会上,"数字经济发展"也当仁不让地成为会议的主要议题,会议最终通过了《G20 数字经济发展与合作倡议》这一全球首个由多国领导人共同签署的数字经济政策文件。该倡议将数字经济划分为数字产业化和产业数字化两个部分,有效地拓展了数字经济的理论内涵,将其与信息经济、知识经济和网络经济等同样与数字技术高度相关的经济概念严格区分开来,为相关研究的开展、发展政策的制定提供了有益的借鉴。

在 2022 年 3 月召开的两会期间,新华社联合百度发布了名为《大数据看 2022 年全国两会关注与期待》的网友最关注话题排名，"数字经济"仅次于社会保障、乡村振兴、教育改革与生态文明，位列榜单第五名。"数字经济"已经不再仅仅是经济学家的研究课题或政策制定者的批文报告，而是与普罗大众息息相关、人人都参与其中的现代社会的必要一环——这便是数字经济时代。

二、互联网经济

数字经济的发展，始于互联网商业化。1991 年，美国三家新兴网络运营商联合成立了全球首个"商业互联网交易中心"（CIX），试图将互联网从一个研究机构的学术信息内网转变成一个任何人随时随地都可以接入的公共网络空间。

（一）互联网经济的阶段划分

1. Web 1.0 时代

可以说，商业互联网交易中心的成立开启了美国的互联网商业化进程。而在这一进程中，万维网的出现与广泛应用至关重要。

在万维网出现之前，互联网大多以点对点的双向通信形式进行数据和信息的传输与交互。而采取此类形式的互联网的应用空间是十分有限的，其背后原因在于：网络空间中各个节点的重要性是不对等的。譬如，如果一个网络节点是经济学领域的知识库（如专门的经济学词典和论文库），那么所有经济学学者的网络节点都想与这个知识库进行点对点的连接，以获取前沿的经济学知识。然而，在点对点的连接模式下，知识库每次只能与一位学者进行连接，无法同时为多名学者提供知识服务，这就使知识和信息的非竞争性无法得到发挥与体现。因此，点对点的双向通信自然成为一种低效的连接模式。对于这一现实问题有一个可能的解决方案，那便是将这个知识库转变成其他网络节点都可以进行单向连接的"门户"（Portal），而门户上知识的浏览和使用自然不再受限于当前的连接数。

1989 年,欧洲粒子物理实验室(CERN)①的研究员蒂姆·伯纳斯—李爵士②提议实验室建立这样的一个网上站点——在个人计算机上访问大量的科研文献,同时在文档中链接其他文档,以将所有的文献和知识连接在一起。具有实干家精神的伯纳斯—李爵士并没有止于提出倡议,而是开始动手搭建服务器,最终于当年开发出了世界上第一个 Web 服务器和第一个 Web 客户机。尽管最初这个服务器只能供用户查询实验室中每个研究人员的电话号码,但它确实实现了超文本(Hypertext)③浏览与编辑。1989 年12 月,伯纳斯—李爵士正式将他的发明命名为万维网(WWW),自此,互联网开始进入以网页浏览为标志的 Web 1.0 时代。

在早期万维网的底层技术中,最为核心的当属其支撑协议——超文本传输协议(HTTP)。这一简单的请求—响应协议允许 Web 服务器能够随时响应客户端的连接请求,而客户端浏览器可以通过超文本传输协议单向连接到 Web 服务器上,并且能够通过超文本传输协议从一台 Web 服务器转到另一台 Web 服务器上进行信息检索。这一协议的出现,在实质上将互联网用户分割为泾渭分明的两类:创造、整理和归类信息的供应商(通常采取门户网站的形式),以及互联网的浏览者(早期也被称为网上冲浪者——Netsurfer)。如此一来,供需双方的出现促使互联网从单纯的信息传输行为上升到满足一方需求的商业行为,而互联网连接服务的提供者与软件公司就这样成了互联网经济的先行者。

1994 年,由伯纳斯—李爵士牵头的万维网联盟(World Wide Web Consortium,W3C)在美国麻省理工学院成立。万维网联盟与其他标准化组织

①　成立于 1954 年,总部位于瑞士日内瓦,世界上最大的粒子物理实验室。

②　蒂姆·伯纳斯-李(Tim Berners-Lee,1955—　),英国计算机科学家,发明万维网,于2016 年获图灵奖。

③　超文本是用超链接的方法,将各种不同空间的文字信息组织在一起的网状文本。20世纪 80 年代后期就已经出现超文本技术,只是没有人将之应用到计算机网络方面。

(如 Internet 工程工作小组、无线应用协议 WAP 以及 Unicode 联盟等)协同工作,致力于实现让所有用户——不论其文化教育背景、能力、财力及身体状况如何,都能够轻松地使用互联网,对互联网技术的发展和应用起到了基础性与根本性的支撑作用。在万维网联盟的推广下,互联网先是在美国、之后在全球迅速发展起来。根据美国国家科学基金会的数据,在 1995 年,美国一共有 2500 万网民,约占美国总人口的 21%、全球网民总数的 60%;到了 1997 年,美国的互联网用户数已激增至 1.3 亿人,平均上网时间从 1995 年的 80 小时增加到 296 小时。

互联网用户群体的扩大,催生了第一批互联网企业,尤以美国和中国为盛,其中的佼佼者包括:成立于 1994 年但在之后的浏览器战争中输给微软的网景通信公司(Netscape),1994 年由杨致远和大卫·费罗(David Filo)创立的门户网站雅虎,1998 年成立的社交巨头腾讯以及 1999 年成立的电商平台阿里巴巴。从这些互联网企业的发展中不难看出,网络信息浏览与电子商务是 Web 1.0 时代的主要商业模式。

2. Web 2.0 时代

20 世纪 90 年代互联网经济的出现,大幅降低了信息的传递成本与交易成本,进而极大地激发了参与者的想象力和创造力。因此,前所未有的大规模信息流得以在全球范围内进行高速传输,为数字经济的蓬勃发展提供了温床。与此同时,互联网使用者对于"更高(带宽)、更快(传输速度)、更强(信息处理能力)"的强烈需求也激发了互联网技术的进步与升级(见图 2-5),越来越多的用户渴望从信息的接受者成长为内容的创造者。于是,在经历了 21 世纪初的互联网泡沫①破灭之后,互联网技术涅槃重生,迎来了属于它的新时代——Web 2.0。

---

① 在下一章关于美国数字经济发展的小节中,我们将对互联网泡沫的形成与破灭进行更加全面的介绍。

同 Web 1.0 相比,Web 2.0 更加强调用户在网络中的核心作用。相对应的是,互联网公司从信息的提供者转变为网络用户生产、处理、交流和交换信息的平台,互联网经济的核心主体从信息门户转变为互联网平台企业,而互联网经济的市场机制也从传统的单边市场转变为双边市场。Web 2.0 时代的"明星互联网企业",不再是曾经引领潮流的雅虎、搜狐和新浪等门户网站,而是我们所熟知的脸书、字节跳动以及部分转化为平台企业的亚马逊和腾讯,这些企业从曾经的门户网站手中接过"皇冠",登上了如今互联网行业领导者的宝座。

与前一个时代相比,Web 2.0 时代的互联网经济具有更加广阔的用户基础与更高的用户参与度,并且这一时期与互联网相关的经济活动的种类、数量也远远多于 Web 1.0 时代。可以说,在 Web2.0 时代,互联网经济正式成为数字经济的主体结构与核心内容。

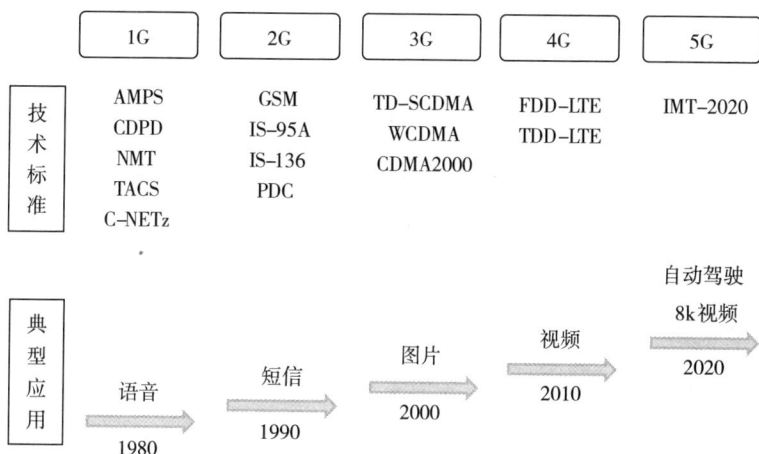

1G	2G	3G	4G	5G

技术标准

AMPS	GSM	TD-SCDMA	FDD-LTE	IMT-2020
CDPD	IS-95A	WCDMA	TDD-LTE	
NMT	IS-136	CDMA2000		
TACS	PDC			
C-NETz				

典型应用

语音 1980 → 短信 1990 → 图片 2000 → 视频 2010 → 自动驾驶 8k视频 2020

图 2-5 互联网的技术标准变迁与应用升级

资料来源:前瞻经济学人 APP。

(二)互联网经济的相关研究

在互联网经济的早期发展中,法国经济学家、2014 年诺贝尔经济学奖获得者让·梯若尔(Jean Tirole)对于平台企业和双边市场的研究具有奠基性意义。梯若尔提出,平台企业并不为买卖双方生产供交易的任何产品或服务,而是利用平台本身对于买卖双方的强烈吸引力(规模效应与网络外部性①),将买卖双方聚集在平台中进行交易以赚取交易费。根据梯若尔的研究,平台企业的效益取决于平台黏性、资源整合能力与平台基数等诸多因素。罗切特和梯若尔(Rochet 和 Tirole,2004)在只存在使用外部性的情况下,定义和区分了双边市场和单边市场。双边市场是一个或几个允许最终用户交易的平台,通过适当地从各方收取费用使双边保留在平台上。与之相对的,传统经济交易所采取的正是单边市场模式。这些研究为互联网经济学与后续发展起来的数字经济学构建了重要的理论基础。

此外,微观经济学家、现担任谷歌首席经济学家的哈尔·范里安(Hal Ronald Varian)对于网络经济的研究也应受到关注。范里安的研究中最核心的内容都被他与合作者卡尔·夏皮罗②写进了《信息规则:网络经济的策略指导》一书中,这本著作也被广泛视为互联网经济学的开山立派之作。与梯若尔的理论分析相比,范里安的研究话题对于互联网企业来说可能更具吸引力——他主要探讨"平台应如何划分信息版本、进行版权管理、设置锁定策略并建立正反馈机制,才能赢得标准战争、实现最大盈利"。2002年,范里安辞去加州大学伯克利分校信息学院院长一职并加入谷歌,成为首位在大型科技公司担任首席经济学家的学院派经济学家。在这之后,他利用其基于博弈论的拍卖理论,设计出了著名的新的广告拍卖机制——"广

---

　　① 指连接到一个网络的价值,取决于已经连接到该网络的其他人的数量。即每个用户从使用某产品中得到的效用与用户的总数量正相关。

　　② 卡尔·夏皮罗(Carl Shapiro,1955—),曾经是 1995—1996 年美国司法部首席反垄断经济学家,这一经历使他的许多研究都围绕识别与化解垄断问题而展开——在数字经济时代,这甚至可能是最重要的经济学问题。

义次高价拍卖"(Generalized Second Price Auction)①优化了谷歌的在线广告拍卖系统,帮助谷歌稳固了其在搜索引擎市场上的优势地位,创造了巨大的利润与财富。而范里安教授为谷歌带来的成功,也掀起了大型科技公司招募经济学家的热潮。

三、大数据经济

互联网经济的热潮从20世纪90年代末期一直持续到21世纪初。2008年国际金融危机爆发,给世界经济带来了前所未有的困难与挑战,互联网经济的热度也随之减退。而在金融危机之下,美国的"新经济"模式也逐渐淡出人们的视野。事实证明,高增长率与低通胀同时出现的经济增长阶段是难以长期维持的,于是各国政府与学界开始急于找寻互联网之后的下一个技术爆点与经济增长点。正是在这样的经济形势下,云计算和大数据这两类新技术逐渐进入大众视野并开启商业化进程,理所当然地成为产业界、咨询公司和各路媒体关注的焦点。2012年,牛津大学教授维克托·迈尔—舍恩伯格出版《大数据时代》一书,畅销四海,更是将这场"大数据热"炒到顶点。自此,互联网经济的继承者——大数据经济闪亮登场。

如果说互联网经济的简单思路是把尽可能多的经济活动从线下转移到线上,那么大数据经济的核心就是把大数据分析嵌入尽可能多的经济活动中去。大数据分析包括数据的收集、清洗、处理与应用的全过程,在这一过程中可以将来自各个渠道的海量数据转化为企业能够直接使用的知识与信息。大数据经济的主体则包括企业内部的大数据分析部门、以提供数据产品和服务为主要业务的大数据分析公司,以及收集和使用大数据的互联网平台等。

---

① 广义第一价格拍卖(Generalized First Price Auction),是广告主的广告按照竞价递减顺序排列,广告主按照自己的出价向广告平台付费;而广义次高价格拍卖,是广告主的广告按照竞价递减顺序排列,但广告主按照略高于排名紧随其后的广告主开出的竞价向广告平台付费。广义次高价格拍卖虽不是理论最优,但至今仍然是竞价广告系统中主流的定价方式。

（一）大数据经济的主体

1. 大数据分析公司

在大数据经济的热潮之下,首先崛起的自然是大数据分析公司——它们为客户提供个性化的数据服务,并且从数据资本中挖掘出大量的有用信息与商业价值。在众多大数据分析公司中,贝宝（PayPal）创始人之一彼得·蒂尔（Peter Thiel）于2004年与他的斯坦福同学联合创立的帕兰提尔科技公司（Palantir Technologies）以及流程挖掘公司Celonis便是其中翘楚。

帕兰提尔科技公司在成立之后的短短十年便跻身大数据分析领域的超级"独角兽",而其工作内容说来简单,就是帮助客户整合结构性数据库,再运用机器学习等手段分析整合后的数据,进而用直观的可视化图表输出分析结果,最后帮助客户形成判断和认知、鉴别信息真伪。虽然对于国内读者来说帕兰提尔的名字稍显陌生,但它的客户却包括了摩根士丹利和摩根大通这样的金融集团,空中客车和菲亚特克莱斯勒这样的制造业巨头,以及美国国防部、国安局与联邦调查局这样的政府机构。

在创立之初,帕兰提尔开发的第一个数据平台Palantir Gotham就在美国追捕本·拉登的行动中提供了大量信息分析支持,还被美国联邦警察用于实施"预测性警务"以应对可能出现的各类犯罪。2020年,原本被对冲基金公司用来进行数据整合与分析的平台Palantir Foundry,被英国国家医疗服务体系（National Health Service,NHS）用来集成英国居民的健康信息、临床信息和新冠检测结果等海量数据,为英国建立新冠肺炎疫情的趋势预测模型提供了帮助。

但是,与英美两国政府合作密切的帕兰提尔也遭受了诸多质疑。推动英国国家医疗服务体系与帕兰提尔公司合作的,正是现任英国首相鲍里斯·约翰逊（Boris Johnson）的首席顾问多米尼克·卡明斯（Dominic Cummings）。卡明斯曾在2016年英国的"脱欧"公投中采用大数据方法设计出了"脱欧"口号"拿回控制权"（Take Back Control），后又在 2019 年英国大选中通过积极的社交媒体宣传协助约翰逊赢得大选。

与帕兰提尔不同，Celonis 公司则是一个大学生创业的奇迹。2011 年，三位慕尼黑工业大学的学生将还是一个学术概念的"流程挖掘"（Process Mining）商业化，创立了 Celonis 公司。

所谓流程挖掘，就是通过从其特有的信息系统数据库中提取日志里的有效数据，以发现、监控和改善实际流程。通俗地讲，流程挖掘就像一台 CT 扫描仪，通过实时扫描，它可以定位出哪一个步骤是低效率的或者阻塞的，从而使企业在改善、优化自己的流程时能够"既见树木，又见森林"。

成立之后，Celonis 为西门子、雀巢、通用汽车、空中客车和瑞银集团等国际知名企业提供了大数据解决方案。Celonis 在欧洲最大的客户——制造业巨头西门子这样评价 Celonis 的服务："它就像 X 射线一样解析西门子的内部流程运行情况，让西门子能够轻松地看见那些效率较低的环节并进行改善。"尽管我们并不知道 Celonis 具体是如何施展大数据魔法的，但其漂亮的财务报表和一轮又一轮的火爆融资，都充分证明了这种商业模式的有效性。

2. 互联网平台

在当前数字经济的发展过程中，互联网平台毫无疑问地成了大数据经济的实际主导者——虽然大数据分析行业与企业内部的大数据部门均在持续扩张，但它们的规模与影响力均不能与互联网平台相提并论。因而，大数据经济在一定程度上甚至成为"平台经济"（Platform Economy）的一个基本特征。在平台经济中，平台企业利用来自电商、社交网络和网页浏览等各个渠道的海量数据进行个性化推荐、生成用户画像，或是进行在线广告营销，能够迅速识别市场机遇与用户偏好的变化，从而将数据优势转化为竞争优势，实现对于细分市场的垄断，并在新市场的进入过程中取得领先。

客观来说,平台主导的大数据经济在用户隐私保护等方面存在一定问题,这些问题不利于数字经济的长期发展尤其是创业创新活动的持续开展。正因为如此,如何充分发挥数据要素的非竞争性与网络效应成为各国发展大数据经济过程中面临的现实挑战。

(二)大数据经济的相关研究

清华大学社科学院戎珂教授团队围绕"数据生态治理"进行的一系列研究,对于大数据经济的进一步发展具有很强的指导意义。数据生态治理是指围绕数据生态,明确各类数据伙伴(大数据服务商、企业大数据部门和互联网平台)的角色,要求共同实现数据的协同治理与多环节治理,在保护个人隐私和数据安全的基础上,更好地发挥数据价值,促进数字经济和数字社会高质量发展。

如何在保护数据隐私的条件下充分激活数据要素的经济价值、提高数据生态治理能力,是当前大数据经济发展面临的核心问题,也是经济学界、计算机学界、法律学界与政策界同人深耕的方向。

相较于大数据经济,目前经济学界对平台型企业的研究要更为完善、系统和深入。平台经济相关的理论研究,例如对于企业行为和商业模式的研究均已初见规模、自成体系,能够帮助我们更好地理解这类企业的共性与差异。

四、人工智能经济

从第一章内容可知,人工智能技术的发展至今已经经历了半个多世纪,其技术内核与理论概念均发生了多次重大变革。在当前主流语境中的"人工智能经济"描述的主要是在深度学习技术出现并逐渐成熟之后所产生的各类经济应用。与传统意义上的人工智能相比,在此轮技术革新后出现的新人工智能算法和智能机器人,它们在应用的广度和深度上都实现了飞跃。相对应的,这些新应用与作为训练语料的大数据之间的关系也变得极其密切。在某种意义上,可以认为目前的人工智能经济(智能算法)是建立在大数据经济(语料库)的基础之上的。

(一)五大应用场景

新一代人工智能的运用场景极其广泛,目前来看其中最为成熟的包括排序算法、计算机视觉和自然语言处理这三个方向的应用。

排序算法(Sorting Algorithm),就是将一组特定的数据按某种顺序进行排列。作为人工智能的基础型应用,排序算法是搜索结果展示、个性化推荐与在线广告推送的基础技术。其中,谷歌创始人拉里·佩奇(Larry Page)和谢尔盖·布林(Sergey Brin)提出的网页排序算法 Page Rank① 是最著名的排序算法,也是谷歌的"镇店之宝"。

计算机视觉(Computer Vision),顾名思义,就是让计算机学会"看"的技术,因此也是感知智能②的关键技术。在图像识别、智能医疗和工业检测等领域,计算机视觉已经得到十分广泛的应用。

自然语言处理(Natural Language Processing,NLP),是实现人与计算机之间用自然语言进行有效通信和交互的人工智能技术,同样也属于感知智能的范畴。自然语言处理包括自然语言理解和自然语言生成两类任务,因此也具有不同的应用场景,具体包括:语音识别、机器翻译、智能客服、文本分析和定向广告等。

上面介绍的三类技术构成了目前人工智能经济的主体,而与之相对的,自动驾驶与自动机器学习则代表了人工智能经济的前沿领域。

自动驾驶汽车(Autonomous Vehicles)是人工智能技术、定位技术与物

---

① 即对每个网页附上权值,权值越大,显示越靠前。具体地,如果一个网页被很多其他网页链接到,或者一个网页被一个权值很高的网页链接到,则说明这个网页比较重要,它的PageRank 权值就比较高,则这一网页排名就比较靠前。

② 指机器拥有视觉、听觉、触觉等感知能力。

联网技术的集大成者。自动驾驶汽车能够通过感知并推断周围环境,作出安全、顺利到达目的地的判断,并据此采取行动控制车辆和实施调整。近十年来,人工智能技术特别是机器学习的快速发展,是实现自动驾驶的重要推动因素,人工智能模型的强度与适应性决定了自动驾驶汽车的实用性能。众所周知,在复杂的现实环境中驾驶车辆并非易事,需要有敏锐的伦理判断和决策能力才能有效应对各种意外和危险情况。而嵌入在自动驾驶车辆中的人工智能算法,却可以准确实现这些功能:通过对传感器收集到的各种数据进行及时处理,进而作出移动、停车和减速等不同决策。自动驾驶涉及三类主要的数据处理功能模块:感知模块、规划模块和控制模块。从这个角度来说,为自动驾驶而开发的人工智能似乎已然探知到了认知智能①的边界。

自动机器学习(Auto Machine Learning, AutoML)代表了人工智能技术发展的另一个方向:让人工智能自己选择算法,以满足人们对于人工智能应用的需求。具体地,自动机器学习使用自动化的数据驱动方式作出上述决策。用户只要提供数据、表达需求,自动机器学习系统就可以自动决定最佳的方案。如此一来,行业专家不再需要苦恼于各种机器学习的算法,用户也无须担心对编程与代码一窍不通。"告诉"机器你的需求,它自会给你答案。从这个角度来说,自动机器学习将使人工智能技术真正成为一项"通用技术"。

(二)人工智能经济的相关研究

人工智能技术越发达,算法和机器人的拟人度就越高,对于人类劳动力的替代性就越强,而全社会对于"机器换人"的担忧也就越强烈。

以色列经济学家约瑟夫·泽拉(Joseph Zeira)于 1998 年提出的工作任

---

① 指机器具有主动思考和理解的能力,不用人类事先编程就可以实现自我学习、有目的推理,并与人类自然交互。

务模型(Task Model),是这一领域研究的基础性框架。在泽拉的模型中,整个生产过程被划分为许多道工作任务,例如,手机的生产过程可以分解为模型设计、元件制造、材料加工和机器组装等环节。其中一部分由劳动力完成的环节(如手机组装),能够通过用机器人或人工智能替代人类来提升生产效率;而另外一些工作环节(如模型设计)至少在目前还必须由人类完成。泽拉的这一模型被广泛用于评估机器人和人工智能对就业的冲击以及对生产率的综合影响。

本泽尔等(Benzell 等,2015)对于不同类型工作的分析表明,机器人几乎可以完全替代中低技能工作,同时部分地替代高技能工作,最终造成劳动力需求下降与劳动者收入下滑。核心结论是,企业生产率的提升不能完全弥补劳动力失业带来的社会福利损失。

麻省理工学院经济系主任达龙·阿西莫格鲁(Daron Acemoglu)与合作者通过内生化工作任务的数量对泽拉模型进行了有效改良,并在这一经典模型中引入了"就业创造"这一新机制(Acemoglu 和 Restrepo,2018)。他们认为,对于机器人和人工智能的使用创造了大量新的工作,例如算法工程师、人工智能训练师、机器人维修工和自动驾驶安全员等。而这些新的就业机会提高了人工智能的"生产率效应",使其在长期可能超过人工智能对于劳动力的"替代效应"。当然,此项研究也指出,在短期内替代效应高于生产率效应是常态,目前看来人工智能经济的发展对于就业的总体影响仍是负面的。

上面介绍的几项研究以及其他的一些相关经济学研究,都尝试从正反两个方面探讨人工智能技术的使用对于劳动力市场与社会福利的影响。尽管这些研究所得出的结论并不统一,但在一点上大多数文献都保持了一致——人工智能经济必然会降低一些劳动者的短期收入水平,正向的生产率效应对于一些劳动者并不成立:被人工智能和机器人抢走工作的车间工人不一定能够成为人工智能训练师或自动驾驶安全员,而想成为高技能的算法工程师更是天方夜谭。从这个角度来说,期待人工智能经济创造大量新工作来化解劳动力市场上的供需矛盾并不现实,因此,针对人工智能的更加积极的公共政策必须得到有效运用。

五、区块链经济

与上文所介绍的几类由数字技术驱动的新经济形态不同,区块链经济的发展甚至走在了数字技术成熟之前,并且区块链的应用需求对于相关技术的进步产生了很强的引领作用。

(一)主要应用场景

1. 虚拟货币

区块链技术的首个载体——比特币一经问世便引起了国际金融市场的密切关注,而关于比特币到底是一种有价值的虚拟资产还是一个金融骗局的相关讨论已然持续了十余年之久。

抛开其价格变化不谈,比特币与传统货币及其他虚拟货币的不同之处主要表现在:其一,"去中心化"的比特币没有特定的发行机构,而是由算法规则限定了其总体数量(最大数量为2100万枚),这就确保了市场供需成为比特币价格的最主要决定因素。其二,比特币基于密码学的设计方案,确保了这一虚拟货币只能被真实的拥有者转移或支付,同样保证了货币所有权与流通交易的匿名性。需要注意的一点是,匿名性也使比特币可能成为毒品、洗钱等非法交易滋生蔓延的"温床",对于金融市场的整体稳定未必是一件好事。其三,比特币本身是基于区块链技术的众多虚拟货币中最出名、认可度最高的一个,其算法规则与产生原理完全公开。与其他虚拟货币相比,无论是出于现实交易还是金融投资的目的,比特币都拥有最大的用户群体和最丰富的交易平台,因而也是目前所有虚拟货币中市值最高的一个。

（单位：万美元）

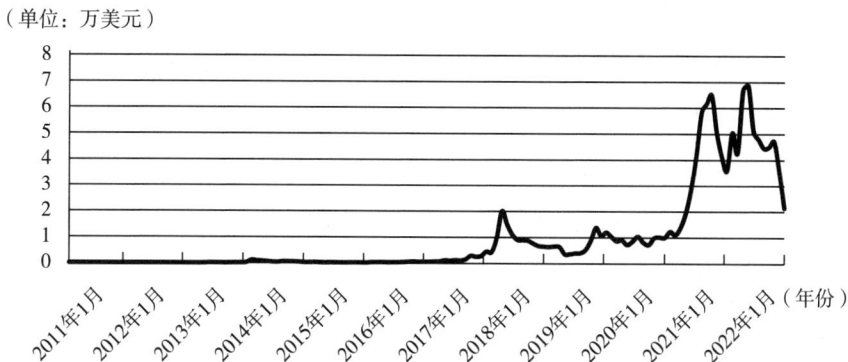

图 2-6　2011—2022 年比特币的价格变化

资料来源：币基官方网站，见 http://coinbase.com。

2. 智能合约

除了与虚拟货币相关的应用外，区块链的其他应用场景大多围绕着"智能合约"展开。

本书的第一章中介绍过，智能合约本质上是一种计算机之间签订的，以数字化信息方式传播、验证或执行合同的电子协议。智能合约允许交易双方在没有第三方的情况下进行可信交易，并且这些交易可追踪、不可逆转，也不可篡改。智能合约的相关理论早在 1995 年就出现了（由密码学专家尼克·萨博提出），但是直到区块链技术出现这一概念才具备了实现的可能性，所以也有人说是区块链技术"复活"了智能合约。目前智能合约在供应链安全、可信存证和证券交易这三个领域得到了非常广泛的应用，而非同质化代币（NFT）更是成为近两年来新兴的区块链热词，下面我们将分别对这几项应用进行介绍。

（1）供应链安全。长期以来，供应链（Supply Chain）①一直是企业经营

_____

①　在生产及流通过程中，涉及将产品和服务提供给最终用户活动的所有上下游企业所形成的网链结构。

必不可少的一个部分，而维持供应链安全更是企业生产过程中的一个重要环节。供应链安全，包括确保产品交付给客户，以及确保制造工厂有足够的原材料维持运营。

一方面，在不确定性不断上升、全球经济逐渐连接成一个复杂的生产者网络的今天，供应链安全的重要性也随之提升到了前所未有的高度；另一方面，随着物流软件开发的快速发展，供应链管理已经转变为一个高度复杂的流程管理项目，包括预测下游需求、建立有利可图的合作伙伴关系以及最大限度地提高运营效率等诸多内容。而在这种背景之下，区块链技术则为企业提供了一个稳定可靠、不可篡改的分类账本数据库，既确保了供应链的全过程实时可控、可观测，也能够通过智能合约进行自动化交易。依照智能合约预先设置好交易规则后，企业在供应链上进行的所有商业活动与金融业务便可以自动进行，从而有效地降低了企业成本与错误交易的概率。我们有理由期待，随着智能合约技术的进一步发展与完善，供应链业务对于区块链技术的使用强度也将进一步提升。

（2）可信存证。智能合约的不可篡改性，使其成为天生的可信存证。一般而言，传统合同存证有诸多安全隐患与现实困难，包括合同不安全、信息不真实、易被破坏和篡改以及容易丢失等。而将电子合同文件通过哈希值运算后在区块链上进行存证，就意味着存证信息会实时同步传输到存证平台、公证处以及司法鉴定中心等各个节点，区块链的特性保证了上传的存证信息无法被篡改或者伪造，从而确保了存证内容的安全、可信。

2018年9月，杭州互联网法院上线了国内首个司法区块链，形成了集嵌套部署、信用奖惩、多方协同以及司法救济于一体的功能体系，是国内区块链司法领域的早期尝试。在互联网纠纷中，只要当事人能提交完整可信的证据，大量纠纷在链上机构的见证下便可以通过直接协商解决，从而有效节约司法成本。而在相关技术成熟后，企业和个人的信用评级也有望以可信存证的形式存在——相较于由评级机构或者监管者进行信用评级，基于区块链技术构建的信用体系则具有更高的可信度。如此般发展下去，"数据孤岛"①问题终有一天将不复存在。

（3）证券交易。在传统的证券交易模式中，有关"流程繁琐、手续复杂"的抱怨屡见不鲜。一般情况下，在证券所有人发出交易指令后，需要经过多个环节、多道手续才能最终完成交易。从发出交易指令到登记机构最终登记确认此笔交易，在时间和空间上均存在多重滞后。而通过智能合约，便可以在去中心化的系统中实现一对一的证券交易，借助智能合约自动化执行的特性，可以避免繁琐的中心化清算交割流程，从而有效提升证券交易的效率（周润，2021）。除了大大提升便利性外，基于区块链技术的证券交易还能减少争议、保证安全性。一方面，区块链上每一个区块的信息都是公开且一致的，因此证券交易的发生与所有权的确认不容易产生争议，而证券权利确认纠纷在传统证券交易中是最常出现的司法纠纷；另一方面，每一个区块的时间戳具有不可篡改性，从而能够确保整个证券交易过程的安全可靠。

根据上海证券交易所资本市场研究所发布的研究报告《全球交易所区块链最新发展及相关思考》可知，全球各主要证券交易所已经纷纷着手搭建区块链平台，探索应用区块链技术。2015 年 11 月，纳斯达克（NASDAQ）②正式推出 Linq 平台，致力于将私人证券市场的股份以全新方式进行转让和出售，Linq 也成为全球首个基于区块链技术建立起来的金融服务平台。自此之后，纽约证券交易所③、澳大利亚证券交易所以及新加坡交易所也都重金投入区块链的研发。

（4）非同质化代币。2022 年 4 月 1 日，也就是愚人节这天，著名华语歌

---

① 数据在不同部门之间相互独立存储、独立维护，彼此间相互孤立，形成了物理上的孤岛。
② 纳斯达克，创立于 1971 年，全球第二大证券交易市场。
③ 纽约证券交易所，创立于 1792 年，全球第一大证券交易市场。

手周杰伦在他的社交媒体上发布了一则消息:他的数字头像被盗了。这并不是一个愚人节玩笑,而是一个涉及50万美元数字资产的真实盗窃案。周杰伦被盗取的,正是他所使用的数字头像"无聊猿"(Bored Ape Yacht Club)的非同质化代币。所谓非同质化代币(Non-Fungible Token,NFT),指的是可以买卖的、用于表示数字资产的唯一加密货币令牌,这里的数字资产包括图片、视频等形式。而周杰伦被盗取的NFT,便可以被理解为一张写着"此图片的所有权归属周杰伦"的电子图片。每一个NFT,都对应着独一无二的标的物,这些标的物可以是数字艺术品、电子游戏中的物品、稀有的卡牌藏品或其他任何数字资产。而基于区块链底层技术,通过部署一个智能合约,NFT确保了全网都能认可拥有者对于某项数字资产的所有权。

仅2021年一年,全球NFT的交易额就超过了230亿美元,其中排名前100的NFT藏品市值底价已达167亿美元。而众多名人,包括特斯拉公司首席执行官埃隆·马斯克、七次荣膺足球金球奖的莱奥·梅西以及美国NBA球星斯蒂芬·库里等都是NFT的买家。当然,NFT的标的资产也不限于数字照片,它的形式十分丰富。著名导演王家卫就将其电影作品《花样年华》的未播出片段《一刹那》做成了NFT,首次成交价高达428.4万港元。北京国声京剧团也将自己的京剧作品制成NFT,成为首个京剧NFT,为弘扬中华优秀传统文化探索出了新道路。

然而屡屡发生的NFT失窃案也让投资者对其安全性抱有诸多怀疑。但目前能够确定的是,将会有越来越多的数字资产与NFT产生联系,而未来对于这一区块链的新兴应用的关注度也会持续升温。

(二)区块链经济的相关研究

尽管近年来,各国经济学界都开始将目光投向区块链领域,但限于这一技术的专业性与前沿性,目前经济学界还没有太多的研究成果,也尚未能形成一个完整的研究体系。就中国来说,目前的区块链经济相关研究主要集中在清华大学、中国人民大学以及中央财经大学等高等院校与业内的数字经济研究机构,其中一些高等院校依托自身学科优势,在数字货币、供应链金融以及区块链与共享经济等方向上取得了一定的研究进展。可以预见,对区块链相关经济学理论的进一步探究与解析,将能够为区块链技术更好地发展提供坚实的理论土壤。

六、数字经济和新旧"生产率悖论"

与数字经济相伴相生的经济理论,便是新旧两种"生产率悖论"。

旧"生产率悖论"又称"索洛生产率悖论"(Solow Paradox),20 世纪 80 年代末由诺贝尔经济学奖得主罗伯特·索洛提出,它关注的是信息与通信技术的发展与经济增长之间的关系。而"新生产率悖论"又称"现代生产率悖论",诞生于 21 世纪 10 年代,主要探讨以人工智能为代表的新数字技术为何没能在经济增长中得到体现。尽管被赋予"悖论"之名,但这两轮围绕数字技术与经济增长之间关系的讨论,却能够帮助我们更好地理解数字经济发展的宏观影响。

(一)索洛生产率悖论

信息与通信技术的发展与应用,对社会生产率的提升是显而易见的。新的信息与通信技术软硬件提升了信息和知识的产生效率与传播速度,必然会提高经济活动的整体效率,进而提升生产率与 GDP 增速。

然而,在 20 世纪 70—80 年代,在经济学家真正获得了关于信息与通信技术产业发展以及企业使用信息与通信技术的相关数据,并能够估算出信息与通信技术对于经济增长的影响大小之后,理论与现实数据之间却出现了矛盾。斯蒂芬·罗奇(Stephen Roach)和保罗·斯特拉斯曼(Paul Strassman)等学者进行的行业研究均显示,企业对于信息与通信技术软硬件的投资并没有有效提升企业的生产率。除了行业数据外,宏观层面的数据也证明了这一判断:虽然在 20 世纪 70—80 年代,美国的商业算力呈百倍地上涨,但劳动生产率却从 20 世纪 60 年代的 3%持续下滑到 80 年代的 1%。

对于此种情况,新古典增长模型的提出者罗伯特·索洛在其 1987 年发表于《纽约时报》的一篇专栏文章中感慨道,"计算机似乎已经无处不在、随处可见,除了在生产率的相关数据中"。此后,人们便将这一信息与通信技术投资与劳动生产率之间缺乏关联的现象称为"索洛生产率悖论"。这一悖论也成为悬挂于信息产业经济学之上、始终挥之不去的一片阴霾。

到了 20 世纪 90 年代,伴随着知识经济时代与数字经济时代的相继到来,"索洛生产率悖论"似乎不攻自破了。2000 年前后,主流经济学文献已经基本形成共识,认为信息与通信技术在美国的信息经济时期发挥了重要作用。1993—1998 年,斯坦福大学数字经济研究中心主任埃里克·布伦乔尔森(Erik Brynjolfsson)与多位合作者发表了一系列基于微观企业与行业数据的实证研究论文,这些研究指出,在有效的组织调整配合下,企业的信息与通信技术投资与生产率之间呈现显著的正相关关系,且在零售、批发和金融行业这一效应尤为明显。戴尔·乔根森(Dale Jorgenson)与凯文·斯提洛(Kevin Stiroh)等学者的研究也尝试从宏观视角提出信息与通信技术促进经济增长的证据并作出相应解释。2001 年,戴尔·乔根森在《美国经济评论》(American Economic Review, AER)杂志上发表实证论文,提出信息技术行业在美国"新经济"时期对美国经济增长的贡献是 1990—1995 年的两倍。而 1995 年以后,资本投入对经济增长的贡献约为 50%,其中信息与通信技术设备投资(计算机设备是主导,通信设备和软件次之)的贡献超过一半。乔根森的后续研究进一步指出,1995—2001 年美国劳动生产率年均增长 2.02%,而信息技术资本投资贡献了近 0.85 个百分点,贡献率为 42%。斯提洛对于美国 1947—1991 年分产业数据的实证研究则表明,信息与通信技术对经济增长的替代效应显著,是 20 世纪 80 年代美国经济复苏的重要原因(Stiroh,1998)。除此之外,其他国家的经济学者对于各主要经济体的实证研究也得出了类似结果，信息与通信技术——至少是计算机技术对于经济增长的贡献得到充分验证。

（二）现代生产率悖论

进入数字经济时代后，数字技术的种类变得更加丰富，其对经济活动的渗透度自然也在不断提升。理论上来说，大数据与人工智能等数字技术对经济增长的贡献应该能够在统计数据中得到充分体现，然而遗憾的是，经济学者的期望再一次落空了。在 2017 年的一篇综述性文章中，布伦乔尔森等学者研究了 2010 年之后人工智能领域技术的快速发展，并将其与 2005 年后全球劳动生产率显著下降的事实进行对比，据此提出了"新生产率悖论"。美国西北大学教授罗伯特·戈登（Robert Gordon）也在其畅销书《美国经济增长的起落》与工作论文《为什么创新持续加速时经济增长在放缓》中探讨了生产率与技术创新的增长幅度不相符的问题，这一问题也被称为"创新增长悖论"。上述几项研究相继发表，再次引起了学术界和实业界对于数字技术的经济效应的热烈讨论。

通过对于统计数据的细致考察以及深入的理论分析，经济学界对于"新生产率悖论"给出了以下三种解释。第一，统计数据上表现出的"新索洛悖论"及"创新增长悖论"，一定程度上源于测算方面的误差或低估。一个简单的例子是，微信、支付宝等免费 APP 为使用者提供了大量的经济福利与生活便利，然而这些经济福利并不会进入 GDP 核算。因此从这个角度来说，GDP 这个指标本身就低估了全社会的总经济福利。第二，在新一轮科技革命加速演进的背景下，各大媒体的集中关注和大肆宣传可能让人们对于人工智能在生产率提升方面的作用产生了过高的预期，某种意义上放大了"新索洛悖论"的程度。当然，有时候这些宣传也是在科技企业的授意下进行的，实则以提升股价为最终目的。第三，大多数学者都赞同的一点是，数字技术具有突破性的应用与其生产率效应显现之间往往存在较长时间的时滞。众所周知，任何新技术想要发挥作用都需要经历一个资本深化（Capital Deepening）①的过程，只有整个行业甚至宏观经济积累了足够多的新技术资本，规模效应才能充分显现。此外，大多数新技术想要发挥作用还需要企业组织作出互补性调整，然而在现实中这往往是难以在短期内实现的——克服组织惰性需要相当长的一段时间。因此，上述几大因素共同导致了"新生产率悖论"的出现，也在很大程度上说明了这一所谓的"悖论"本质上是一种短期经济现象。

2019年，著名学术期刊《经济文献杂志》（*Journal of Economic Literature*，JEL）刊登了多伦多大学的艾维·戈德法布（Avi Goldfarb）教授和麻省理工学院的凯瑟琳·塔克（Catherine Tucker）教授合著的综述性论文《数字经济学》（*Digital Economics*）。这篇文章对数字经济这一概念形成以来的相关研究发展进行了一次深度梳理，提出数字经济具有如下主要特征：其一，低搜寻成本，产品和用户可以更快速、有效地匹配；其二，低复制成本，数据产品和数字化信息在用户之间不存在排他性，不同用户可以同时按照同一质量使用同一个数据；其三，低运输成本，数据从厂商到用户的仓储和物流成本接近于零；其四，低推送成本，厂商通过大数据可以更精准地向用户投放产品，实现差异化定价；其五，低验证成本，在线评级评价系统可以直接、准确地反映厂商和用户的信誉，为交易提供参考。以上五大特征是建立在数字技术与实体经济高度融合的基础之上的，因此也证明了数字技术对于生产率的提升是显而易见、毋庸置疑的。

从这个角度来说，我们没有必要担心"新生产率悖论"这一说法可能会使大众轻视数字经济的重要性——数字技术所带来的变革已经随处可见、不容忽视了。

---

① 指在经济增长过程中，资本积累速度快于劳动力增加的速度，即人均资本提高。资本广化（Capital Widening），则指在经济增长过程中，资本积累速度等于劳动力增加的速度。

小　结

在本章中,我们尽可能简练地介绍了自计算机技术出现以后,以信息、知识和数据为主要内容的新经济活动的发展历程。从信息经济到知识经济再到数字经济的发展历程,其背后是信息通信技术不断发展创新、拓展应用并与实体经济深度融合的过程。计算机、互联网和人工智能成为此类经济活动的客观主体,同时也是信息、知识和数据等新要素进入生产过程、推动传统经济转型升级的载体。在这段时间内,也产生了大量具有深远影响的经济学研究成果,宏观经济学和微观经济学的经典假设受到了前所未有的挑战,进而催生出了信息经济学、网络经济学和数字经济学等诸多新兴学科,拓宽了经济学研究的广度与深度,也为相关研究成果落地、转化为经济效益和政策方略提供了新的思路,"产—学—研"三者之间的关系变得更加紧密。

进入数字经济时代之后,不同经济体因为经济发展阶段、经济结构特征、社会文化条件等方面存在的诸多差异,开始选择不同的数字经济发展道路。在下一章中,我们就将重点介绍世界主要经济体的数字经济发展进程与主要特色,尝试从不同之中归纳出共同点,以总结出数字经济发展的基本规律。

第三章

数字经济的全球发展格局

> 现在我们要推出三样具有革命性意义的产品,第一样是触控宽屏 iPod,第二样是一款革命性的手机,第三样是一款突破性的互联网通讯设备……这并不是三个独立的设备,而是一个,我们叫它 iPhone。
>
> ——史蒂夫·乔布斯,2007 年苹果发布会

进入 21 世纪之后,全球经济加速进入数字化时代。在一些观察者眼中,数字化(Digitalization)有望成为全球化(Globalization)的后继者,进而逐渐演化为全球范围内的新时代主题。2021 年 11 月 20 日,美国《福布斯》杂志发表了一篇题为《数字化是新的全球化吗?》的评论员文章。作者迈克·奥沙利文(Michael O´Sullivan)认为,人类社会正在走向一条尚未完全形成的、新多极世界秩序的道路。新的全球领导者尚未出现,新世界秩

序的"游戏规则"也尚未确立，各个国家和地区的数字经济发展水平无疑将成为决定一国综合国力的关键因素，进而影响新的全球经济社会格局的塑造。

数字经济依托于虚拟的线上网络空间，其最主要的资源——信息、知识和数据——都可以通过互联网进行传播，这就决定了数字经济相对传统经济拥有更低的学习成本，因而其商业模式和组织形式都能够迅速地被各个国家的企业所吸收和应用。相对于信息、知识和数据等资源，各国数字技术水平差距明显，发展重点也不尽相同，进而决定了各国对于数字经济的创新方向、发展模式以及治理体系也有所不同。

经历过去二十多年的发展，目前全球范围内数字经济发展总体水平最高的三个经济体分别是美国、中国与欧盟。美国作为全球经济霸主，历史悠久同时又技术领先的信息技术产业是美国数字经济的"底气"所在。在发展路径上，美国通过积极的工业技术创新产生溢出效应，从而奠定了支撑数字技术创新与应用的深厚基础，最终形成数字技术创新红利。中国则充分依靠国内超大市场的优势，通过数字技术应用场景开发，形成数字技术应用红利，再从应用端推动数实融合与技术创新（邱泽奇，2022）。欧盟在数字经济的发展高度与深度上有所欠缺，但却在数字经济治理这一方向上走出了一条独特的"欧洲道路"：一方面，积极采取产业政策扶持域内的数字企业；另一方面，在数据要素流通与隐私规制上层层加码，推行实质上的"数字保护主义"，进而影响国际数字经济格局。

对于全球的数字经济发展来说，美、中、欧"三足鼎立"的基本格局业已形成，进而决定了未来一段时间内全球数字经济发展将在"开放"与"保守"这两个极端之间来回摇摆。在本章中，我们就将结合"技术—经济—治理"的分析框架，重点介绍这三个经济体的数字经济发展历程与当前发展形势。

第一节　美国：创新驱动，生态已成

作为数字经济的发源地，美国关于数字经济的研究要远早于其他国家和地区。"数字经济"的理论概念最早由美国学者唐·泰普斯科特提出，而美国商务部也是最早对数字经济进行追踪研究的政府机构。

20 世纪 90 年代中后期，以"新经济"的兴起为标志，美国的数字经济进入了第一个高速发展期，直到 2000 年"互联网泡沫"的骤然破灭才为其发展踩下刹车。进入 21 世纪后，美国的数字经济进入企稳调整期，一批新的数字平台和科技企业开始崛起，"数字产业化"逐渐成为发展主流。2008 年国际金融危机后，大型平台企业逐渐取代了传统制造业企业在美国经济中的领导者地位，自此，由大型平台企业主导、中小型企业和研发机构支撑，以及政府提供资金和政策支持的创新型数字经济生态逐渐形成并日趋成熟。

整体上看，美国数字经济的发展历程可谓顺风顺水、扶摇直上，并未经历太多波折。一方面，美国经历的两次危机更多地阻碍了传统经济的发展，但却在一定程度上给数字经济的发展赢得了空间与时间。具体来说，21 世纪初爆发的互联网泡沫危机在一定程度上对美国的数字经济发展起到了"挤水分""调结构"的作用，而 2007 年爆发的次贷危机以及随之引发的国际金融危机不但没有使互联网平台企业大规模破产，还在一定程度上促进了美国的信贷资源和政策导向由重工业与金融领域向科技公司与创新企业倾斜，进而为数字经济营造了更加优渥的发展环境。另一方面，美国在研发上具有充分的主导权与自主权，甚至通过采取一些恶意的打压手段维持其"领先者"地位。

一、互联网泡沫的前夜：浏览器、电子商务和"千年虫"

（一）浏览器的出现与发展

自 1989 年 12 月万维网问世后，互联网便具备了大范围推广的技术基础。然而，一个关键不足却限制了万维网的迅速扩张，那便是用户界面（User Interface，UI）不友好。早期互联网的主要用户是科研人员与工程师，通过互联网传递的也主要是科学与技术知识，因而无须专门设计面向普通上网者（其中许多人并不懂得编程技术）、用户友好（User-friendly）的使用界面，所有信息都以枯燥但直白的文本和数字形式呈现，由此对于网速和计算机硬件的要求大大降低，只是实用性方面也大打折扣罢了。而万维网出现后，"网上冲浪"人员数量大大增加，那么"如何让一般用户能够使用互联网获取、传输和生成信息"便成为互联网产业得以实现指数级增长的关键问题。在此背景下，互联网浏览器（Internet Browser）成为第一个也是最重要的解决方案。

1991 年，芬兰赫尔辛基大学的四个在校生共同编写了世界上第一款提供图形显示界面的网页浏览器 Erwise，并成功于 1992 年春季发布。Erwise 基于 Unix 平台上的 X-window 系统，可以进行文本搜索，能够同时载入多个网页，还能在超链接下方显示下划线，可以说具备了成功商业化的基础。然而遗憾的是，当时芬兰经济正处于萧条之中，也不像美国拥有众多的风险投资公司，而身为学生的 Erwise 创始人自然无法为这个项目募集到足够的资金，因此 Erwise 浏览器未能得到进一步的发展与商业化。在 Erwise 之后，又相继出现了 ViolaWWW①、Midas② 和 Samba③（见图 3-1）等几款能够显著改进用户网络体验的浏览器。然而，它们的光芒都被一款发布于 1993

---

① 1992 年 4 月由加州大学伯克利分校的魏培源开发，基于 Unix 平台上的 X-window 系统。ViolaWWW 允许开发人员在浏览器页面中嵌入脚本和 applet，这为 20 世纪 90 年代后期各个网站开发 Java applet 的功能埋下伏笔。

② 1992 年夏由斯坦福大学的托尼·约翰逊开发。Midas 可以显示文档的附录——能够准确再现草稿纸上的科学公式，所以受到了物理学家的欢迎。

③ 1992 年夏由欧洲粒子物理实验室（CERN）的尼古拉·佩洛和罗伯特·卡里奥开发，适用于 Mac 平台。实质上就是将万维网创始人伯纳斯·李编写的原始的万维网浏览器移植到 Mac 平台上。

年、同时适用于 X Windows、Mac 和 Windows 等操作系统的 Mosaic 浏览器所遮蔽了。

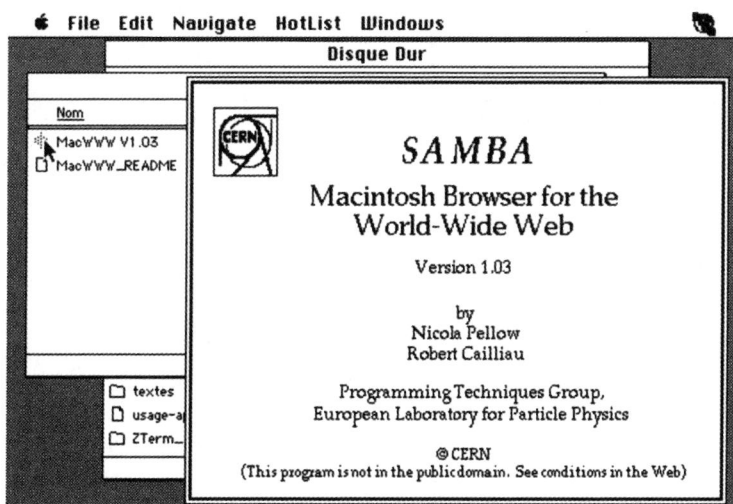

图 3-1　Samba 浏览器页面

资料来源:互联网历史数据库,见 http://thehistoryoftheweb.com。

1993 年 4 月 22 日,伊利诺伊大学厄巴纳—香槟分校的国家超级计算应用中心(NSCA)发布了 Mosaic 浏览器的 1.0 版本。Mosaic 提供了包括视频剪辑、声音、表单、书签和历史文件支持在内的诸多新功能,这些功能都在单个 HTML 文件中实现,使图片和文本第一次可以在一个网页上同时展示与传输,极大地改善了普通互联网用户的使用体验。更为重要的是,Mosaic 能够在当时市面上所有主流操作系统上安装和使用,是第一个跨平台的浏览器,为其进一步推广打下了坚实基础。Mosaic 的出现,让更多人能够上网搜索信息甚至创立自己的网站,因而造就了一批万维网的爱好者与狂热粉丝。

1994 年,Mosaic 开发团队中的几位成员选择离开国家超级计算应用中心共同创办了网景通信公司,并推出了功能更为全面而强大的网景浏览器——网景导航者（Netscape Navigator）。网景浏览器一经问世便迅速夺取了市场的主导权，随着后续版本的发布，其市场占有率最高时甚至达到了90%之多。

在成立仅仅16个月之后，网景通信公司（以下简称"网景"）于1995年8月9日正式上市，且上市第一天股价就暴涨了三倍，成为了震惊美国的"互联网奇迹"。网景的发迹自然吸引了微软等大型厂商纷纷入局互联网浏览器行业。自此，围绕浏览器进行的激烈竞争全面开始，互联网泡沫的萌芽也渐渐显现。

案例3-1：跨越世纪的浏览器战争

进入20世纪90年代，已经成为操作系统市场霸主的微软很快就开始布局网页浏览器市场，显然，微软将浏览器视为计算机市场的下一个增长点。

然而，微软在开发浏览器方面没有任何技术积累，因此想要从零起步与已经成为市场领导者的网景一争高下无异于天方夜谭。于是，财大气粗的微软从Mosaic当时的版权方Spyglass公司手中购买了Mosaic的源代码和授权，最终在Mosaic的底层架构之上开发出了著名的网络探路者（Internet Explorer，IE）浏览器。1995年8月16日，微软正式发布了IE 1.0版本，并将之作为同年发布的Windows 95操作系统的内置软件——如此一来，每一个Windows 95的使用者都会自然地获得功能完全不输网景浏览器的IE浏览器，还无须专门安装下载或为之付费（网景浏览器需要付费）。IE 1.0浏览器的发布，标志着浏览器战争正式打响。

得益于Windows 95取得的巨大成功（这款操作系统在实质上结束了桌面操作系统市场的竞争）与微软的卖力宣传（微软通过宣称IE"现在和将来都是免费的"进行消费者预期管理），IE浏览器仅仅耗时三年就取代了网景成为浏览器市场的领军者。此后,与 Windows 98 捆绑发售的 IE 4.0 浏览器更是全面超越市面上所有的浏览器,它启动更快、性能更好并且功能更加全面,于是一经发售便势如破竹,彻底垄断了浏览器市场。

1998 年,在 IE 4.0 推出之后不久,网景不得不作出了一个"壮士断腕"的决定——宣布该公司的全系列浏览器免费并且开放其源代码,并成立 Mozilla 组织(2003 年网景解散之后该组织独立为 Mozilla 基金会)以开发新一代浏览器技术。然而,上述变革都没能彻底扭转网景的颓势,1998 年 11 月,网景最终被美国在线公司(AOL)收购,后又于 2003 年 7 月被美国在线公司解散。

尽管在与曾经的霸主网景浏览器之战中大获全胜,但 IE 浏览器还没坐稳浏览器市场份额第一的宝座,便等来了新的挑战者。2003 年 1 月,苹果发布了 Safari 浏览器测试版作为 Mac 系统的默认浏览器。2004 年 11 月,火狐浏览器 FireFox 1.0 正式发布,并得到了用户的良好反应,其市场占有率最高曾达到 20%——在 IE 浏览器几近垄断市场的当时这实属不易。而火狐浏览器的开发者,正是脱胎于网景的 Mozilla 组织,它确实达成了成立之初的目标,只不过这一切有些姗姗来迟,没能挽救网景覆灭的命运。

2008 年,苹果正式推出适配 Windows 系统的 Safari 浏览器,谷歌也宣布正式进入浏览器市场,这场浏览器之战愈演愈烈。在部分借鉴火狐浏览器技术的基础上,谷歌于当年推出了开源浏览器 Google Chrome,同时积极鼓励开发者设计、扩展插件并通过 Chrome Web 商店进行销售。许多互联网厂商也开始基于 Chrome 的源代码设计自己的浏览器,一场针对 IE 浏览器的全面阻击战正式打响。根据分析机构 StatCounter 的数据,到 2012 年 5 月,Chrome 浏览器正式取代 IE 成为桌面浏览器市场的王者,尽管 Chrome 当时的市占率仅为 32.75%、以微弱优势获胜,但这却是自 1998 年 IE 占据浏览器榜首位置以来的首次易主。

十载浮沉之后,StatCounter 的数据显示,到 2022 年 4 月,在桌面浏览器市场上,谷歌 Chrome 浏览器以 66.64% 的市占率拔得头筹,而微软于 2015 年开发的新浏览器 Microsoft Edge(10.07%)则以微弱优势超过苹果的 Safari(9.61%)位列第二;在移动浏览器市场上,Chrome 也以 63.57% 的市场份额遥遥领先,这自然要归功于谷歌的安卓操作系统,而苹果自主研发、依靠其 iOS 系统的 Safari(24.82%)则位居第二。

2022 年 6 月 16 日,在互联网的浪潮中遨游 27 载的 IE 浏览器正式退役,此后,微软的新作 Edge 浏览器将完全接棒 IE 搭配 Windows 系统。这场浩浩荡荡跨越世纪的浏览器战争终于随着 IE 的退役而铸甲销戈,而 IE 与网景曾经光辉岁月的最后一丝痕迹也随着网页的关闭而消失无踪。

(二)互联网驱动的电子商务

1995 年之后,在网景和微软等科技企业的积极推动下,网页浏览器已经成为个人计算机的标配,互联网用户和网页数量也随之呈指数级增长。在 1996 年的一次新闻发布会上,时任美国总统比尔·克林顿打趣道:"当我刚刚就任美国总统时(1992 年),只有粒子物理学家听说过所谓的万维网……现在连我的猫都有自己的个'猫'主页了!"

与此同时,以互联网为基础技术的新商业模式也开始初见端倪。企业设立网站作为"门面"以招徕线上顾客的需求不断上升,一些初创企业也纷纷建立网站,开启自己的创业生涯,互联网从人们搜索和传输科学与技术信息的工具,逐渐蜕变为新商业模式的温床,而这一新的经济模式便是电子商务(E-commerce)。

对于电子商务来说，网景开发的"安全套接层"（Secure Sockets Layer, SSL）加密是一项至关重要的基础性技术。安全套接层是在传输控制协议/网络协议上实现的一项新的安全保密协议，采用公开密钥技术。通俗来说，安全套接层就是在网页浏览器和网站服务器之间建立一条安全通道来进行加密数据传输，从而确保用户设备的数据安全，极大地提升了网上金融交易（如信用卡支付）的安全性，使原先必须在线下进行的交易活动得以线上化。渐渐地，一些创业者开始意识到通过网上交易可以节约大量交易成本，也从浏览器市场的壮大中窥探到了互联网蕴含的巨大商机，于是第一批真正意义上的互联网企业陆续破壳而出。这些企业中的翘楚，便是先后成立的亚马逊（Amazon）和易贝（eBay）。

1994 年，在一家对冲基金公司担任副总裁的杰夫·贝索斯（Jeff Bezos）正百无聊赖地在网上冲浪。突然，他在一个信息网站上看到了一个令人印象深刻的数字：2300%——这是当年美国互联网用户的增长速度。贝索斯从这个数字中看到了无限商机，由此决定开设一家只在网上运营、没有实体店面的虚拟商店。在细致的权衡取舍后，贝索斯选择了种类繁多、易于展示、容易运输且市场空间巨大的图书作为其网上商店的首款商品。1994 年 7 月 5 日，贝索斯创立名为 Cadabra 的网络书店①，一年后正式更名为亚马逊，以"成为地球上最大的书店"为目标。到了 2000 年，在年年扩张并经历从网上书店到综合零售商的转型后，亚马逊的这一目标被进一步放大为"最大的网络零售商"（the Internet's No.1 Retailer），而事实上，亚马逊在不久后也实现了这一目标。

————————

① Cadabra 是 Abracadabra 的缩写。Abracadabra 是西方非常著名的一句古老咒语，通常魔术师从帽子里变出兔子的时候嘴里就会念着这句咒语。贝索斯以此咒语命名其书店，希望自己的线上书店能够成为一家具有"魔力"的新企业。但在他的律师的多次劝阻下，贝索斯最终不无遗憾地改掉了这个名字，选择用地球上孕育了最多种生物的亚马逊河作为自己的公司名。

在贝索斯成立亚马逊一年后,居住在加州圣何塞地区的年轻人皮埃尔·奥米迪亚(Pierre Omidyar)还在想着怎么取悦自己的女朋友。奥米迪亚的女友帕梅拉(后来成为了他的妻子)非常喜欢收集皮礼士糖果盒①(Pez Memorabilia)这一从 20 世纪 50 年代开始就风靡美国的玩具。然而在收集的过程中,帕梅拉遇到了许多烦扰:她和全国其他地方的糖果盒爱好者难以维持联系,因此没法通过互相交易而获得更多的珍稀款式,也很难和其他爱好者分享收集的喜悦。为了讨女友欢心,拥有计算机学士学位的奥米迪亚独立编写了一个在线二手交易网站的源代码,并以自己工作的咨询公司 Echo Bay 为这一新的网络拍卖系统命名。但最终 Echo bay 的网络域名申请并未获得通过,奥米迪亚只能将这个名字缩写为 eBay,并以此命名自己的公司。1995 年 9 月,易贝正式上线,很快便成为皮礼士糖果盒、芭比娃娃和各种电子小玩意儿爱好者的天堂,经过口口相传,易贝之后又迅速扩张为全球最大的线上集市和二手市场。

在 1995—2000 年这段美国"新经济"迅猛发展的时间里,除了专门从事电子商务的互联网企业之外,若干个细分科技行业也因此而获益,这些企业和行业共同构成了数字经济的早期架构,他们的股票也成为资本市场追逐的热点。第一个行业是互联网网络基础设施与服务行业,美国在线(AOL)、思科(Cisco)和世通(World Com)等企业是其中的翘楚;第二个行业是互联网软件工具行业,微软、网景和 LYCOS(一家搜索引擎公司)是当时的明星企业;第三个行业是门户网站,雅虎是其中最为杰出、最具影响力的代表,在美国数字经济史上留下了浓墨重彩的一笔。在后文的案例部分,我们会重点介绍雅虎成立二十年的兴与衰。

以电子商务为核心的互联网生态以及数字经济的发展,很快就得到了

---

① 皮礼士糖是美国的一种水果糖,其盒子五颜六色且印有色彩缤纷的卡通人物。

学者、研究机构和政府的广泛关注。人们开始意识到,电子商务所代表的商业模式与20世纪50年代以来的信息经济和20世纪80年代以来的知识经济存在根本性的差异,全新的经济形态已经形成、逐渐发展并不断演化。与此同时,在一些传统企业内,以互联网等新兴数字技术为基础的组织变革也正悄然发生,在经历了20世纪80年代的信息化转型之后,许多企业开始进入新的转型阶段——数字化转型(Digital Transmission)。这一转型一直持续至今,伴随着数字技术的发展与进步不断深化、发酵。

如果说唐·泰普斯科特在1995年对于数字经济的畅想更多地反映了其基于商业直觉的敏锐洞见,那么美国商务部于1998—2000年连续发布的关于数字经济的三份研究报告(《新兴的数字经济》《新兴的数字经济 II》以及《数字经济2000》)就代表了基于现实实践和统计数据的、围绕数字经济进行的最早的严谨的经济学分析。在这三份报告中,美国商务部着重关注了"信息"这一新经济时代的核心资源在经济发展中的关键作用,提出信息与通信技术是美国能够实现新经济时期的"高增长、高就业、低通胀"的宏观经济指标组合的核心推动力。美国商务部认为,提供更快速、更可得的高速互联网是数字经济发展的关键举措,并大胆预测了产品、服务乃至整个生产过程的全方位数字化。在这些报告发布的二十多年后,如今再来回顾美国的数字经济发展史,可以看出报告中的绝大多数预测都已应验成真。从这个角度来说,对于数字经济深入的前瞻性研究,以及基于这些研究的政策制定与战略规划,正是美国数字经济能够长期领先全球的根本保障。

(三)"千年虫"恐慌

20世纪末期,朝气蓬勃、无所畏惧的数字经济和它的参与者遭遇了这一新经济形态问世以来的第一个挑战。有趣的是,这个挑战并不是一次经济危机,甚至不是一次真正意义上的危机,而仅仅是一个普遍存在的程序故障（Bug）。然而，在这个问题刚刚出现时，全世界的程序员们都瞠目结舌，仿佛世界末日已然来临，刚刚建起的数字经济城堡将在一瞬间倒塌崩溃。这便是著名的"千年虫"（The Millennium Bug，又称 Y2K Bug）事件。

"千年虫"事件的起源可以追溯到 20 世纪 50 年代。1957 年，伴随着计算机的进一步发展，一些研究机构看到了这项新技术的商业化潜力。而想要将计算机真正商业化，就需要构建一套统一的高级程序设计语言，来为不同类型的大型计算机编程。时任美国海军准将的计算机科学家葛丽丝·穆雷·霍普（Grace Murray Hoppe）被邀请来主持这一工作。在霍普的领导下，"面向商业的通用语言"（Common Business-Oriented Language，COBOL）于 1959 年诞生了，这一语言也理所当然地成为之后半个多世纪中应用最广泛的计算机设备商业程序语言。

在设计 COBOL 的过程中，为了简化日期记录与存储方式，霍普开创了一个新的六位数字存储法。其具体做法是，如果想要储存"1959 年 9 月 10 日"这一日期，计算机便会记录"59.09.10"这六个数字——这对于当时运算和存储能力有限的计算机来说有效节约了大量存储空间。然而，在这一存储法提出并应用了三十多年之后，人们终于意识到该六位存储法存在的一个严重问题：进入 2000 年之后，类似于"00.06.22"的日期记录代表的究竟是"1900 年 6 月 22 日"还是"2000 年的 6 月 22 日"计算机将无法识别——这一程序故障便被计算机界命名为"千年虫"。考虑到当时主流的商用系统和大型机械仍然都在使用 COBOL 编程，因而由"千年虫"所导致的错误计算将很可能导致全球性的计算机系统瘫痪。于是在世纪之交来临之际，全球网民都陷入了恐慌，"千年虫"一时也成为媒体热炒的计算机术语，关于全球计算机都将在 2000 年的新年钟声敲响之时瞬间崩溃的谣言也漫天四起。

图 3-2　描绘千年虫导致崩溃的漫画

资料来源：斯坦福大学计算机科学系官方网站，见 http://cs.stanford.edu。

　　令人庆幸的是，"千年虫"并没有如之前的传言那样带来太多灾难。在这一程序故障首次被提出的二十多年后，信息界早在 1997 年便拉响了"千年虫"警钟，许多研究机构和学者也都纷纷撰文提醒各国的计算机使用者应开始着手解决"千年虫"问题。美国政府拨款 5000 万美元成立了用来观察联邦政府 6175 个最重要的信息系统的"杀虫"指挥部——"2000 年过渡问题委员会"，引导各部门对于自身的日期记录系统进行调整升级。时任美国总统克林顿还专门任命了一位事务专员来处理美国政府和各主要经济部门的"杀虫"工作。1999 年 11 月 12 日，克林顿在一次新闻发布会上宣布，美国联邦政府灭杀"千年虫"的工作已经完成了 99%，美国公众不必担心在新年来临时国家的基础设施会瘫痪。克林顿还宣布，金融服务、电力、电信及民航、铁路等部门的"杀虫"工作已经完成或接近完成，只是小企业和地方政府的进展相对缓慢。2000 年 1 月 3 日，"2000 年过渡问题委员会"主席约翰·科斯基宁（John Koskinen）宣布，美国关键的基础系统已经掐死"千年虫"，除了一些小范围的电脑故障外，"千年虫"不再会对美国经济构成威胁。

如今看来,"千年虫"事件本身仅是千禧年前后发生的诸多国际大事中的一个小插曲。它给人们的最大启示是,进入数字时代之后,复杂的计算机程序和各种算法是有可能脱离人类控制的——系统漏洞可能在无意间发生,并对整个系统甚至人类生产生活造成巨大损害。而数字安全问题也随着数字技术的快速发展而上升到了经济社会的全局性问题,理应得到更多重视。回顾20世纪末的美国经济,由"千年虫"引起的恐慌甚至让人们忽视了正在酝酿的真正风险——一个屡创新高、行将脱轨的金融市场。

二、互联网泡沫的破灭

新经济时代的到来,让人们对于美国经济的未来充满希望。1997年的亚洲金融海啸使全球投资者纷纷逃离亚洲的新兴市场,由此大量资金回涌到正在高歌猛进的美国股票市场。"新经济"和"信息高速公路"作为当时美国的发展动力与政策热点,顿时成为投资者高谈阔论和吹捧跟风的对象,而风光无限的互联网公司和科技股自然成为投资者眼中的"香饽饽"。在那一时期,只要你的公司名以".com"结尾(如Pets.com和eToys.com)①,风险投资者和对冲基金就会向你打开大门,而公司一旦上市你就会成为资本市场的宠儿。

1990年10月到1998年10月期间,美国科技指数——纳斯达克指数(NASDAQ)从458点上涨到1615点,每年涨幅约15%,其背后正是欣欣向荣的美国新经济。而1998年10月之后,纳斯达克指数迎来爆炸式攀升,年均涨幅达到了125%,市盈率也在一年内从26.5倍提高到了近70倍,估值驱动和市场非理性完全取代了基本面分析,推动纳斯达克指数屡创新高。这种发生于20世纪90年代末期、互联网科技公司的股票估值空前上升的现象,我们便称之为"互联网泡沫"(Dot-com Bubble)。到了2000年,互联

---

① 这两家公司最终在互联网泡沫破灭后也随之破产。

网泡沫已经膨胀到了令人目眩的高度：当年 3 月 10 日，美国纳斯达克指数达到了 5048. 62 的历史新高——这一高点直到 15 年后才被超过。

　　值得注意的是，在互联网泡沫酝酿、滋长的过程中，本应提醒投资者保持冷静并收紧银根的美联储反而起到了推波助澜的作用。在 1997 年亚洲金融危机爆发后，与亚洲市场关系密切的美国股市也受到了一定牵连，而 1998 年 9 月爆发的俄罗斯卢布贬值事件也导致美国股市大幅波动。在采取宽松的货币政策上向来果断的美联储主席艾伦·格林斯潘（Alan Greenspan）在外生冲击到来时迅速作出了反应，引导美联储分别于 1998 年 9 月、10 月和 11 月各降息 25 个基点，将联邦基金利率由 5. 25% 降至 4. 75%。1999 年第四季度，美联储向金融系统注入了大量流动性，货币供应量和美联储资产负债表大幅增加，在三个月内从 5700 亿美元增加到 6700 亿美元。到了 1999 年年底，为了应对可能出现的"千年虫"问题，格林斯潘更是动用了大量"'千年虫'恐慌准备金"。而进入 21 世纪，在"千年虫"的危机有惊无险地过去之后，美联储终于承认经济已经过热并开始尝试收缩流动性。1999 年 6 月到 2000 年 5 月期间，美联储经过 6 次加息终于将利率从 4. 75% 上调至 6. 5%，然而为时已晚。

　　任何金融泡沫都不是在一天内形成的，而其破灭却往往只在一瞬之间。1999 年 10 月，摩根士丹利的著名分析师玛丽·米克（Mary Meeker）对于 199 只互联网股票的追踪研究显示，这些股票的总市值已高达 4500 亿美元，但其年总销售额仅为 210 亿美元左右，而其利润之和甚至为负 62 亿美元。2000 年 3 月，《巴伦周刊》（Barron's）①在调查了 207 家互联网公司后得出了更令市场震惊的数据：71% 的互联网公司利润为负，其中 51 家公司的现金将在 12 个月内用完——这其中甚至包括了亚马逊这样的电子商务

---

　　①　《巴伦周刊》创刊于 1921 年，隶属于默多克新闻集团，专业的财经周刊。

龙头企业。

在多重因素的共同作用下,纳斯达克指数最终于 2000 年 3 月 13 日开始下跌。针对引领纳斯达克指数的高科技公司的大幅卖单也开始出现,仅仅 6 天时间,纳斯达克指数就从 3 月 10 日的 5048 点下跌至 3 月 15 日的 4580 点。半个月之后,联邦政府正式宣布了诉微软案的审理结果,判定微软的商业行为构成垄断并要求对微软进行拆分,彻底为互联网泡沫钉上了棺椁的最后一枚铁钉。在微软案宣判后的下一个交易日,纳斯达克综合指数就下跌了 8%,创下了跌幅纪录,而跌落神坛的微软股价更是暴跌 15%。在之后一年多的时间里,纳斯达克指数持续疲软下行,相较 5048 的高点最多下跌了 78%。到了 2000 年 11 月,互联网泡沫的破灭已经给整个美国证券市场带来了 1.7 万亿美元的损失,上千家互联网公司的股价都暴跌超过 80%(见图 3-3)。

图 3-3　1995—2004 年美国纳斯达克指数

资料来源:雅虎金融官方网站,见 http://finance.yahoo.com。

互联网泡沫的破灭,其本身并不意味着互联网和数字经济的失败,而是一次非常典型的由市场非理性所诱发的金融危机。其实质与 17 世纪的郁金香狂热(Tulip Bubble)①和18世纪的南海泡沫(South Sea Bubble)②等历史上的金融危机并无区别,只不过这次的主角是互联网公司。此次的互联网泡沫,通俗来讲就是一大批对于数字经济一无所知但却充满期待的投资者将大量资金投入到他们完全不了解的互联网公司中,最终将其资产价格哄抬到极不合理的水平,因此这一泡沫的破灭也是必然的。

值得庆幸的是,此次金融危机并没有扼杀数字经济这一新经济模式,而是让创业者、投资人和政府能够以一个更加理性、客观和审慎的态度对待数字经济。此后,美国数字经济的参与者开始对之前的失败进行反思,而在旧企业的废墟之上,一批全新的数字企业与新的数字经济业态正破土而出。

三、泡沫之后、危机之前——数字时代的酝酿期

自第一台电话诞生以来,美国便一直是全球电信业最为发达的国家。1984年1月1日电信巨头AT&T被彻底拆分,打破了此行业旷日持久的垄断局面,而1996年2月1日颁布的《电信法》③更标志着美国电信业的全面开放。此后,一大批新兴电信公司与移动通信公司进入市场。然而竞争的引入并没有像人们预想的那样促进电信业的繁荣,相反,整个电信市场供过于求,企业间相互恶性竞争,最终自食恶果、纷纷倒闭破产。到了2000年,美国电信业全面崩溃,而陷入困境的电信业与宽带互联网基础业务,成为制约高科技产业继续发展的现实瓶颈。

———————

①　发生于17世纪20—30年代的荷兰,由奥斯曼土耳其引进的郁金香球根因异常美丽而引起大众抢购,最终吸引投机者加入导致其价格飙升。1637年,郁金香价格暴跌为泡沫时的1%,使荷兰各大都市陷入混乱,最终"郁金香泡沫"破灭。郁金香狂热是世界上最早的泡沫经济事件。

②　发生于17世纪末18世纪初的英国,当时英国南海公司股价暴涨,引发全英所有股份公司的股票都成为投机对象,进而带动英国股市暴涨。牛顿对此感慨道:"我能计算出天体的运行轨迹,却难以预料到人们如此疯狂。"直到1720年,英国国会通过《泡沫法案》后南海公司股价暴跌,"南海气泡"破灭,市场才归于理性。

③　《电信法》规定,每个电信运营商都必须允许竞争对手与本公司拥有的网络互联,任何机构都不得阻止其他运营商进入电信市场。

21 世纪初,接连经历了互联网泡沫破灭与"9·11"恐怖袭击事件,美国经济受到重创。在此宏观背景下,美国政府和民间对于互联网与数字经济的热情也渐渐消退,相关领域的投资增速均有所放缓。

与此同时,与克林顿政府相比,其继位者小布什政府对于数字经济的支持度明显下降,美国政府的政策重心在短期内转移到纽约世贸大厦重建与伊拉克战争等事务上,这期间国防和生命科学超越信息技术成为联邦科技预算的扶持重点。虽然在小布什的科技实施规划中也包括宽带建设等有关内容,但是在实际推进过程中,相关产业却没有得到政府财政资源的支持,这在一定程度上限制了美国数字经济的基础设施增长。

(一)恢复与转型中的幸存者:亚马逊、易贝和微软

在如此之多的不利因素之下,美国的数字经济可谓"负重前行"。到了2002 年,互联网泡沫的负面影响已经基本消除,幸存下来的互联网公司和科技企业也已完成结构调整与兼并重组,开始向新的发展目标迈进。

亚马逊在 2002 年第三季度保持了 33% 的营收高增长,成功在年内实现扭亏为盈,利好消费使该公司股票价格在 2002 年暴增了 75%。由于亚马逊是互联网泡沫时期股价超常膨胀最厉害的公司之一,也是泡沫破灭时期遭受打击最严重的企业之一,它的东山再起,具有重大的象征意义——证明了基于互联网的商业模式并非昙花一现,在回归理性后仍然能够取得成功(王辉,2003)。

同样是 2002 年,易贝通过股权置换的方式以 15 亿美元的价格收购了在线支付服务商贝宝(PayPal)。贝宝于 1998 年由彼得·蒂尔和马克斯·列夫琴(Max Levchi)创立,并在两年后与埃隆·马斯克(Elon Mask)创立的 X.Com 公司合并,2001 年 X.Com 正式更名为贝宝。易贝将贝宝作为其主要支付途径之一,并逐渐将公司的发展重点从消费端转向交易端,利用贝宝支付系统与传统的金融企业展开直接竞争。不仅如此,易贝还开始着眼于国

际化布局,在之后的几年里先后进驻中国、印度、韩国等国,成功打通了海外市场。

最终侥幸逃过被拆分命运的微软,成功于 2001 年 10 月 25 日发布了具有历史意义的 Windows XP 操作系统①。Windows XP 是首个基于 Windows NT 内核而非 MS-DOS 的操作系统,相较于其前代(如 Win 98)大幅升级,在图形界面、网络连接、软件支持等各个方面都取得了巨大的进步。此外,为了实现比尔·盖茨提出的"占领用户客厅"的新发展目标,微软还于 2001 年推出了 Xbox 家用电视游戏机,从而在影音娱乐市场上与索尼公司的 PlayStation 2 以及任天堂公司的 NGC 形成了三足鼎立的局面。

在已经不再是初创企业的数字经济巨头还尝试着寻求转型之道的同时,以平台软件为核心产品的新互联网企业已经拔地而起,野心勃勃地向旧巨头的领导者地位发起挑战。

(二)从搜索到平台:谷歌

对于平台企业来说,提供让消费者满意的信息与通信技术软硬件和特色服务已经不再是其获取利润的核心渠道。而通过提供一个供给方与需求方相互交易、社交和创新的线上平台,或者更进一步——彻底消除供给方与需求方之间存在的界限和壁垒,让每个参与者都成为内容创造者(Content Creator),平台企业可以将所有用户通过网络联系在一起。在此基础上,通过收取广告费、交易抽成或平台准入费等方式,平台企业便可获得远超传统生产者的超额利润。在许多研究文献中,这一类企业被统称为"数字平台"(Digital Platform)。

对于 21 世纪初才创立的平台企业来说,谷歌绝对算是业内前辈。1998 年,在拉里·佩奇和谢尔盖·布林刚刚创立谷歌时,他们的梦想是搭建一个

————————

① XP 来自英文"体验"一词(experience),2014 年 4 月 8 日,微软终止对 Windows XP 的技术支持。

能够容纳互联网上全部信息的知识库,并将其展示给全世界的网民——当然,如果能在展示信息的同时投放几条广告、挣点广告费,那自然是更好不过了。

佩奇和布林对于自己开发的搜索引擎有着充分的信心,坚信它能够将网民通过搜索获得的信息以他们希望看到的方式和顺序展现给他们。而这一信心的来源便是谷歌的"独门绝技"——网页排序算法 PageRank。PageRank 是佩奇和布林共同研发的、基于网页超链接数量和相关度对网页进行重要性分析的算法。简言之,网页排序就是为每个网页附上权值,权值越大则重要性越高,进而越靠前显示。正是依靠此算法,谷歌才总能根据用户需求呈现出高质量的搜索结果,因此在当时的众多搜索引擎中脱颖而出,到了 2000 年已经成为市场占比最高的搜索引擎。同时,由于当时谷歌还没有上市(后于 2004 年 8 月在纳斯达克上市),互联网泡沫的破灭非但没有对它产生太多负面影响,还帮助它稳固了在搜索引擎市场中的绝对领先地位。

然而,商业上的成功并不一定带来财富自由。尽管谷歌的搜索引擎颇受网民好评,但佩奇和布林仅仅实现了他们梦想的前一半——"将容纳互联网全部信息的知识库展现给所有网民",而"挣点广告费"这一梦想却尚未达成。为了实现商业变现,佩奇和布林尝试出售谷歌,但几经失败之后,他们终于放弃了卖掉谷歌的想法,决心从公司的核心业务上寻找利润点——通过改变搜索结果和商业广告的呈现模式来实现盈利。

2002 年,谷歌内部研发的"关键词广告"(AdWords)系统正式上线。AdWords 会根据用户的搜索内容,在搜索结果页面的顶部、底部或侧边显示数条商业广告。而基于 AdWords 所呈现的广告,谷歌开创性地使用按点击收费制(Cost-Per-Click,CPC),即按照用户的实际点击次数收取广告费,如果网民并没有点击该广告则广告主无须支付费用。AdWords 的出现彻底改变了在线广告的基础商业模式,在之后的 20 多年里成为谷歌最为重要的利润来源,也使得谷歌日后得以走出搜索引擎领域,在其他数字技术和平台服务领域大展拳脚。

(三)社交、分享与讨论:脸书、油管和推特

在著名导演大卫·芬奇(David Fincher)的电影《社交网络》(Social Network)中,马克·扎克伯格、爱德华多·萨瓦林(Eduardo Saverin)以及达斯汀·莫斯科维茨(Dustin Moskovitz)等几位哈佛学生一同创立脸书的经历被以一种极富戏剧化的形式呈现给了全球观众。[①] 无论这家社交网络平台在初创过程中经历了多少恩怨情仇,当 2004 年 4 月脸书正式向全美大学生开放时,扎克伯格就已经获得了公司的绝对控制权,成为脸书唯一的掌舵人。

事实上,在网络社交平台领域,脸书并非唯一的先行者。2002 年成立的交友网站 Friendster 才是社交网络的鼻祖[②],其后来在美国市场销声匿迹,转战于东南亚市场;而 2003 年 9 月创立的交友网站 MySpace,在上线仅半年后便成为全美用户最多的在线社交平台。与前二者相比,早期的脸书甚至有些故步自封——将自己的用户局限于大学生群体(直到 2006 年 9 月脸书才正式对所有互联网用户开放)。2005 年 6 月,当 MySpace 的用户数已经达到 1770 万用户时,Facebook 的用户数还不到 300 万。然而,不同的商业决策最终改变了社交网络领域的市场格局:2005 年 7 月 18 日,MySpace 被以接近 7.5 亿美元的价格卖给了媒体大亨默多克的新闻集团。在此之后,来自好莱坞的传统媒体大亨开始尝试一板一眼地管理这个诞生于硅谷的年轻朝气的科技公司,其结果当然也就不言而喻了。

2006 年 9 月,脸书推出了新的信息流功能 Newsfeed,并为此项技术申

---

① 2011 年,这部电影因其十足的故事性获得了当年奥斯卡金像奖的最佳改编剧本奖。

② 据脸书早期员工透露,Friendster 曾尝试和谷歌一起联合收购脸书,扎克伯格也对此提议很感兴趣,但最终并未成功。包括此次在内的多次出售失败也坚定了扎克伯格独立运营脸书的决心。

请了一系列专利。Newsfeed 首次以一种身临其境的方式将社交内容（类似于微信朋友圈中的好友动态，包含文字、图片和视频等多种内容）实时展现给用户，并专门设计了根据用户亲密度、内容类型和新鲜度来为社交动态进行排序的 EdgeRank 算法。毫不夸张地说，Newsfeed 的成功推出给了脸书的竞争对手致命一击，使脸书渐渐坐上交友网站领域的头把交椅。

尽管脸书在发展过程中曾多次遭遇用户隐私问题的纠纷与诉讼①，但是这些噪音并没有对脸书的发展造成任何实质性的阻碍。2008 年 5 月，脸书全球独立访问用户数正式超过 MySpace，次年其美国访问用户数也超过了 MySpace。2012 年 5 月 18 日，脸书正式在纳斯达克上市，成为当时的史上最大科技股 IPO（160 亿美元），市值达到 1040 亿美元。截至 2022 年 3 月 31 日，脸书及其家族产品应用（包括照片共享应用 Instagram② 和移动消息应用 WhatsApp③）的月活人数已达 36 亿，每日活跃人数达 29 亿，且用户数仍呈增长趋势，脸书的"社交帝国"仍在不断扩张。而为了适应数字经济发展，扎克伯格已于 2021 年 10 月 28 日正式将脸书更名为"Meta Platforms"，剑指元宇宙领域。

脸书的出现满足了互联网用户的基础社交需求。然而，如果你想分享自己录制的生活视频，或是向与自己有共同话题的人群（其中的一些你可能并不认识）分享自己对于特定问题的简要观点，早期的脸书就显得有些捉襟见肘了。于是，更加具体的社交需求催生了更加专业化的平台产品，视频分享平台"油管"（YouTube）与轻博客"推特"（Twitter）由此应运而生。

2005 年情人节，三位贝宝公司的前员工陈士骏（Steve Chen）、查德·赫

---

① 在下一章介绍数字经济治理时我们会进行更加具体的介绍。

② Instagram，创立于 2010 年 10 月，2012 年 10 月 25 日，以 7.15 亿美元的价格被脸书收购。

③ WhatsApp，创立于 2009 年 2 月，2014 年 10 月 3 日，以 190 亿美元的价格被脸书收购。

利(Chad Hurley)和乔德·卡林姆(Jawed Karim)正式成立油管。而正是"想要将生活中的趣事以短视频的方式分享给好友"这一想法,激励他们创建了油管这一专门的视频共享平台,并以普通人生活中的趣味性内容为早期的主要卖点。4月23日,卡林姆上传了油管的第一部视频——尽管该视频只有短短的19秒。在视频中,他站在圣地亚哥动物园的几只大象面前说道"这些家伙有好长好长的鼻子,哇哦,好酷!"。与收费播放电影与电视等影像内容的传统视频平台相比,油管上播放的视频大多为用户自创自制、视频时长也相对较短,每一个油管用户(Youtuber)既是观众也是制作人,可以说完美地贯彻了平台经济的思想。

2006年10月9日,谷歌以16.5亿美元收购了油管,并与环球唱片、索尼音乐、华纳音乐和哥伦比亚广播公司达成内容授权与保护协议,消除了市场对内容供应商可能追究侵权内容而抵制或起诉油管的担忧。不久之后,油管就成了全球访问量最大的视频分享网站,也开始逐步涉及内容制作与赛制转播等传统媒体平台的服务。2016年1月,英国歌手阿黛尔(Adele)的一段音乐视频仅用时88天就获得了超过10亿次浏览量,而十年之前巴西球星罗纳尔迪尼奥(Ronaldinho)的一则广告视频首次超过100万次浏览量,却耗时整整9个月。到2021年4月,油管的每月登录用户已超过20亿,在全球视频网站排行中占据遥遥领先的地位。

在推特正式创立之前,以博客(Blog)为名的网络日志早已风靡全球。1997年4月,戴夫·维纳(Dave Winer)创办的个人博文网站Scripting News已初具博客的基本重要特性。1999年,彼得·摩霍兹(Peter Merholz)首次以"blog"来命名博客。而2001年"9·11"事件之后,许多亲历者和遇难者家属在个人博客上分享现场信息、发布寻人启事、表达哀思之情,博客也自此走进了主流社会的视野。

通过发布"博文",全世界的企业机构、意见领袖和普罗大众均可发表观点、讨论时事、评论新闻和交流想法,还能够通过留言等方式进行互动。然而,博客这种基于"个人文章"的互动模式,更适合对于特定问题感兴趣、拥有相同知识背景并且具有一定文化水平与写作功底的群体,不仅很难推广至更大范围的网络用户,也很难让尽可能多的人实时探讨同一话题。与此同时,一篇博文想要获得更高的浏览量,不仅需要一定的文字积累才能写得出彩,还需要把握好文章的结构与篇幅以免让潜在读者看到长篇大论后望而却步。到了 2006 年,网络博客的发展已经遭遇瓶颈,美国甚至全球各国都没有出现能够占据市场主导地位的产品或软件。

在这样的大背景下,以"聚焦当下"为公司口号、将博文内容限制在 140 个字符、尽可能降低发文门槛的推特,于 2006 年 3 月创立了。在推特创始人之一的杰克·多西(Jack Dorsey)眼中,早期的推特是一种"互联网时代的短信服务"——因为它的消息只有短短 140 个字符,发布推文就如同发短信一样简单。和传统的博客相比,推文内容"全网可见"的特点能够将推特的网络效应发挥到最大程度。而有趣的推文与各界名人的加入也吸引了越来越多的互联网用户进驻,当用户数量积累到一定规模之后,商业上的成功也已是必然结果。

有趣的是,在 2016 年美国大选期间,民主党候选人希拉里·克林顿与共和党候选人唐纳德·特朗普都开通了个人账号并将之作为自己的竞选渠道之一。希拉里个人推特的粉丝数量是 850 万人,而特朗普的粉丝数量则高达 1130 万人,并且无论是推文发布数量还是转发数量,特朗普的数据都要遥遥领先。而最后,正如他在推特的战场大获全胜一样,特朗普也赢得了总统大选的胜利。因此也有人说 2016 年美国大选的赢家,既不是特朗普,也不是希拉里,而是推特。

发展至今,推特已经成为当下全球实时事件和热议话题讨论最热烈的平台。2022 年 5 月 17 日,几经波折之后,推特宣布将在年底前以约 440 亿美元的价格与特斯拉 CEO 埃隆·马斯克完成收购交易。如果这一交易真能发生，推特将成为一家私人企业，而其前路如何我们还无从得知。

　　以脸书、油管和推特为代表的数字平台的崛起，反映了数字技术产品的广泛使用对于人们经济、社会生活的根本性颠覆。进入数字经济时代后，人们进行社会交往、享受影音娱乐、表达与传播观点的基本方式被这些数字平台完全改变了。这些变化大多先在美国发生，再逐渐辐射到全球，同时也在各主要经济体中催生了一批这些平台的"本土化"版本。

　　数字平台之所以能够在如此短时间内取得成功，发源于信息领域、之后又在社会科学领域发扬光大的网络效应（Network Effect）是其中关键。所谓网络效应，是指一个网络的价值与网络中的节点数成正比。互联网的发展提高了社交网络的密度，将一些原先的弱连接、弱关系升级为强连接、强关系，每个人都成为自己所在的社交网络的中心节点。网络效应又进一步诱发了经济学意义上的网络外部性（Network Externalities）——每个用户从使用某产品中得到的效用与用户的总数量正相关。用户数量的庞大将形成规模效应，进而允许平台企业通过市场垄断来获得超额利润。

　　（四）移动数字平台：苹果

　　如果说数字平台的出现从软件层面对数字经济进行了一次彻底升级，那么苹果公司于 2007 年 1 月发布的初代 iPhone 以及随后开启的智能手机时代就将人们接入和使用互联网的方式扩展到了一个全新的维度。初代 iPhone 包含了苹果公司的多项革命性创新，其中十分重要的一点是，为手机用户构建了一个尽可能接近计算机，甚至在某些方面能够超越计算机（如通过触屏进行翻页等操作）的上网体验。

　　iPhone 系列的发布，引领全球各大手机厂商纷纷研发、上市各类智能手机产品。"智能手机+移动互联网"顿时成为互联网使用的基础性场景，各项网络服务的使用变得更加便利，并且各类经济活动也能够更加自然地转移到线上进行。而在一年之后登录 iPhone 手机的应用商店（App Store），允许用户从中浏览和下载各种类型的应用程序，更是将 iPhone 这一移动设备升级为一个由开发者提供数字服务、苹果从消费者支付的费用中收取中介费用的移动数字平台。正是这一全新的盈利模式，帮助苹果成为全球首个市值突破 3 万亿美元的科技公司。

纵观互联网泡沫之后到国际金融危机之前的美国数字经济发展历程，以构建数字平台为主要经济活动的"数字产业化"是当时的发展主流。在更高带宽的宽带互联网与移动互联网的加持下，创业者充分吸取了在互联网泡沫中受到重创的数字经济企业的教训，并基于网络用户的各项需求设计出了各式各样的数字平台。在这些平台之中，能够最快发挥网络效应和网络外部性、建立稳定盈利模式的企业迅速发展为行业主宰，并不断巩固自身市场地位。与此同时，这一阶段的数字经济创新也以服务于用户的各项应用为主要内容，缺乏革命性的技术创新，这与当时美国小布什政府对于数字经济的弱支持存在一定关系。在此之后，以 2008 年国际金融危机爆发和巴拉克·奥巴马（Barack Obama）继任美国总统为标志，美国的数字经济迈入了新的时期。

四、数字经济的恢复和发展

2007 年夏天，美国爆发了由房地产次级按揭贷款（Subprime Mortgage Loan）①大范围违约而引起的金融危机。21 世纪初期，美国住房市场在超低利率的刺激下高度繁荣，次级按揭贷款市场也随之迅速发展。但随着房地产市场的降温与利率的上升，次级按揭贷款市场的借款人渐渐无力按期还款，导致许多放贷机构损失惨重、濒临破产。2007 年 4 月 2 日，美国第二

---

① 次级按揭贷款，就是贷款机构向信用程度较低和收入不高的借款人提供的贷款。与之相对的，向信用程度较高和收入较高的借款人提供的贷款，是优惠级按揭贷款（Prime Mortgage Loan）。

大次级按揭贷款公司新世纪金融(New Century Financial)申请破产保护,将这场危机推向了高潮。更为严重的是,包含次级贷款的金融衍生品将美国绝大多数金融机构联系在了一起,违约风险通过金融网络肆意传播开来。

于是在2008年夏天,这场发端于房地产市场的次贷危机终于酝酿成了席卷全球的国际金融海啸。仅2008年一年,就有25家美国商业银行宣布破产,其中就包括美国第四大投资银行雷曼兄弟,而美国政府也相继接管了房利美和房地美等一批金融企业。不仅如此,金融市场的海啸还进一步波及实体经济,美国经济在2008年和2009年陷入深度衰退。从2008年第三季度开始,美国经济在接下来的连续四个季度呈现负增长趋势,2008年和2009年的GDP增速分别只有-0.14%和-2.54%——这是1991年后美国经济首次回到负增长区间。与此同时,社会失业率也迅速攀升,在2009年10月达到10%,成为继1929—1933年大萧条后的另一个高点。

就在金融危机不断深化的大背景下,巴拉克·奥巴马于2008年11月4日当选美国第44任总统。奥巴马首次参加总统竞选的主题是"变革"(Change),强调结束伊拉克战争、实现能源自给、停止减税政策以及普及医疗保险等政策方略,得到了当时已经厌倦连年战争、更为倾向自由主义的美国大众的大力支持。

正式就任美国总统后,奥巴马意欲复刻克林顿政府时期的"新经济"模式,希望借助全方位的数字化复苏美国经济。美国的数字经济迎来了新的高速增长期,不仅如此,较快的增长趋势与鼓励数字经济发展的政策取向,也得以在特朗普与约瑟夫·拜登(Joseph Biden)接任美国总统之后保持延续。与此同时,在数字技术创新达到一个全新高度的前提下,美国数字产业与传统产业进一步深度融合,共同塑造了数字经济的新应用、新场景和新业态,产业数字化逐渐成长为继数字产业化之后数字经济的"第二极",数字经济的发展质量得到有效提升。当然,新的数字经济安全问题也不可避免地开始浮现,民众与数字平台之间的隐私纠纷时有发生,这对美国政府与企业的治理能力提出了更高要求。

接下来,我们将从网络基础设施建设、创新驱动战略与数字经济安全三方面介绍金融危机之后的美国数字经济发展。

(一)网络基础设施建设

在小布什担任美国总统的 8 年时间里(2001—2009 年),美国家庭的宽带普及率增长较为缓慢,在经济合作与发展组织(OECD)①中的排名也从2001 年的第 4 位持续滑落到 2008 年的第 15 位,这一下滑在奥巴马看来是无法接受的。在 2008 年 12 月 6 日发表经济振兴计划时,奥巴马便公开表示:"作为发明互联网的国家,美国所有的孩子都应该有机会使用互联网。"而在此之后,宽带网络的普及和提速也确实被美国政府重新视为一项国家重要基础设施工程。2010 年,美国联邦通信委员会(Federal Communications Commission,FCC)向国会提交了"联接美国:国家宽带计划"(Connecting America:The National Broadband Plan),其作为奥巴马政府经济振兴计划中关于"网络基础设施部分"的行动纲领,同时也被认为是"信息高速公路"的21 世纪版本。这一计划尝试从三个方面加快美国的宽带建设:一是促进市场竞争;二是有效分配和管理政府资源;三是推动宽带在不同地区的普及;四是加强宽带在教育和医疗等公共部门的应用。以上三个方面的努力大大提升了宽带在美国的普及度和应用度,在奥巴马任期内(2009—2017 年),美国固定宽带用户数量增长了 2 倍,而移动互联网用户数量更是增长了近10 倍。2019 年,美国移动互联网用户为 2.676 亿人,移动互联网普及率达到 81.3%,首次超过 80% 的水平,且各地区、各州之间存在的"数字鸿沟"(Digital Divide)问题得到有效缓解。

———————————

① 包括美、日、英、法、德等在内的 38 个市场经济国家。

对于互联网基础设施的重视，一直维持到奥巴马之后的特朗普政府和现任拜登政府。在建设高速网络方面，美国共和党与民众党难得地保持了高度一致，均十分重视国家层面的长期持续投入。

在特朗普担任美国总统期间，5G网络已经成为互联网建设的新热点，且无线互联网已经开始具备和传统有线互联网同等的重要性。在2019年4月的一次采访中，特朗普强调，"在网络建设上美国不能落后于其他国家，必须加快建设安全、强大的5G网络"，他还认为网络建设将有助于改变美国民众的工作、学习、通信及旅游模式。特朗普宣称，联邦通信委员会将斥资超过200亿美元成立基金，在美国乡郊地区为超过400万家庭和小型企业用户建立高速网络。2020年3月，特朗普连续签署了《5G安全与超越法案》以及《宽带部署准确性和技术可用性法案》，旨在短期内向最需要的地区提供更快速、更安全的无线和宽带网络。

2021年11月，拜登签署了总额达到1.2万亿美元的《基础设施建设法案》——这是美国半个多世纪以来最大规模的基础设施改革法案，该法案包括了约650亿美元的宽带建设投资，而这其中有420亿美元将被分配给各州以补贴欠发达地区的宽带建设。拜登政府这一计划的投资规模达到奥巴马政府所提出的"国家宽带计划"的9倍以上，如果顺利实施无疑将有效提高美国的宽带速率，也有助于美国数字基础设施的进一步完善。

对于过去十几年的宽带建设，美国民间仍存在一些不满的声音。一些研究提出，奥巴马及之后两届政府的宽带计划并没有得到预想的结果。独立性民调机构皮尤研究中心（Pew Research Center）2020年的调研结果显示，美国1/3的农户家庭中没有宽带接入，这与政府宣传的超过90%的宽带覆盖率存在较大差异。而微软公司通过其云服务网络收集的网速数据也显示，截至2021年5月，美国仍有近30%的地区宽带实际覆盖率不足15%。根据微软提供的数据，美国尚有1.628亿人无法使用宽带网络，而这一数字远大于联邦通信委员会宣布的官方数字（2470 万人）。特别是新冠肺炎疫情暴发之后，民众的居家工作、学习和生活时间延长，这一问题就显得尤为突出。对此，不少美国民众认为，美国政府夸大了宽带建设的实际投入，"农村用网"已经成为与 21 世纪初的"农村用电"同样严重的社会问题。

究其原因，美国民众在网络建设问题上对于政府的不满主要有以下三点。

首先，同其他基础设施建设类似，网络光纤与基站的铺设和安装需要一定时间，导致政府在网络设施上的支出无法在短时间内发挥出明显的"提高网速"作用。皮尤研究中心的调研显示，在美国为某个地区提供宽带拨款并实现连接上网，平均需要两年时间，如果是偏远山村地区，则耗时更久。

其次，官方设置的宽带网速标准可能无法被用户家庭充分利用。对于联邦通信委员会等官方机构来说，只要一个地区的主干光纤速率达到某一特定水平（如 10Mbps）就意味着整个地区的宽带网络接入都符合要求。然而在现实中，由于上网环境存在差异、入户光纤质量不均以及供应商限流等问题的存在，网络用户的实际接入网速几乎都会低于政府制定的标准网速。

最后，美国联邦通信委员会对于宽带网络覆盖率的统计方式确实存在一定问题。按照联邦通信委员会的官方定义，如果某个人口普查区内有一个地址可以连接入网，那么整个普查区就将被定义为"有网络区"。但是，有美国民间组织在对超过 11000 多个地址进行了取样调研，以核查互联网运营商是否为该地区提供宽带连接时，却发现不能联网的家庭数量是联邦通信委员会统计数量的两倍。

（二）创新驱动战略

创新是一国国力的重要来源，这一点毋庸置疑，对美国来说也是如此。2005 年，美国"科学创新的未来"组织发表的一份报告指出，近半个世纪以来美国至少一半的经济增长是科技创新的直接结果。

从 2009 年起,美国国家经济委员会①(National Economic Council)便同白宫科技政策办公室等机构联合发布了多版《美国国家创新战略》,尝试从国家层面推动和鼓励各个领域的技术创新。在 2015 年 10 月发布的《美国国家创新战略(2015)》中,奥巴马政府提出了美国的三大创新要素、三大创新战略和九大战略领域。具体来说,美国的三大创新要素分别是:投资创新生态环境基础要素、推动私营部门创新以及打造创新者国家。其中,政府负责营造良好的创新生态空间,私营部门与创新创业者负责发挥自身的主观能动性,三者一起努力推动创新水平持续提升。美国的三大创新战略分别是:创造高质量就业岗位和持续经济增长、推动国家优先领域突破以及建设创新型政府。在这三大创新战略中,创造高质量就业岗位和持续经济增长是宏观经济目标,推动国家优先领域突破是技术导向型目标,而建设创新型政府是国家治理目标,以上三重目标的结合为美国的国家创新道路指明了方向。而美国实现创新发展的九大战略领域包括:先进制造、精密医疗、大脑计划、先进汽车、智慧城市、清洁能源和节能技术、教育技术、太空探索以及计算机新领域。这九个领域几乎每一个都可以被纳入数字经济的范畴,且其中大多数都属于产业数字化领域,尤其强调数字技术与实体经济的深度融合。

正如上文所说,对于产业数字化的高度重视成为 2008 年以后美国数字经济发展的新趋势,相对应的,实现制造业的数字化转型和智能化升级成为这一时期美国产业扶持政策的重要内容。2009 年 12 月,奥巴马的总统行政办公室发布《重振美国制造业框架》,提出要加大政府资金对于以数字技术为主的新兴技术及其产业化的扶持力度。2020 年 4 月,美国国际开发署发布了以加快数字化为主要内容的《数字战略(2020—2024)》(Digital

---

① 美国国家经济委员会成立于 1993 年,隶属于总统行政办公室,负责针对美国和全球经济政策向总统提出政策建议。

Strategy 2020—2024),旨在更好地推进数字化转型上的国际合作,并最终在全球范围内构建以自身为主导的数字生态系统。美国政府的这一战略主要包含两个目标:其一,使用数字技术来实现重大发展和人道主义援助;其二,加强国家级数字生态系统的开放性、包容性与安全性。这一战略的公布,也意味着美国正在建立数字化转型的国际联盟,并试图在技术援助的同时输出本国的意识形态和价值观。

对于各项数字技术,尤其是发展最为成熟、已经得到广泛应用的大数据技术,美国政府也专门制定了有针对性的创新驱动战略,试图通过更大规模的研发支出与更完善的创新生态,来巩固其数据资源大国与数字技术领导者的地位。

2009 年年初,奥巴马入主白宫后不久便要求开通了专门的政府数据门户网站(Data.gov),同时还要求各联邦机构将需要依法公开的数据和文件按照统一标准分类整合并上传至该网站,以供用户集中检索。此举不仅仅是奥巴马政府推进"政府的公开化与透明化建设"的政治任务,更是其对于数据资源与数据技术的重视程度的体现。这一网站的开通,实现了公共数据的集中、开放和共享,极大地方便了美国各界对政府数据的利用,也为启动国家大数据战略奠定了思想基础、技术基础和数据基础。2010 年 12 月,总统科技顾问委员会公开发布了题为《数字未来设计》的报告,强调大数据具有重要的战略意义,数据爆炸式增长将带来管控和利用困境,但联邦政府在大数据技术方面的投入尚有不足,因此建议美国政府应加大投资,将大数据列为优先发展事项。2011 年,美国国家科技委员会专门成立"大数据高级督导组",负责确定联邦政府当前需要开展的大数据研发任务,制定远景目标并做好部门间的工作协调。

奥巴马不仅仅是大数据技术的积极推动者,而且还是该项技术的早期使用者。在 2012 年的总统连任竞选中,奥巴马的竞选办公室获取了大量的美国电话用户名单,其中包括姓名、电话号码、年龄、性别、种族、邻居和投票记录等的大量个人数据,奥巴马团队按照这些选民被说服的可能性和重要性对选民进行了排序,再使用电子邮件有针对性地对这些选民推销竞选广告。基于大数据分析的结果,奥巴马团队还对电视竞选广告投放策略进行了动态调整,并专门利用竞选资金制作出"摇摆州"①(Swing State)选民的详细模型,以有效提高得票数。基于大数据的高科技竞选方式,成功帮助奥巴马于 2012 年 11 月击败共和党挑战者米特·罗姆尼(Mitt Romney),顺利连任美国总统。

在享受到大数据带来的诸多好处后,奥巴马政府更加不遗余力地推动大数据相关技术的开发。2012 年 3 月 29 日,奥巴马政府发布《大数据研究与发展倡议》,提出了三大技术目标:一是要发展前沿核心技术,以满足搜集、存储、防护、管理、分析和共享海量数据的要求;二是利用上述技术,推动科学与工程领域的发明创造,增强国家安全,转变教育方式;三是储备人力资源,以满足发展大数据技术的需求。奥巴马政府计划为这个项目投入 2 亿美元的研发经费,以全面提高美国的大数据使用能力,进而利用大数据技术为科学发现、环境保护、生物医学研究、教育和国家安全提供支持。2016 年 5 月,美国政府发布《联邦大数据研发战略计划》,其中包含新兴技术、数据质量、基础设施、共享机制、隐私安全、人才培养以及相互合作七项战略内容,该计划将树立"有活力的国家大数据创新生态系统"作为总体战略目标,并将数据隐私安全提升为大数据研发战略的重点内容。

在 2016 年的美国总统大选中,特朗普之所以能够战胜希拉里,其中不乏大数据的功劳,当然也包括震惊美国互联网界的"剑桥分析丑闻"。剑桥

---

① 摇摆州,美国政治名词,指民主、共和两党候选人支持率差距不大的州,他们在历届大选中经常会倒向不同的政党、频频摇摆,也是竞选双方争取的主要目标;而一方候选人优势明显的州被称为"安全州"(Safe State)。

分析(Cambridge Analytica)是一家基于用户信息进行相关分析以精准刻画用户心理特征的大数据分析公司。在 2016 年为特朗普助选期间,剑桥分析公司在获取了 8700 多万选民的信息后对这些选民进行细分,进而有针对性地设计出不同的竞选广告和资讯,再分别精准投放给不同的人群,最终影响选民的认知与投票决定。剑桥分析的技术优势,不仅仅在于他们能够针对不同人群设计不同的竞选广告这么简单。令人毛骨悚然的是,实际上剑桥分析公司仅仅通过获取 50 多万人的调查数据①,就能基于这些数据中的好友信息勾勒出了 8700 万人的用户画像。简言之,通过一个"种子用户"的信息,剑桥分析就可以收集到大约 160 个人的详细资料,进而对选举结果产生重大影响,最终帮助特朗普胜选。

在认识到大数据技术的巨大潜力(当然也可以说是强大魔力)之后,特朗普政府便开始持续关注该项技术的发展。2019 年 12 月,美国总统行政管理和预算办公室发布了《联邦数据战略》与《2020 年行动计划》两份文件,这是美国首次从联邦政府层面搭建数据治理方案的尝试。《联邦数据战略》以 2020 年为起点,规划了美国政府未来十年的数据愿景,其核心思想是将数据作为战略资源进行开发,并通过确立一致的数据基础设施和标准实践,使政府逐步建立起强大的数据治理能力,进而为美国的国家经济和安全提供保障。

(三)数字经济安全

伴随着美国数字经济进入成熟期,围绕数据资源和数字技术的应用而产生的数字经济安全问题也逐渐显现。在大数据和云空间构成的数字环境

---

① 这 50 多万人的调查数据恰恰是美国最大的社交平台——脸书泄露给剑桥分析公司的。2019 年,联邦贸易委员会(FTC)因该事件对脸书提出指控,要求脸书遵守新的管控措施、对影响用户隐私的决策实施更严的问责制度。此后,脸书同意支付 50 亿美元以达成和解协议。

下,数据的收集、传输和使用过程已暴露出严重的数据安全问题,并且在平台治理、就业转型以及核心技术等方面也均面临着安全威胁。

归纳而言,美国的数字安全问题主要体现在以下三个方面。

首先,在个人层面,个人隐私信息泄露已经十分常见。在美国等数字经济发展水平较高的国家,个人手机号、信用卡号、家庭住址、存贷款记录以及社交网络账户等隐私信息的泄露案件频发,倒卖用户信息的黑色产业链条长期存在。即使是在指纹支付、密码加密等技术的保障之下,个人信息泄露、信息被盗用等情况也时有发生,加密技术的进步似乎总是慢于信息窃取技术的进步。即使是苹果、脸书和推特这些技术水平居于全球领先地位的平台企业,也都在 2012 年之后频繁曝出个人信息泄露的丑闻和案件。而对于那些隐私保护能力本就不算强的企业来说,用户数据被窃取的风险就更高了。美国卫生和公众服务部(HHS)下属部门发布的《民权办公报告》显示,2021 年共计收到 578 起数据泄露事件,虽然其数量要少于 2020 年的 599 起,但是数据泄露影响的用户规模却上升明显,2020 年仅有 2600 万用户受到影响,而 2021 年却有超过 4000 万用户遭受了数据泄露。

其次,在企业层面,虽然美国的产业数字化已经进入深水区,但大多数传统企业的数字化转型还处于“干中学”阶段,单纯地提升技术、改良产品并不足以应对数字化转型带来的挑战。同时,在实现数字化转型的过程中,传统企业长期以来的技术积累和稳固的组织架构却变成了层层壁垒与障碍。对于传统企业而言,数字化是一个全新的世界,而要实现数字化转型、实现从“犀牛”到“独角兽”的华丽变身,将不得不面对产业数字化过程中的诸多陷阱。2018 年,麦肯锡发布《数字化转型的成功秘籍》,该报告估计全球范围内实施数字化转型的企业成功率在 2012 年仅为 20%,2014 年上升至 26%,但在 2016 年又降回 20%。这就意味着,随着时间的推移企业组织的数字化能力并没有同步提高,转型失败率仍然高居不下——即使是对于精通数字技术的行业和企业来说亦是如此。

此外,在数字经济时代,不仅仅是互联网公司,普通企业也长期处于数据泄露的风险之中,没有谁能"独善其身"。由于当前的数据价值逐年提高,员工和企业数据遭受黑客攻击与网络病毒的可能性也越来越高。根据IBM 发布的《2019 年数据泄露成本报告》,当泄露数据超过 100 万条时,造成的社会福利损失就会达到 4200 万美元。此外,新一代工业互联网技术在企业内的广泛应用,使企业内部的人、财、物都统一连入网络,其数据也普遍接入云端,如果企业对数据安全不够重视,就会导致企业的数据完全暴露在网络威胁之中。当然,企业数据泄露不仅会使企业自身遭受重大技术、财产和名誉损失,还会使企业收到来自监管层的巨额罚款与整改指令。

最后,在国家层面,政府的数字经济治理体系与治理能力面临着重大挑战。社交平台的发展加强了人与人之间的沟通与交流,但同时也助长了网络谣言的漫延。网络谣言肆虐,不仅会危害社会稳定,还会带来一系列负面的经济效应,对国家的经济安全造成不良影响。不同于以往的谣言传播,网络谣言经由社交平台能够更大范围地发酵,不仅令身处谣言旋涡中的当事主体遭受巨大的经济和财产损失,还会给负责调查事实的政府和组织带来额外的经济成本,而政府的数字治理能力也因此受到挑战。同时,数字经济的发展,使国家的能源、电力和交通运输等关系国计民生的重要行业在成功实现数字化转型的同时,也被卷入数据安全的旋涡之中,即使这些重点行业搭建的都是自己的内部网络,但是数据安全事件也时有发生。根据威瑞森(Verizon)公司发布的《2020 年数据泄露调查报告》,2020 年共有 81 个国家发生了 3950 起数据泄露事件,涉及国家金融系统、国土资源和能源安全等多个重要领域,造成了极其严重的危害。

显然,上述这些问题并非只存在于美国。在其他数字经济发展水平较高的国家,类似的数字安全问题也时有发生,只是在发生频率、影响大小以

及涉及金额等方面略低于美国。然而,在尝试保障数字经济安全方面,美国
政府却并没有像其他国家那样对于国内存在的数字安全问题采取系统性措
施①,而是试图将矛头指向国外(这是美国政府的一贯作风),将其竞争对手
视为数字经济安全问题的主要来源。

美国将国内的数字安全问题转嫁到国际竞争对手身上,主要体现在采
取技术保护政策,通过打压竞争对手特别是中国的发展来维持自己在数字
经济上的领先地位。奥巴马任美国总统期间,连续颁布了《网络空间国际
战略》和《网络空间行动战略》等网络安全方面的政策文件,以维持自由的
网络贸易环境、鼓励创新和保护知识产权为主要立场,同时尽可能确保美国
在技术标准制定方面的领先地位。2021 年,美国参议院通过《美国创新与
竞争法案》。这一法案强调建立数字连接和网络安全伙伴关系,在新兴市
场扩大和增加安全的互联网接人和数字基础设施;该法案还提出美国应采
取政策和监管立场,促进仅对数字盟友开放(对非盟友封闭)、可互操作、可
靠和安全的互联网,鼓励数据在数字盟友间的自由流动,同时高度重视网络
安全的未来竞争力。

2022 年 1 月,美国众议院提出了升级版的《美国竞争法案》,本质上是
将之泛化为一部在所有领域开展对华竞争的"压制指南"。除了一般意义
上对人工智能、半导体、量子计算、先进通信、生物科技和先进能源等关键科
技领域追加投资外,《美国竞争法案》还包含了多项禁止与中国企业合作的
规定,希望通过各种限制来阻挠中国的数字技术进步与数字经济发展。美
国政府这种一意孤行的行为必将遭到国际社会与中外企业的反对与抵制,
其阻挠中国数字经济发展的尝试必将失败。

---

①　直到 2022 年上半年,美国才启动首个数据隐私法《美国数据隐私和保护法》
(ADPPA)的立法工作,比欧盟《通用数据保护条例》(GDPR)的通过时间晚了整整 6 年。

五、美国数字经济发展总结

2022 年 5 月,美国国家经济分析局(BEA)发布了一份研究报告,对美国数字经济的整体发展情况进行了较为系统的总结。报告指出,2020 年,美国数字经济的总产出为 3.31 万亿美元,增加值为 2.14 万亿美元(占美国当年 GDP 的 10.2%),创造了 1.09 万亿美元的收入和 7800 万工作岗位。2020 年美国数字经济实际增长 4%,远超美国 GDP 的增长速度(-3.4%),数字经济增长的主要驱动力是软硬件与 B2C 电子商务。2012—2020 年,美国数字经济增长值的年度增速为 6.3%,网络基础设施和电子商务是最主要的增长点(见图 3-4)。

(单位:万亿美元)

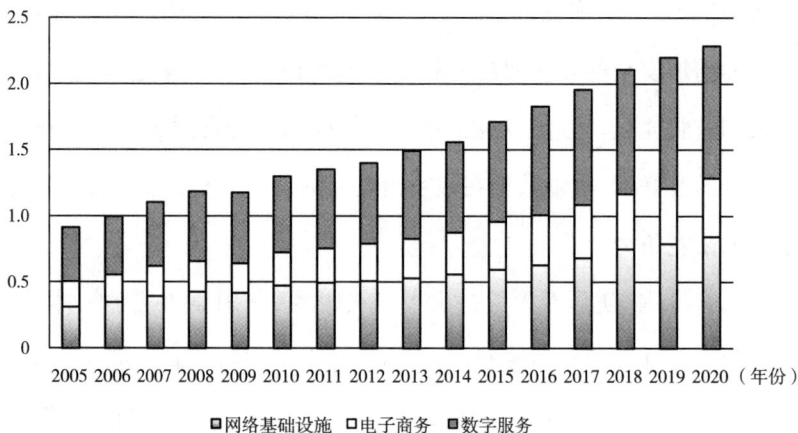

图 3-4　2005—2020 年美国数字经济增加值

资料来源:美国国家经济分析局官方网站,见 http://bes.gov。

总体来说,美国数字经济发展由信息技术产业的快速发展所驱动,依托于创新驱动与较大的互联网用户群体,在某些核心数字技术的突破和关键应用方面起到了引领全球的作用。

进入 21 世纪的第二个十年,美国的数字经济模式已经基本成熟,实现了数字产业化和产业数字化的双轮驱动,在数字经济治理和数字经济安全上也进行了一些有益的尝试。基于在核心技术方面的巨大优势,在可见的将来,美国仍将在数字贸易商务、数据跨境流动和标准规则制定等方面产生重要影响。

与此同时,需要认识到的一点是,美国很可能利用其数字经济的发展优势向外输出价值观,通过对平台软件的推广以及技术标准的影响力进一步巩固其国际竞争力,同时借数字经济安全之名行"保护主义"之实。这非但不利于数字经济在全球范围内的健康发展,也可能会导致一系列国际矛盾与争端,进而影响全球的经济发展。

案例3-2:雅虎兴衰二十年

雅虎是伴随着万维网而诞生的美国第一代互联网巨头,也是美国数字经济第一个黄金时代的杰出代表,其传奇经历也为万千科技创业者所推崇。但好景不长,在成为全世界最成功的互联网企业之后,雅虎却在短短几年内就走向衰落,被同辈的竞争者与以平台起家的后起之秀迅速地扫进了历史的尘埃之中,令人唏嘘。

1994年,斯坦福大学电机工程专业的两位在读博士生——杨致远(Jerry Yang)和大卫·费罗(David Filo),基于二人在使用万维网尤其是浏览各类网站的共同爱好,发布了名为"杰瑞①和大卫的万维网向导"的网页目录站点。在这个网站上,用户可以根据实际需求和兴趣爱好搜索自己感兴趣的网站,还可以通过点击超链接跳转到相关网站。杨致远和费罗对于各类网站的细致分类及其合理的目录设置很快便吸引了大量用户,而被收入目录的网站数也越来越多。到1994年9月,"杰瑞和大卫的万维网向导"上的网站数量已经超过2000个,而1995

---

① 杰瑞(Jerry)是杨致远的英文名。

年这一数量更是激增至 1 万多个，"杰瑞和大卫的万维网向导"也成为当时世界上访问率最高的网站。1995 年 3 月，二人正式将此网站更名为"雅虎"（Yahoo!）。在位于硅谷中心、离斯坦福大学不远处的圣克拉拉市，专攻门户网站的雅虎公司就此正式成立。①

雅虎的迅猛发展势头使"上市募资"这一决议迅速被提上公司日程。1996 年 4 月 12 日，雅虎公司正式在纳斯达克上市，而上市第一天其股票总价就达到了 5 亿美元，成为当年华尔街的一大盛事。上市后的雅虎，迅速开始了自己的国际化扩张，正如雅虎全球首席运营官丹尼尔·罗森格（Daniel Rosensweig）所说，雅虎的国际化模式，是"在当地找到一个合作伙伴，然后把最好的资产和最好的技术相结合"。1996 年 4 月，雅虎日本站成立（这是雅虎的第一个国际站点），之后法国、德国、加拿大、英国等二十四个国家的雅虎分站也相继问世。1997 年，雅虎的日均访问量达到 9000 多万人次，比当时其他所有门户网站访问量的总和还要多。1999 年 9 月，中国雅虎网站开通，瞬间引爆了中文互联网，雅虎中国也很快成为中国互联网界位居前列的搜索引擎社区与资讯服务提供商。到了 2000 年，雅虎的市值已达 1280 亿美元，并且在随后 6 年间连续占据全球互联网公司排名第一的宝座。

有趣的是，1997 年，刚刚研发出网页的后退链接项目 BackRub 与网页排序算法 PageRank 的拉里·佩奇和谢尔盖·布林，曾找到他们的学长大卫·费罗，想以 100 万美元的价格将网页排序算法卖给雅虎，但却未能引起雅虎的足够重视，佩奇和布林也最终放弃了售卖

---

① "雅虎"这个名字来源于著名小说《格列佛游记》中英国作家乔纳森·斯威夫特对于荒岛上的野蛮人的命名。这一名字充分反映了杨致远和大卫·费罗对于包括他们自己在内的第一代网络人的身份认知。

计划,这之后才有了谷歌的诞生。而杨致远和费罗可能怎么也想不到,当年来上门拜访的两位学弟在短短几年后竟然成了雅虎的最大竞争对手。

2006 年,由于谷歌基于自身研发的"关键词算法"(AdWords)等技术在网络广告领域取得了巨大成功,雅虎的广告收入开始走向疲软,当年第四季度,雅虎的利润同比下降了 61%。面对在线广告市场的惨败,雅虎试图通过跨领域扩张实现收入多元化——曾尝试以 8.5 亿美元的价格收购脸书但未能成功①,也积极进军数字娱乐市场,还发布了自己的浏览器 Yahoo! Axis。然而,雅虎的这些努力最终都以失败告终。2008 年正值国际金融危机,雅虎市值也大幅缩水,微软借机提出以 446 亿美元的价格收购雅虎,但雅虎认为此收购价严重低估了其实际价值,于是微软将收购价抬高到 490 亿美元,但雅虎董事会又担心被收购之后自身权力受限制,最终拒绝了微软的此次收购。

在之后的几年里,雅虎逐渐失去了在各个细分市场的竞争力,并最终于 2017 年 6 月 13 日以 44.8 亿美元的超低价格被美国电信公司威瑞森(Verizon)成功收购。一代互联网传奇雅虎,错过了初创的谷歌、错过了腾飞的脸书,也错过了微软的豪掷千金,最终却以"贱卖"的结局终结了自己亲手书写的奇迹(见图 3-5)。

雅虎失败的原因是多方面的,其中最重要的在于其定位不明确、摇摆不定。雅虎早期取得成功的最重要原因,就在于它是全世界用户最多的门户网站。而在互联网进入 Web 2.0 时代,用户主导并生成内容的互联网产品模式占据主导地位后,雅虎便不再具有任何竞争优势。

---

① 雅虎最初向脸书报价 10 亿美元,二者谈判顺利、几乎确定可以成交。而此时脸书公布了"将向全互联网用户开放"的决定引起了现有用户(大学生群体)的不满,遭到用户抵制,雅虎便顺势将报价压低到 8.5 亿美元,此举惹怒了脸书,收购谈判也就此终止。

图 3-5　关于雅虎收购的漫画

资料来源：美国微软全国广播公司官方网站，见 http://msnbc.com。

在搜索引擎和网络广告领域，雅虎全面落后于谷歌；在社交媒体领域，雅虎的用户社区在规模和内容创造上也都远不及脸书；而在影音娱乐上，雅虎更不是油管的对手。从这个角度来说，雅虎盛极而衰的失败经历，就是基于网页的 Web 1.0 发展到极致之后被强调用户的 Web 2.0 所取代、蚕食的过程。

那么，在 Web 2.0 转向 Web 3.0 的历史进程中，谁又会成为下一个"雅虎"呢？对于这个问题的答案，我们尚不得而知。

第二节　中国：应用驱动，深度融合

超大规模的国内市场与早期相对低廉的劳动力成本是中国经济在改革开放后实现快速增长的"底气"，同样也为中国数字经济的发展打下了坚实基础。20 世纪 90 年代后期，电子商务渐渐开始进入中国，成为早期数字经济的主要形式。进入 21 世纪后，拥有 14 亿多潜在用户的超大型社交网络的迅速发展,促进了中国本地平台企业的崛起,若干细分市场逐渐形成。在经历数轮转型升级后,中国的数字经济呈现出多家科技巨头围绕核心增长点展开激烈竞争,同时初创企业和中小企业在特色赛道上寻求突破的市场格局。在数字产业发展到一定水平后,"互联网+"成为数字技术与实体经济融合的重要抓手,帮助中国数字经济提质增量,同时也对数字技术水平与创新能力提出了更高的要求。现如今,中国数字经济已经快步迈入了由融合式创新驱动的高质量发展阶段,在产品应用与商业模式上的一系列创新成果也开始向海外辐射。下文将重点梳理具有中国特色的数字经济发展历程。

一、轰轰烈烈的电子商务时代

20 世纪 80 年代中期,经过毕业于清华大学无线电系、正在北京计算所工作的钱天白等学者的不懈努力,中国与东德间建立了第一个基于计算机科学网(CSNET)协议的互联网连接,可以通过这条线路收发电子邮件。1987 年 9 月 14 日 21 时 07 分,钱天白教授以此前与东德建立的互联网连接为窗口,向西德的卡尔斯鲁厄理工学院发送了中国第一封电子邮件,内容是"越过长城,通向世界"(Across the Great Wall, We can Reach Every Corner in the World)。由于网络交换技术还不成熟,这封邮件在整整六天之后才到达收信人的邮箱,而 1987 年 9 月 20 日这一天也标志着中国正式接入国际互联网,仅仅比西德晚了两年。

在此之后,钱天白等中国互联网领域的早期研究人员为中国的互联网发展积极游走。1990 年 10 月,钱天白代表中国正式在国际互联网注册登记了中国的国家顶级域名(CN),并建立了中国第一台 CN 域名服务器,从此中国有了自己的网上标识,中国互联网也有了自己的身份标识。1993 年 3 月 2 日,中科院租用了国际卫星通道,首次与美国互联网建立连接。从那之后,中国互联网便开始进入高速发展期,相关技术、产业与商业模式陆续萌发、壮大。1996年1月，全国骨干网①建成并正式开通，全国范围的公用计算机互联网络开始提供服务，中国互联网与数字经济也正式迈向高速发展期。

中国早期的互联网与数字经济政策以加强信息化建设为主。1993年开始，社会信息化工作被列入党和国家领导人重点关注的范围，"三金工程"与《关于国民经济和社会发展"九五"计划和2010年远景目标纲要》等都对信息化建设作出了指导。

1993年年底，中国正式启动了国民经济信息化的起步工程——"三金工程"。三金工程包括"金桥工程"、"金卡工程"和"金关工程"。"金桥工程"是三金工程的基础，主要目标是建立一个覆盖全国并与国务院各部委专用网连接的国家共用经济信息网；"金关工程"指的是国家经济贸易信息网络工程，可延伸到用计算机对整个国家的物资市场流动实施高效管理；"金卡工程"主要围绕电子货币的建设与推广展开，目标是在城市3亿人口中推广普及金融交易卡，并逐步将信用卡发展成为个人与社会的全面信息凭证。"三金工程"分别对应了数字经济中的网络基础设施、电子商务与在线支付，是中国首次在政策层面围绕数字经济（当时来看更多的是信息经济和互联网经济）进行的系统性布局。

1996年3月5日，在第八届全国人民代表大会第四次会议上，通过了《中华人民共和国国民经济和社会发展"九五"计划和2010年远景目标纲要》，提出了中国2010年的信息化建设目标："国民经济和社会各领域应用现代电子信息技术取得很大进展，计算机应用在生产、工作和生活中的普及程度有很大提高。初步建立以宽带综合业务数字技术为支撑的国家信息基

---

① 全国骨干网，指中国的四大互联网骨干网，包括中国科技网（CSTNET）、中国公用计算机互联网（CHINANET）、中国教育和科研计算机网（CERNET）以及中国金桥信息网（CHINAGBN）。

础设施,国民经济信息化的程度显著提高……进行现代化信息基础设施建设,推动国民经济信息化。"自此,全面的信息化建设为数字经济特别是电子商务的发展打下坚实基础。到了 1997 年,电子商务正式在中国启动了。

(一)从对外到本土:中国电商的起步期

1997 年 2 月,国家经贸委发出了《关于组建中国商品交易中心并进行试点的通知》,标志着中国政府在电子商务应用领域的首次实践。中国商品交易中心于 1997 年 10 月 28 日正式开通运营,采取会员制商业模式,试图建立具有中国特色的 B2B 电子商务体系。同年 12 月,中国化工网(China Chemical Network)上线,为用户提供商务信息发布与网络贸易服务,成为国内第一家垂直 B2B 电子商务网站。1998 年 2 月,由焦点科技运营的中国制造网(Made-in-China.com)在南京正式上线,旨在面向全球提供中国产品的电子商务服务,利用互联网将中国制造的产品介绍给全球采购商。不难发现,早期的此类 B2B 电子商务网站大多为英文网站,旨在尝试将国际客户与国内产业进行对接。在这些网站打下的基础之上,从 1999 年起,一批面向国内企业与消费者的电子商务公司开始如雨后春笋般涌现。

1999 年 5 月 18 日,中国第一家面向国内用户、开展 B2B 与 B2C 业务的电子商务公司——8848 正式成立,该公司以珠穆朗玛峰的高度命名,创始人是王峻涛。一经问世,8848 便得到了国内外投资者的密切关注,包括 IDG 资本、雅虎创始人杨致远和中国台湾投资人张明正在内的多个投资者共同拿出 100 万美元于 1999 年 8 月购买了 8848 一半的股权。1999 年 11 月,英特尔公司总裁克瑞格·贝瑞特(Craig Barrett)访华并参观了 8848 公司,称其是"中国电商平台的领头羊"。2000 年 1 月,8848 参加了以"互联网与中国的未来"为主题的第三届中国互联网大赛,被评为中国优秀网站,以及工业与商业类的第一名,同时还实现了单月销售额破千万的成绩,成为国内第一家达到这一营业规模的电子商务平台。成立后不久,8848 开始筹划在美国纳斯达克上市，其估值一度达到 5 亿美元。然而，"互联网泡沫"的破灭却阻断了 8848 的上市流程，上市失败的 8848 很快便从巅峰走向衰落，其市场份额也被后来者迅速蚕食。

在 8848 网站上线仅 4 个月后，1999 年 9 月 9 日，马云带领其他 17 位创始人在杭州正式成立阿里巴巴公司。阿里巴巴的首个网站是英文网站全球批发贸易市场阿里巴巴，以将中国商品批发到海外销售为主要业务，之后才建立了专注于国内批发贸易的中文网站（现称"1688"），这一"由外向内"的发展路径在中国电子商务行业的早期发展过程中也颇具代表性。1999—2000 年，阿里巴巴从数家投资机构中共募资 2500 万美元，为公司的早期发展积累了足够资本。由于早期阿里巴巴的国际业务占比有限，也没有一早就酝酿上市，因此受到"互联网泡沫"的影响相对较小，而 8848 等竞争对手受到的冲击更是为稳定扩张的阿里巴巴腾出了发展空间。2001 年 12 月，阿里巴巴的注册用户数首次超越 100 万；2002 年，阿里巴巴集团首次实现全年正现金流入；2003 年 5 月，B2C 购物平台淘宝网正式成立，成为阿里巴巴发展过程中的关键一步；当年 10 月，为解决淘宝上买家与卖家之间交易的信任问题，淘宝网又推出了支付宝服务。至此，阿里巴巴"电子商务+第三方支付"的基本商业模式彻底形成。

成立于世纪之交，试图搭上电子商务这趟快车的中国数字经济企业远不止 8848 与阿里巴巴这两个。1999 年 8 月，毕业于哈佛商学院的两位 MBA 同学邵亦波和谭海音选择回国创业，他们在家乡上海创立易趣网，主营电子商务。2000 年 2 月，易趣在全国首创 24 小时无间断热线服务，以客服质量为卖点吸引了大量用户，同时依靠"网上销售手机"这一特色内容在两年内成为中国第一电商品牌。

而从"网上书店"起步的当当网则成立于 1999 年 11 月，创始人是李国庆和俞渝夫妇。当当的发展历程与亚马逊类似，早期主要经营图书和音像产品的 B2C 业务,后期则逐步扩展为综合电商。当当是首个提供"货到付款"服务的国内电商平台,也成为中国首家完全基于线上业务并在美上市的 B2C 网上商城。

上面介绍的各类电商平台,在早期中国互联网发展水平不高、电商市场整体扩张迅速的"蛮荒"时代大多"各自为战""互不打扰",即使主营业务存在交集,彼此之间也不存在太多的正面竞争。而在电子商务行业逐渐走向成熟、市场扩张速度回归正常、用户群体开始固定之后,平台与平台之间不可避免地围绕市场份额展开了短兵相接的对决。

（二）中美电商的初次交锋:淘宝 VS 易趣

1. 美国电商进入中国市场

中国的电子商务起步于 1999 年,而美国则要比中国早五年左右。当中国的 8848 和阿里巴巴等电商企业刚刚创立之时,易贝和亚马逊等美国电商巨头已经在美国国内市场占据了可观的市场份额,并开始加速布局其全球化业务。1999 年,中国的 GDP 总量为 8.9 万亿元人民币——按美元计算已连续两年超过 1 万亿美元,这一数字是当年日本 GDP 的 23.9%、美国 GDP 的 11.3%;按照全球经济总量排名来看,中国位居全球第七,排在美国、日本、德国、英国、法国和意大利之后;按照增长速度来看,当年中国实际 GDP 增长 7.62%,即将迈入由加入世界贸易组织(WTO)启动的高速增长期。如此一个快速增长的新兴市场,自然受到了美国电商巨头们的垂涎与关注,易贝和亚马逊等公司纷纷通过入股或收购中国电子商务企业的形式尝试进入中国市场。

2002 年 3 月,美国电商易贝向易趣注资 3000 万美元,两家公司结成战略合作伙伴。一年零三个月后,在易趣获得国内 C2C[①] 市场超过 80%的市

---

① C2C,Consumer to Consumer 的简写,即个人对个人的电子商务模式。

场份额后，易贝又耗资 1.5 亿美元收购了易趣剩下 66.7% 的股份。易趣网自此更名为 eBay 易趣——易贝的中国站点，成为易贝国际战略的重要组成部分。

2004 年 7 月，亚马逊尝试收购当当遭到拒绝①，一个月后，亚马逊花费 7500 万美元收购了当时位于中国电商第二梯队的卓越网，这一收购标志着全球电商巨头亚马逊正式进入中国市场，中国电子商务市场的竞争愈演愈烈。卓越网是 2000 年 1 月从金山软件分拆出来的电子商务平台，其创始人之一便是时任金山软件 CEO、之后又通过创立小米公司在电子消费品领域大展宏图的雷军。

2003 年非典疫情的影响逐渐消退之后，中国经济进入了新一轮的高速增长期。2003—2007 年，中国 GDP 的年均增速均超过 10%，2007 年的增速更是创下整个 21 世纪中国 GDP 增长的最高速度——14.2%。在各项支出中，居民消费的增长势头也十分迅猛，民众网上购物的参与度逐年提高，网络消费占总消费的比例也不断提升，以上都推动了中国电子商务进入快速发展期。

与此同时，同电子商务相关的立法与政策制定也在进一步优化、完善。2004 年 8 月 28 日，《中华人民共和国电子签名法》通过，意味着电子签名被赋予了与手写签名或盖章同样的法律效力，电子认证服务的市场准入制度由此得以明确。《中华人民共和国电子签名法》是首部真正意义上的信息化法律，也是中国首部真正意义上的电子商务法，为中国电子商务的发展提供了基本的法律保障。2005 年 1 月 8 日，《国务院办公厅关于加快电子商务发展的若干意见》正式发布。在这份文件中，明确了电子商务是国民经济和社会信息化的重要组成部分。文件还指出，发展电子商务是以信息化

---

① 此后，当当又相继拒绝了伸出橄榄枝的百度与腾讯，2018 年与海航的收购谈判也以失败告终。

带动工业化、转变经济增长方式、提高国民经济运行质量和效率、走新型工业化道路的重大举措,对实现全面建设小康社会的宏伟目标具有十分重要的意义。这份文件的发布,标志着以电子商务为代表的数字经济发展成为中国国家战略的重要组成部分。而在电子商务的重要环节——在线支付方面,相关的法律文件也迅速出台。2005 年 10 月,中国人民银行颁布了指导性法规文件《第三方支付索引》,对第三方支付的银行及其客户提出了规范性要求。

正是在这样的大背景下,中国的本土电商企业开始与由美国电商巨头主导的中国公司在日益规范的各个电商细分市场中展开正面交锋。

2. 中美电商的正面对决

2003 年 5 月,淘宝网正式上线,而淘宝与易趣的对抗也随之拉开帷幕。面对这个刚刚起步的对手,易趣没有丝毫懈怠,这从易趣在谷歌、百度等搜索引擎上的核心广告语中就可以看出来——"要淘宝,到易趣"。同时在自家网站上,易趣也打出了"淘宝贝,开店铺,生活好享受"等广告标语,试图将大众对"淘宝"二字的联想引导至自身而非阿里巴巴旗下的淘宝网。大面积的广告铺盖,便是易趣在这场电商战争中采取的第一个核心策略。而面对财大气粗的易趣,淘宝则选择在大量的个人网站上投放广告,同时基于支付宝这个创新点来大力宣传网上支付的安全性与便捷性,并先后宣布与中国工商银行和公安部身份证验证中心等机构合作,将诚信经营与安全支付作为宣传重点。淘宝的这一反击策略收到了很好的效果,在成立后的一年时间内(2003—2004 年),市场份额显著提升。

除了在广告和商誉等领域的竞争外,在很大程度上,作为网购平台的易趣和淘宝在一项关键制度上的差异就决定了这场对抗的结局,那便是"费用结构"。互联网平台之间竞争的关键在于用户,用户是互联网平台的基础(于立,2020)。为了获得更多的市场份额,平台一般会采取价格竞争和新产品竞争的形式。而通过采取倾斜式的定价策略,互联网平台能够吸引更多的用户入驻,尤其是在一个刚刚兴起的新领域,如网上购物。

2001 年 8 月 1 日,易趣宣布对卖方收费,其费用结构包括两部分:一部分是登录费,按照售卖商品的登录次数计费;另一部分是交易费,按照交易额的 0.25%—2% 收取。最初,易趣设置的出售日期是 16 天,如果 16 天之后卖方还想上架并出售该商品,就必须支付一笔新的登录费。后来,易趣将这一日期缩短为仅仅 8 天。而与易趣不同,淘宝从成立之初就宣布免费,具体包括免会员注册费、免商品登录费和免交易手续费。只有希望获得淘宝网的流量与广告支持的店家,才需要支付相关的服务费用。从互联网经济学的角度来看,淘宝的费用结构较之易趣的收费制更优,这使网络外部性能够得到充分发挥,吸引越来越多的卖家入驻——除非易趣也采取免费策略,否则卖家在权衡之下自然会选择免费的淘宝网。然而,易趣并没有修改其收费方式,导致其卖家纷纷弃"易"转"淘",网购市场的风向渐渐开始转变。

根据淘宝与易趣公布的用户和交易数据可知,截至 2004 年 9 月,淘宝网上单个用户的交易额已是易趣的 3 倍。市场份额的变化开始让易趣意识到压力,不得不作出改变。2005 年 5 月 1 日,易趣宣布降低其商品登录费和店铺月租,可想而知,这不情不愿的"降费"举措当然没有多少卖家愿意买单。于是易趣又在当年 12 月 19 日宣布免费开店,并继续降低商品登录费,然而这些措施的幅度仍然十分有限,也没有提供吸引新卖家入驻的手段,对于易趣来说无论做什么似乎都为时已晚。

从经济性角度来看,平台的用户多归属性[①]决定了卖家可以选择在多个平台销售产品,因此对于平台费用的比较最终会让卖家放弃费率更高的平台,而网络外部性的存在也会加速这一进程。2005 年 12 月 7 日,咨询机

---

① 多归属性,即用户可以加入两个或两个以上的平台。

构易观国际发布的报告显示,淘宝在电商 C2C 市场的份额已经达到 57.10%,远超易趣的 34.2%。2005 年 12 月 20 日,易贝宣布退出对于中国市场业务的运营,易趣网也于 2006 年被卖给了香港的 TOM 集团,这次 C2C 市场的对抗最终以淘宝的大获全胜而宣告结束。

淘宝与易趣之争,是中国电商发展史上第一次异常激烈、引起了国内外持续关注的同业竞争。总结来说,淘宝能够"以小赢大"的原因是多方面的。其一,淘宝网作为本土平台对于国内市场的把握更为准确;其二,eBay 易趣、亚马逊卓越等平台尝试按照美国母公司的成功商业模式来运营中国平台的做法,会导致"水土不服";其三,阿里巴巴在经营早期并未急于上市,因此也有效缓解了其短期业绩压力。总之,淘宝与易趣的这场大战,奠定了中国电商市场由国内电商主导的基本发展形势,在此之后,亚马逊等国外电商或互联网企业再也没能在华夏大地上复刻其在美国取得的辉煌。

3. 从 C2C 到 B2C

经此一役而取得网上购物市场领先地位的淘宝,并没有故步自封。深耕这一市场多年的阿里巴巴等企业开始意识到传统的 C2C 商业模式存在一个天然不足,即产品的质量问题严重。在早期的淘宝网上,产品间的质量差距非常大,从名牌直营到高仿假货一应俱全。起初,这样宽阔的产品质量区间确实能够吸引尽可能多的消费者,但在市场份额基本稳定、用户对于产品质量的要求不断提高的情况下,质量问题就成为平台向更高水平发展的阻碍。

于是,大力发展 B2C① 业务成为行业转型的最终选择。2007 年 6 月,由刘强东创立的京东就从一家专门销售电子产品的网站(京东多媒体网)升级成为更加全面的 B2C 平台(京东商城),并开始以北京、上海和广州三

---

① B2C,Business to Consumer 的简写,即企业对消费者的电子商务模式。

地为中心构建其物流体系。2008 年 4 月,淘宝网正式开设"淘宝商城"(后改名为更为人熟知的"天猫商城"),其入驻者必须证明自己是一家具有营业资质的合法公司,淘宝商城成为阿里巴巴的 B2C 平台。

除了 B2C 模式重新成为主流之外,电商的种类也变得更为丰富,不再仅限于销售商品。一大批包括社区团购、旅游出行、网上约车和共享单车等在内的各种生活服务类电商相继出现,且大多基于移动互联网和智能手机平台,极大地丰富、便利了大众生活。而围绕着垂直 B2C 模式与生活服务类电商,中国的电子商务也迎来了新一轮的发展。

(三)"千团大战"与购物节

除了淘宝、易趣这种两家领先企业争夺市场领导者地位的激烈竞争之外,在中国的电子商务发展史上,还出现了多次大量新创企业围绕同一新兴市场而展开激烈角逐的事件,其中发生时间最早、最具影响力的,当属 2010 年的"千团大战"。

与其他一些数字经济中的主流商业模式类似,"团购"也是起源于海外的"舶来品"。2004 年 7 月,美国电商网站 Woot[①] 开创性地提出"每日优惠"(One Deal a Day)的折扣方式,即每天将一款商品进行限量打折出售以吸引想以低价购买商品的消费者。此后,这一模式逐渐被美国各主流电商平台采纳。2008 年 11 月,第一个团购网站 Groupon 正式上线,主打网上团购的购物形式,与之前所有的电商网站不同,Groupon 的特色是"网站每天只推出一款折扣产品,每个账号每天只能抢购一次,并且线下团队规模远超线上团队"。很快,这种商业模式便在美国和欧洲迅速取得成功,到 2010 年时 Groupon 的业务已经扩展到 35 个国家。

同样是 2010 年,以 Groupon 为代表的线上团购模式传入中国。当时国

---

① Woot,2010 年 6 月 30 日被亚马逊以 1.1 亿美元收购。

内的创业者普遍认为,"团购"模式的市场门槛不高,只要能够尽早占据市场,就很有可能取得成功,于是各大电商与互联网企业纷纷开始扶持自家的团购平台。2010 年 1 月,中国第一家团购网站——满座网①上线,此后,美团网②、糯米网③、大众点评团④、拉手网⑤以及由 Groupon 与腾讯合资的本地化品牌高朋网⑥等团购网站陆续上线。截至 2011 年 3 月,根据市场调研公司统计的数据可知,全中国在运营之中的团购网站共有 3600 多家,其中既包括一些大型的全国性网站,也有许多区域性团购网站和专攻某类产品或服务的中小型平台,"千团大战"正式开始。

价格竞争常常是企业占据市场、打压对手的第一张牌,在"千团大战"中也不例外。不但如此,一些排名靠前的团购网站甚至不惜用"烧钱"的方式来维持其市场份额。据《北京商报》报道,拉手网在团购竞争最为疯狂的 2011 年上半年净亏损接近 4 亿元,而糯米网在 2012 年的净亏损也达到 2730 万美元。

随着市场竞争的不断加剧,这些团购网站中的绝大多数都已被淘汰或收购。据监测数据显示,截至 2012 年年底,全国团购网站累计诞生 6177 家,累计关闭 3482 家,关闭率已达 56%,尚在运营中的只剩 2695 家。而到了 2013 年 2 月,真正还在维持运营(排除虽能访问但团购活动已经 7 天以上不再更新的网站)的团购网站数量已经只有 943 家。两年之后的 2015

---

① 满座网,2014 年 1 月被苏宁仅以 1000 万美元收购,2015 年 10 月网站关闭。

② 美团网,2010 年 3 月成立,2011 年获阿里巴巴近 1 亿美元投资;2015 年阿里巴巴撤资,腾讯对其投资 10 亿美元。

③ 糯米网,2010 年 6 月由人人公司创建,2014 年 1 月被百度全资收购并更名为百度糯米。

④ 大众点评团,2010 年 6 月大众点评网上线其团购频道"大众点评团",2014 年 2 月腾讯投资 4 亿美元获得 20% 股份。

⑤ 拉手网,2010 年 3 月成立,2014 年 10 月被宏图三胞集团收购。

⑥ 高朋网,2011 年 2 月成立,2013 年 1 月与 F 团、QQ 团合并为高朋网。

年,"千团大战"已经偃旗息鼓,美团成为最后的赢家,其在团购市场的份额达到了 52%,大众点评紧随其后,市场占比 30%,而其他中小平台仅占剩余的 18%。2015 年 10 月 8 日,美团和大众点评宣布正式合并,中国团购行业"一家独大"的形势自此成型。

除了在新兴细分市场展开的激烈竞争之外,每当电子商务领域出现任何新增长点之后,几乎所有市场参与者都会采取极其相似的商业模式与营销手段迅速展开竞争、瓜分市场,此类竞争的一个典型代表便是"6·18"与"双十一"两个购物节。

按常理来说,每年的 6 月份和 11 月份是居民消费的淡季。但对于企业来说,6 月和 11 月正是半年财报临近公布以及全年业务即将收官的重要时期,因此电子商务企业有激励在此期间开展大规模促销活动以增加其营业额和交易规模,进而有效提升上半年与全年的销售业绩。在美国,此类促销活动的代表是每年冬季长达一个月之久的"黑色星期五"购物节——从感恩节①之后的第一个星期五一直持续到圣诞节前夜。在中国,此类促销活动的代表分别是京东的"6·18"周年庆,与淘宝的"双十一"购物狂欢节。

2008 年,京东选择在公司创办的 6 月 18 日开启第一次网上年中促销活动。许多上游厂商为了能够在年中取得一个较好的销量,都给予了京东比较大力度的产品优惠,而这一优惠又反映在产品的促销价格之中,因此吸引了大批消费者在这一天集中购物。2009 年,淘宝商城开启了"双十一"促销活动。2009 年 11 月 11 日当天,淘宝商城单日交易额突破 5200 万元,是其日常交易额的 10 倍,这意味着淘宝的此次促销活动空前成功。

---

① 每年 11 月的第四个星期四。

"6·18"与"双十一"取得的巨大成功,让京东和淘宝商城坚定了将这两个活动继续办下去的信心。2010年6月18日,"玩游戏,得令牌;全场满赠,满送,加价购;疯狂促销;购物即返券"等字样飘荡在整个京东网站的页面。京东还针对各类企业用户、学生用户等个性化群体,设置了专门的"6·18"会场给予其额外的促销。自2011年开始,京东将"6·18"促销的时间延长到了整个6月,其中6月18日当天的促销力度最大。到了2013年,京东开始推进将"6·18"作为一个专门的项目来运营,并为大促活动设置了专门的运营部门和技术支持。对于淘宝商城来说,"双十一"也逐渐演变成一场全商城卖家与买家共同参与的狂欢。2009年的"双十一"购物狂欢节期间仅有27家品牌卖家参与,到了2010年扩展为711家。而到了2012年,参与"双十一"的平台已经超过1万家,当日营业额更是从2009年的5200万元扩张到132亿元。而对于普通网民来说,在"6·18"和"双十一"活动期间进行网上购物,已经从一种追求促销的临时购物行为,逐渐转变成一种习以为常的消费习惯。

京东和淘宝虽然是"6·18"与"双十一"的缔造者,但却并不是唯一的参与者。2010年后,包括当当网、国美电器和苏宁易购等在内的多家电商也开始在这两个购物节期间开展促销活动。尤为值得一提的是2014年的"6·18"购物节,当时正值巴西世界杯,居民消费、娱乐倾向强烈,于是各主要电商均采取了相较于以往幅度更大的促销策略,如满减、特价、秒杀、一折起售和新品闪购等,使当年的"6·18"购物节尤为轰轰烈烈。

正如前文所述,平台经济的用户多归属性使消费者可以同时对多个平台上同一商品的价格进行对比,并最终选取价格最低的一家平台进行消费,所谓"电商大战"的本质,只不过是一场价格战。然而,不计成本的价格战、屡禁不止的欺诈行为以及频频出现的不正当竞争,也为中国电商的发展敲响警钟,无序的市场竞争很可能会反过来伤害企业与行业发展,因此亟须建立更加专业化的电商相关法律法规与有效监管。

2013 年 12 月 7 日，全国人大常委会在人民大会堂召开了"中华人民共和国电子商务法"起草组第一次会议，正式启动了电子商务的立法进程。2014 年 11 月 24 日，全国人大常委会召开了"中华人民共和国电子商务法"起草组第二次全体会议，就电子商务的重大问题和立法大纲进行研讨，并提出要以促进发展、规范秩序、维护权益为立法的指导思想。而在短短几年内电子商务行业不断发生的变化与转型，也对相关立法提出了新的要求。最终，经过全国人大常委会的四次审议及多次公开征求意见，2018 年 8 月 31 日，十三届全国人大常委会第五次会议表决通过了《中华人民共和国电子商务法》。《中华人民共和国电子商务法》涉及电子商务经营者、电子商务合同的订立与履行、电子商务的争议解决、电子商务促进与法律责任等多方面内容，为中国电子商务的健康发展保驾护航，同时也为消费者、卖家和电商平台的权益维护与纠纷解决提供了有力支持。

到了 2014 年，由于市场规模与新增用户的增速均开始放缓，中国电商"野蛮增长"的时代基本结束，合并重组与战略合作一度成为这一时期中国电子商务行业的主流趋势。2014 年 3 月 10 日，社交服务巨头腾讯发布公告，宣布与京东在电商领域展开深度合作，将购买京东约 3.5 亿股普通股，占京东上市前普通股的 15%；此外，在京东进行 IPO 时，腾讯还将以发行价认购京东额外的 5% 股份。除了资金注入外，腾讯还将自己的电商资产打包并入京东，并向京东提供微信和手机 QQ 等社交软件的一级入口位置和其他主要平台支持。在此之后，生活电商美团和大众点评网、旅游出行电商携程网和去哪儿网、约车软件滴滴和快的，以及分类信息电商 58 同城和赶集网，均先后实现合并，以期获取更大的市场份额。

至此，中国电子商务不计成本、肆意扩张的时代彻底结束，按照一些媒体的表述，中国的电商市场已经从代表未知市场空间的"蓝海"，正式转变为产业边界明晰、竞争规则已知的"红海"。直到拼多多①等基于新商业模式的竞争者出现，才给这一市场格局带来新的冲击。

二、"动感地带"：社交网络的发展与颠覆

同美国一样，中国的社交网络发展起源于"网络论坛"（Bulletin Board System，BBS）②这一历史悠久的公开信息系统。在网络论坛上，来自全国各地的互联网用户可以围绕相同的话题进行讨论，由此便形成了最早的网络聊天室与虚拟社交空间。

（一）早期社交网络商业化

20 世纪 90 年代，电脑和互联网对中国老百姓来说都是不常见的新鲜事物，全国网民占总人口的比例也不算高。而网络论坛这种相对松散的信息组织模式恰好十分适合当时的互联网环境，因此便出现了四通利方③、天涯社区④和猫扑网⑤等一系列较为有影响力的网络论坛网站。然而，网络论坛以文字对话为主的网页运营模式本身并不适合组织商业活动，其受众数量也受到论坛主题、注册门槛和用户群体特征等多方面因素的限制，本质上是一种联系松散的陌生人社交。事实上，网络论坛的这些不足是由 Web 1.0 中网络组织的基本属性所决定的，因此难以被轻易克服，从而导致早期中国社交网络的商业化"雷声大，雨点小"。

在正式进入 Web 2.0 时代之前，以熟人社交为主要服务对象的社交软件就已出现。在中国，最具代表性的便是腾讯公司于 1999 年推出的即时通信聊天软件 QQ。在 QQ 的早期版本——OICQ 的注册页面，有一行设计团

---

① 拼多多，2015 年 4 月正式上线，专注于拼团购物的第三方社交电商平台。
② 直译为"电子公告板"，即在网络中进行交流的一块区域。第一套网络论坛系统诞生于 1978 年的美国，而直到 1983 年第一个适用于个人计算机系统的 BBS 才出现——RBBS-PC。
③ 1993 年四通利方公司成立，1996 年成立同名 BBS 网站，是新浪的前身。
④ 1999 年 3 月天涯社区论坛创立。
⑤ 1997 年 10 月猫扑网创立。

队对于这一软件的介绍:"中文网络寻呼机"。在当时的 QQ 运营团队看来,这一软件的主要作用就是如同寻呼机①一样让网络好友互相留言,而团队也设计了各类增值项目——如代表玩家虚拟形象的 QQ 秀和凸显网络身份的个人名片等。有趣的是,这些项目在之后的 QQ 软件以及腾讯公司的其他软件服务(如微信)中逐渐被淡化,而二十多年后的今天它们竟然又成为新型应用——元宇宙中的重要内容。在此后的转型中,QQ 不断拓展沟通与交流的可用功能(语音、视频、文件传输和远程控制等)、弱化其他非核心应用,始终贯彻其回归社交本质的发展理念,因此直到今天,这款运行了二十多年的软件在中国依然有着不小的市场与受众。

(二)商业模式创新:网络社区与实时社交平台

进入 21 世纪后,社交网络的核心内容发生了重大变化。对于网络话题的讨论与交流,逐渐让位于内容创造与知识分享,网络节点的重要性也进一步凸显。而发挥网络节点作用的群体,在早期是博客时代的博主这类文字内容的创造者,在后来则是获得实名认证、通过文字和多媒体等多种形式的内容分享来实现信息传递的微博"大 V"。博客和微博也因此成为以弱连接和低活跃度为特征的陌生人社交的主要平台。在线广告是此类平台最主要的盈利模式,算法推荐确保了在线广告的针对性和实时性,但除此之外此类平台并无太多商业模式创新。

与之相对的,以强连接和高活跃度为特征的熟人社交则采取了两种全新的形式:一种是类似于 Myspace 和脸书这样的社交网络服务(Social Networking Service,SNS)社区,其在中国的典型代表是豆瓣②、虎扑③、开心网④

---

① 寻呼机,流行于 20 世纪 90 年代,是一款普及度很高的、用来显示简要信息的通讯工具,后逐渐被手机所替代。

② 豆瓣,创立于 2005 年 3 月,主要分享书籍、影视与音乐等。

③ 虎扑,创立于 2004 年 1 月,主要分享体育赛事。

④ 开心网,创立于 2008 年 3 月,以办公室白领用户群体为主。

和人人网①等存在一定主体的网络社区;另一种则是依托于社交软件,尤其是适用于移动互联网环境的实时社交平台,而腾讯于 2011 年 1 月 21 日推出的微信便是个中翘楚。

1. 早期实时社交平台:QQ 与飞信

事实上,微信并非国内最早出现的移动通信服务软件。早在 2003 年,腾讯自家的"手机 QQ"就已问世,而由中国三大运营商之一——中国移动推出的、绑定个人手机号的综合信息服务"飞信"也在微信诞生的 4 年前就已上线。客观地说,早期手机 QQ 的功能相对简陋,且只能以文字聊天为主,而受限于当时普遍较低的网络速度与性能欠佳的手机设备,手机 QQ 的某些功能远不及电脑端的 QQ 方便。2007 年 5 月,飞信的上线彻底弥补了手机 QQ 的不足。相较于手机 QQ,飞信的功能更加齐全,既能不受限制地给手机或另一个飞信客户端发送免费短信,也能和飞信好友随时随地进行低费用的语音聊天;同时,飞信还全面支持手机、电脑或网页端的多终端登录以及应用时的任意切换;最重要的是,飞信虽然由中国移动推出,却允许另外两家电信运营商——联通和电信的用户注册和使用,从而实现了真正意义上的三网互通。基于上述优势,飞信在刚刚发布的一段时间内确实取得了一定的成功,对 QQ 形成了不小的挑战。

在发布仅一年半之后,飞信便拥有了超 1 亿的用户规模,成为仅次于 QQ 的国内第二大社交通信软件;到了 2010 年年末,飞信的用户数量突破 2 亿,而在全盛时期其注册用户最高时达到了 5 亿(2014 年微信用户突破 5 亿)。然而,诸多原因限制了飞信的进一步发展。首先,飞信自身的研发创新与版本更新速度较为缓慢。在飞信上架整整 5 年内,一共只经历了 14 次版本更新,其核心功能与附加服务的扩展和升级均极其有限。其次,飞信服

---

①　人人网,创立于 2005 年 12 月,原名校内网,以在校学生用户群体为主。

务有一个先天性矛盾,那就是它和中国移动自身的两项重要收入来源——通话费用和短信费用存在冲突。如果一直采取免费策略,飞信的用户数扩张就会持续降低中国移动的常规收入;而如果采取与短信基本相同的收费策略,那么飞信的竞争优势就无法体现。因此,飞信最后选择了对于移动用户免费,对于联通和电信用户收取短信费用,这就为飞信的用户群体规模设置了一个天然上限。最后,微信的出现,使故步自封的飞信慢慢被通信软件市场边缘化,活跃用户数量也在短期内大幅下降。到了2016年,中国移动宣布终止提供短信转飞信业务。2018年,难以释怀的中国移动又推出飞信2.0——"和飞信",试图与钉钉、企业微信一决高下,但显然它没能成功。

2. 国外通信软件:Kik

除了同根生的QQ与中国移动的飞信之外,微信的开发过程还受到了一些国外通信软件的启发,其中影响最大、被一些人视为微信鼻祖的便是于2010年10月登录苹果与安卓手机的Kik软件。Kik是一款功能简单到极致的跨平台即时通讯软件,虽不能发送照片或文件,但却在上线短短15天内便吸纳了100万的新用户。究其原因,除了Kik极度简化、小巧易用的客户端之外,它的一项核心功能是其成功的关键——自动扫描用户通讯录并自动添加注册了Kik的通讯录好友。对于通讯录的匹配,最大程度地利用了社交网络的网络经济特征,促使Kik的用户规模呈现出指数级别的增长。[1] 尽管此后Kik的发展步伐有所放缓,并逐渐被WhatsApp和Snapchat[2]等软件击败,但其早期的成功经历确实在很大程度上启发了微信的设计与推广。

---

[1] 在Kik刚刚上线的2010年,互联网用户对于隐私安全的认识程度和重视程度均相对不足,并没有太多用户指责Kik读取用户通讯录侵犯了其个人隐私。当然这里面也涉及了用个人信息换取软件服务的"数据隐私悖论"问题。埃塞等(Athey等,2017)对于这一问题进行了比较细致的分析。

[2] Snapchat,于2011年开发的一款"阅后即焚"照片分享应用。

3.微信主导的社交网络模式

与如今的微信大有不同,初代微信更多的是一个专注于移动端的即时通讯工具。2011 年 1 月,刚刚上线的微信仅以短信和彩信业务为主,既不能语音聊天也不能传输大型文件,在很大程度上可以被看成基于真实身份的真正意义上的"手机 QQ"——甚至可以直接使用 QQ 账号登录微信。在之后的历次小型更新中,微信逐渐加入了读取手机通讯录、与腾讯微博私信的互通以及支持多人会话等功能,到了 2011 年 4 月,微信已获得了近 500万注册用户。几个月后微信便推出了 2.0 版本,其新增的语音对讲功能,推动了用户规模的首次快速增长。在之后的若干个版本中,微信先后通过加入导入通讯录和 QQ 好友等功能发挥了充分的网络效应来吸引新用户,并通过"查看附近的人"让微信具有了传统社交通信软件所不具备的陌生人社交功能(见表 3-1)。

表 3-1　微信主要版本更新时间与内容

微信版本	首次更新时间	更新内容
微信 1.0	2011 年 1 月	短信、彩信、读取通讯录、支持多人会话
微信 2.0	2011 年 5 月	语音对讲、查看附近的人
微信 3.0	2011 年 10 月	摇一摇、漂流瓶
微信 4.0	2012 年 4 月	朋友圈、视频聊天、网页版微信、微信公众号、第三方应用接口
微信 5.0	2013 年 8 月	扫一扫功能全面升级、微信支付、绑定银行卡
微信 6.0	2015 年 1 月	微信红包、微信小程序、微信小游戏、微信支付可在海外使用
微信 7.0	2020 年 3 月	拍一拍、微信豆
微信 8.0	2021 年 1 月	平板设备微信、语音暂停、关怀模式、青少年模式

资料来源:笔者根据公开资料整理。

2012 年 4 月,微信 4.0 版本中加入了类似于脸书等 SNS 用户社区中的朋友圈功能,同时开放了将第三方应用在微信内与好友分享的接口。这标志着微信从社交软件逐渐升级为功能更加丰富的分享空间,各类接口的开放也为微信的商业化埋下了伏笔。2012 年 8 月 23 日,微信公众号功能上线,标志着其开始构建类似于博客博主和微博"大 V"的内容生态。至此,微信集社交软件(QQ)、社交空间(脸书)与媒体平台(微博)的功能于一体,成为真正意义上的社交全平台。这些持续的功能改进,促使微信的用户规模迅速扩张。2012 年 9 月,在注册用户数突破 1 亿大关的 6 个月后,微信实现注册用户数破 2 亿,而 4 个月后的 2013 年 1 月,微信用户数破 3 亿,成为全球下载量和用户量最多的通信软件。根据微信团队公布的数据可知,截至 2016 年第二季度,微信已经覆盖中国 94% 以上的智能手机,月活跃用户达到 8.06 亿,微信成为了真正意义上的全民社交平台。

2013 年年初,在腾讯公司的年会上,时任公司总裁刘炽平向全体员工承诺:"2013 年将是微信的商业化元年"。他并没有食言,在此之后,微信从手机游戏到电子商务,从表情商店到内容订阅,进行了大量的商业化尝试。而这些尝试最终形成了三个较为稳定的商业模式。

第一,在线支付与金融业务。在微信提供的各项服务中,最为知名的当属开通于 2013 年的微信支付这一第三方支付平台。微信支付不仅为个人用户创造了多种便民服务和应用场景,如各种生活费用的缴纳、交通出行以及小额理财等,也能够为各类企业与小微商户提供专业的收款能力、运营能力、资金结算解决方案以及一定的安全保障。在微信支付的发展早期,其充分利用"微信红包"这一社交意味浓厚、饱含中国文化的交易方式进行推广,因而效果显著、迅速流行开来。后来,基于微信平台迅速积累了大量用户,微信支付很快就成为与支付宝分庭抗礼的第三方支付平台。

第二,在线广告。上文介绍过,经过多轮升级后的微信作为一个综合性社交平台整合了多种社交媒体的功能,因而也具有多种投放在线广告的形式。与此同时，微信还专门设置了一个供商家使用的广告投放平台，提供了九种不同的推广目标，包括推广品牌活动、推广门店、收集销售线索、推广商品、推广应用、派发优惠券、推广公众号、推广小游戏和推广视频号。基于不同的推广目标，商家可以选择 11 种广告位和 4 种广告形态。而在明确了推广目标和投放位置后，商家还可以选择广告定向投放人群、投放时间和预算出价等内容。这一成熟的广告模式为微信带来了持续而稳定的现金流。

第三，以"小程序"和公众号为代表的第三方入口。用户规模庞大的微信通过开放第三方接入口，顺利成为其他应用的综合性平台。这些应用大多以小程序的形式登陆微信，而腾讯则在这一过程中收取一定的认证费用。除了小程序之外，一些电商公司的企业公众号也成为开展电商活动的入口。当然，腾讯企业自身及其合作企业（如京东和美团）的一些业务也可以通过第三方入口接入，微信平台成为开展这些业务的重要渠道，也成为腾讯自己的"广告商"。

以上三类商业模式为微信贡献了最主要的经营收入。根据腾讯最新公布的 2021 年财报可知，在其当年 5601 亿元的总收入中，1722 亿元来自科技金融及企业服务，887 亿元来自网络广告，而这两项收入中的绝大部分正是通过微信平台实现的。从这个角度来看，微信已经成为除游戏业务之外腾讯公司最为重要的收入来源。

有理由相信，由微信主导的中国社交网络模式在短时间内并不会发生改变。自微信诞生的十余年间，许多国内外互联网巨头也曾尝试过推出各种类型的社交软件产品，或是将国外主流的社交软件"中国化"，然而这些努力大多宣告失败。那么，已是成功者的腾讯在未来又会基于微信平台作出哪些商业模式创新呢？目前是否还存在微信尚未完全覆盖、新企业仍有机会异军突起的社交内容领域呢？这些问题的答案，无疑都决定着中国社交网络经济在未来一段时间的发展态势。

三、"互联网+"驱动的产业数字化

无论是电子商务还是社交平台,在经济形态上,二者都属于"数字产业化"的范畴。

2021年5月27日,国家统计局发布了《数字经济及其核心产业统计分类(2021)》,其中将数字经济划分为"数字产业化"和"产业数字化"两个方面。按照国家统计局的定义,数字产业化属于数字经济的核心产业,具体指为产业数字化发展提供数字技术、产品、服务、基础设施和解决方案,以及完全依赖于数字技术、数据要素的各类经济活动,是数字经济发展的基础。而与之相对,产业数字化,是指应用数字技术和数据资源为传统产业带来的产出增加和效率提升,是数字技术与实体经济的融合。产业数字化涵盖智慧农业、智能制造、智能交通、智慧物流、数字金融、数字商贸、数字社会以及数字政府等数字化应用场景,充分体现了数字技术已经并将进一步与国民经济各行业深度渗透和广泛融合。

根据前文分析可以发现,20世纪末到21世纪前10年的中国数字经济,始终以数字产业化为发展主线,而产业数字化虽然在部分领域(如数字金融)取得了一定突破,但这一数字经济形态的发展规模与增长速度均无法与数字产业化相提并论。因此,为了补全产业数字化上的短板、推动传统产业加快数字化转型进程,"互联网+"行动计划以及一系列相关的政策措施应运而生。

（一）"互联网+"与"宽带中国"

2014年11月,李克强同志在杭州会见了出席首届世界互联网大会的中外代表,并在同他们座谈时指出,互联网是大众创业、万众创新的新工具,只要"一机在手""人在线上",实现"电脑+人脑"的融合,就可以通过"创客""众筹""众包"等方式获取大量知识信息,对接众多创业投资,引爆无限创意创造。李克强同志也强调,中国政府高度重视、大力支持互联网发展。

2015年3月5日,在李克强同志所作的政府工作报告中首次明确提出"互联网+"行动计划,具体表述为:"制定'互联网+'行动计划,推动移动互联网、云计算、大数据、物联网等与现代制造业结合,促进电子商务、工业互联网和互联网金融健康发展,引导互联网企业拓展国际市场。"①"互联网+"从此成为中国推动产业数字化,实现数字技术与实体经济深度融合的指导思想与行动纲领。2015年7月4日,国务院印发《关于积极推进"互联网+"行动的指导意见》,这是推动互联网由消费领域向生产领域拓展、加速提升产业发展水平、增强各行业创新能力、构筑经济社会发展新优势和新动能的重要举措。

"互联网+"的实现前提是互联网本身的发展,其中最为明显的表现就是提速降费。在2014年之前,中国的宽带网络建设与商业化进程一直处于追赶国际领先者的进程之中。早在2000年5月5日,国际电信联盟(ITU)就正式公布第三代移动通信标准(3G),中国提交的TD-SCDMA正式成为国际标准,与欧洲WCDMA、美国CDMA2000共同成为3G时代最主流的三大技术之一。然而直到8年之后,中国国内的3G建设才开始起步。2009年1月7日,工业和信息化部为中国移动、中国电信和中国联通发放3张3G牌照。然而,在当时来看,3G已经不能算是前沿通信技术了,国际电信界已经开始探讨下一代移动通信的技术标准。2012年1月,国际电信联盟正式审议通过,将LTE‑Advanced和WirelessMAN‑Advanced(即IEEE 802.16m)这两项技术规范确立为第四代移动通信国际标准——4G诞生了。2013年12月4日,工业和信息化部正式向三大运营商发布4G牌照,国内的4G建设开始提速,这一次从国际标准确立到开始国内建设只花了不到两年的时间。

---

① 李克强:《政府工作报告——2015年3月5日在第十二届全国代表大会第三次会议上》,人民出版社2015年版,第27页。

2013 年 8 月 17 日，中国国务院发布了"宽带中国"战略实施方案，部署 2013—2020 年的宽带发展目标及路径。"宽带中国"的发布，意味着宽带互联网建设从部门行动上升为国家战略，宽带网络也首次成为国家战略性公共基础设施。2015 年 11 月 16 日，由工业和信息化部主办的"互联网+"协同制造与创业创新发展论坛在深圳举行。时任工业和信息化部副部长怀进鹏在论坛上表示，"互联网+"为未来产业和技术创新的相互促进、支撑经济发展带来了新的成长空间。怀进鹏还强调，作为最重要的信息基础设施，宽带支撑着物联网、云计算等高新技术产业的发展，工业和信息化部未来将进一步加大"宽带中国"战略的实施力度。

各项数据表明，"宽带中国"的战略发展目标得到了较好实现，为中国"互联网+"的发展提供了有效助力。截至 2020 年 12 月，中国固定互联网宽带接入用户数已经达到 4.84 亿户，同比增长 7.63%，比 2013 年设置的 4 亿户目标高了 20%。同时，自"宽带中国"战略实施以来，中国持续加大光纤网络建设投资力度，完成了从以铜缆接入为主向光纤入户（"光进铜退"）的全面替换。截至 2020 年年底，中国互联网宽带接入端口数量达到 9.46 亿个，其中光纤接入端口总数达到 8.8 亿个，光纤接入端口在互联网接入端口的比重由 2013 年的 32% 提升到 2020 年的 93%。除了宽带覆盖率的不断提升外，宽带资费也在不断下降，中国的互联网用户不光"上得了"宽带，也"上得起"宽带。2020 年 6 月，中国固定宽带月户均支出为 35.7 元，较 2014 年年底下降了 35.2%，占当年全国居民人均每月可支配收入的 1.3%。不仅如此，到了 2020 年中国也已建成全球最大、覆盖最广的 4G 网络。截至 2020 年年底，中国 4G 基站规模达到 575 万个，在城镇地区实现了深度覆盖，4G 基站的规模已经是 2014 年的 7.8 倍之多（2013 年中国还没开始建设 4G 基站）。同时，4G 基站在全国移动基站总量中的占比达 61.8%，比 2014 年提升了 40.2 个百分点，全面实现了"宽带中国"战略中"LTE 基本覆盖城乡"的预期目标(见图 3-6)。从 4G 用户的渗透率来看,自 2014 年开始,中国 4G 用户渗透率便一直领先于全球平均水平,截至 2020 年年底,中国 4G 用户渗透率已达到 80.8%,而全球 4G 用户渗透率仅为 54.5%。

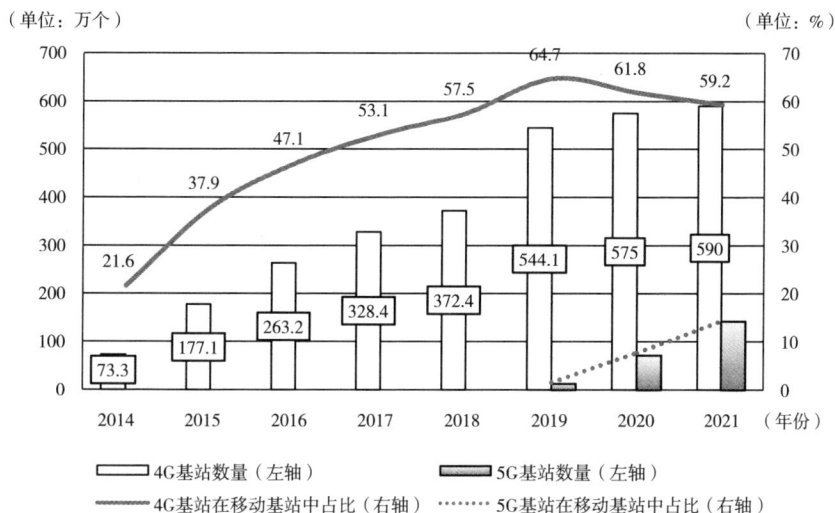

图 3-6　2014—2021 年中国 4G 与 5G 基站数量及占比情况

资料来源:中国互联网络信息中心(CNNIC)。

还需特别指出的是,2017 年 12 月,国际电信联盟正式审议通过将 3GPP 技术规范确立为第五代移动通信国际标准——5G 诞生了。2019 年 10 月底,5G 基站正式获得工业和信息化部入网批准,标志着 5G 基站设备正式接入公用电信商用网络,中国 5G 用户规模与网络覆盖范围也同步快速扩大。按照适度超前原则①,截至 2021 年年底,中国全部已开通的 5G 基站超过 142.5 万个(占全球 5G 基站总量的 60% 以上),5G 基站在全国移动

---

① 在 2021 年 9 月 6 日开幕的中国国际数字经济博览会上,中共中央政治局委员、国务院副总理刘鹤在视频致辞中提出"适度超前进行基础设施建设",指明了数字经济发展中基础设施的重要性和建设原则。中国信息通信研究院副院长王志勤也认为:"好的网络是商用成功的关键,因此我国确立了'宁可路等车,不能让车等路'的适度超前原则,以推动形成'以建促用、以用促建'的良性模式。"

基站总量中的占比也已上升为 14.3%，这便解释了为什么自 2020 年起 4G 基站的占比有所下滑。目前，5G 网络已覆盖全国地级以上城市及重点县市，而未来随着 5G 建设的逐步推进，其覆盖范围及使用规模将会进一步扩大。

（二）产业数字化

不断改善的网络条件为"互联网＋"的快速发展提供了有力支持，中国的产业数字化也因此取得了突出进展。在产业数字化的各项数字化应用场景中，中国在智慧农业、智能制造、智能交通和数字金融四个方面的表现尤为突出，取得了一系列具有较高水准乃至国际领先水平的发展成果。

1. 智慧农业

智慧农业（Smart Agriculture）是对于经济活动中最为传统的农业生产的一次全面升级，是农业农村现代化的主要实现手段，当前形式以"互联网＋农业"为主。2016 年 4 月，农业部等八部门联合印发《"互联网＋"现代农业三年行动实施方案》，提出重点推进电子商务、农业大数据、涉农信息综合服务等平台的建设。2016 年中央一号文件指出，"大力推进'互联网＋'现代农业，应用物联网、云计算、大数据和移动互联等现代信息技术，推动农业全产业链改造升级。"

根据工业和信息化部数据可知，到 2021 年年底，全国 51.2 万个行政村全面实现了"村村通宽带"，贫困村宽带的覆盖率也已超过 97%，早已实现《"十三五"国家信息化规划》提出的宽带网络覆盖 90% 以上贫困村的目标，联网入户成为"互联网＋农业"的实现基础。同时，国务院扶贫办联合商务部、财政部开展"电子商务进农村综合示范工作"，2014—2020 年，已累计支持 1338 个县，实现对 832 个国家级贫困县全覆盖，中国农村网络零售额也由 2014 年的 1800 亿元增长到 2020 年的 1.79 万亿元。

此外，2016 年农业部发布《农业部关于全面推进信息进村入户工程的实施意见》,提出加强农业信息基础设施建设,推进信息进村入户。2018年7月,全国60多万个行政村中有20.4万个村已经建立了益农信息社,而到2020年年底,益农信息社已经基本实现了全国行政村全覆盖。益农信息社是中国村一级的信息服务站,采取市场化运作,通过接入的网络授权平台为农民免费提供网上农业专家咨询、技术培训、法律服务等;为周围农民提供代订、代购农业生产资料、日用生活用品、发布农产品供应信息、劳务信息等服务,引导农民利用信息化手段改变传统的生活方式,缩短城乡数字鸿沟,促进农村现代文明,助推农村经济和城乡一体化发展,逐步发展为农村基层的公共服务统一平台。

目前,中国已成为世界第一大农产品电子商务国。尤其是近年来在视频直播、网络带货等新型电商的推动下,电子商务已经成为数字乡村、智慧农业发展的领头羊。而在"十四五"期间,"互联网+农业"将进一步升级为"移动互联网+农业",通过中国移动互联网技术来赋能农业农村现代化。

2. 智能制造

智能制造(Intelligent Manufacturing, IM)是传统制造业与人工智能、物联网、大数据、云计算和移动互联等新一代数字技术的深度融合。在"互联网+"计划一经提出后,由"互联网+制造业"主导的中国智能制造便迅速发展,同时呈现了清晰的发展战略。2016年12月8日,由中国工业和信息化部、财政部联合制定的《智能制造发展规划(2016—2020年)》正式颁布。根据该规划,到2025年前,中国推进智能制造发展实施"两步走"战略。第一步,到2020年,智能制造发展基础和支撑能力明显增强,传统制造业重点领域基本实现数字化制造,有条件、有基础的重点产业智能转型取得明显进展;第二步,到2025年,智能制造支撑体系基本建立,重点产业初步实现智能转型。

近年来,中国制造业企业数字化基础能力稳步提升,制造业企业设备数字化率和数字化设备联网率均持续升高。根据前瞻产业研究院《高质量发展新动能:2020 年中国数字经济发展报告》中公布的数据可知,2019 年,规模以上工业企业的生产设备数字化率、关键工序数控化率、数字化设备联网率分别达到 47.1%、49.5% 和 41.0%,且工业企业数字化研发设计工具普及率达到 69.3%。

在智能制造的各项关键应用中,工业互联网与工业机器人在中国的发展尤为突出。工业互联网是连接工业全系统、全产业链、全价值链,支撑工业智能化发展的关键基础设施。据中国工业互联网研究院测算,2021 年中国工业互联网产业增加值规模达到 4.13 万亿元,名义增速达 15.69%,占国内生产总值的比重为 3.62%,实现了对于三大产业发展的全面带动。工业机器人既是智能制造的主要设备,也体现了一个经济体的智能制造能力。2021 年,中国工业机器人销量为 25.6 万台,同比增长 48.8%,已经连续 8 年成为全球最大的工业机器人消费国。在智能机器人生产方面,2021 年中国工业机器人产量达 36.6 万台,同比增长 54.4%。需要注意的是,在大力发展智能制造的同时,也应充分考虑机器人等新生产要素对于传统要素尤其是劳动力的替代所带来的可能后果,应通过各类收入分配与社会保障政策缓解"机器换人"对劳动力市场带来的巨大冲击。

3. 智能交通

智能交通(Intelligent Transportation System,ITS)是将先进的信息与通信技术运用于交通管理与控制的综合智能系统。美国交通部对于智能交通系统的定义是:智能交通系统由以有线和无线为基础的信息、控制和电子技术构成,当将这些技术集成到交通系统基础设施和车内时,这些技术可以帮助监视和管理交通流、减少拥挤,为出行者提供可选路线、提高生产性、保障安全、节约时间和费用。根据国际数据公司(IDC)的统计,无人驾驶和运营、智能信控、智慧停车以及 MaaS① 一站式出行服务等智能交通技术对全球节能减排的贡献度均超过 40%。而百度创始人李彦宏在其著作《智能交通：影响人类未来 10—40 年的重大变革》中也提出,智能交通将是解决交通安全、交通拥堵、碳排放等问题的最优解。

2017 年 7 月 8 日,由国务院印发并实施的《新一代人工智能发展规划》也强调了智慧交通,提出发展自动驾驶汽车和轨道交通系统,加强车载感知、自动驾驶、车联网、物联网等技术集成和配套,开发交通智能感知系统,形成中国自主的自动驾驶平台技术体系和产品总成能力,并探索自动驾驶汽车的共享模式。2019 年 9 月,中共中央、国务院专门印发并实施《交通强国建设纲要》,强调推动大数据、互联网、人工智能、区块链和超级计算等新技术与交通行业深度融合,大力发展智慧交通。

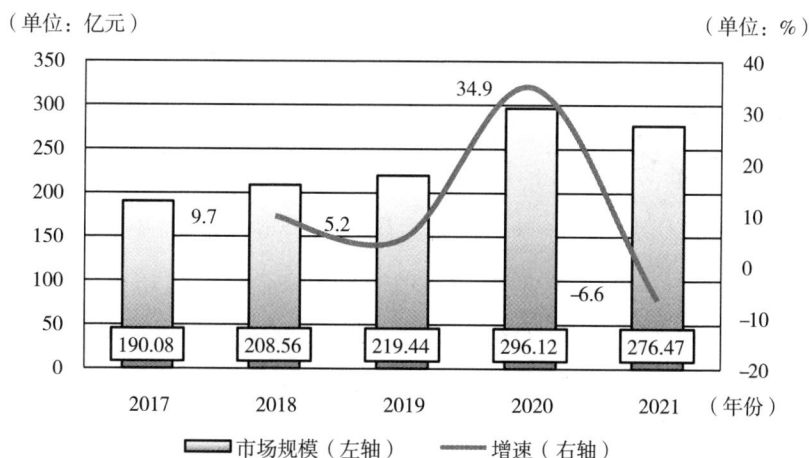

图 3-7　2017—2021 年中国智能交通千万项目市场规模及增速

资料来源：智慧交通网,见 http://its114.com。

----

① MaaS,出行即服务,英文全称 Mobility as a Service,主要是通过电子交互界面获取和管理交通相关服务,以满足消费者的出行要求。

在相关计划战略的引导下,中国智能交通业得到了长足发展。如图3-7 所示,2017—2020 年,中国智能交通千万项目(不含公路信息化)市场规模由 190.08 亿元增长至 296.12 亿元,项目数达到 1400 个,市场项目平均规模约为 2115.12 万元。2021 年由于受新冠肺炎疫情等的影响,智能交通市场总体规模有所下降,但有理由相信,在走出疫情阴影之后中国智能交通的市场规模将继续扩大。在中国的智能交通建设中,发展最快的当属自动驾驶技术,而搜索引擎巨头百度则是国内最早布局自动驾驶的企业之一,从 2015 年开始百度就大规模投入无人车技术的研发。截至 2022 年 3 月,百度阿波罗(Apollo)自动驾驶测试里程已超 2500 万公里,其无人化测试已经从北京市"首钢园"驶入了亦庄核心区的社会道路,而商业化收费运营也从园区接驳应用扩展到公众日常出行服务。

对于中国这样的一个人口与汽车大国,智能交通的发展有望显著改善交通拥堵、提高路网利用率,对于节能减排和生态文明的建设也具有十分重要的意义。

4. 数字金融

数字金融(Digital Finance),又称金融科技(Fintech),是中国数字经济的发展亮点之一。黄益平和陶坤玉(2019)将数字金融定义为"借助大技术平台、大数据和云计算,对金融产品、商业模式、技术应用和业务流程的创新"。数字金融的本质,是利用大数据等手段尽可能地消除信息不确定性,从而实现信贷市场的供需有效匹配,具体包括两个方面:一是新技术公司利用技术提供金融服务,二是传统金融机构利用数字技术改善金融服务。

以支付宝于 2004 年成立为标志,中国的数字金融已经经历了近二十年的快速发展。一方面,数字金融的发展为大量中小企业和低收入人群提供了具有普惠性的金融服务,从整体上扩大了金融服务尤其是线上金融服务的用户规模,在一定程度上缓解了困扰中国经济多年的金融供给不足的问题;另一方面,数字金融中的某些高风险领域,如一度火热的大量 P2P 网贷平台,在市场发展早期相关监管措施尚不完善的情况下,也出现过一系列扰乱金融秩序的暴雷事件。因此,如何更好地发挥数字金融的普惠性、公平性和共享性,同时有效控制金融风险集聚,在强监管与促发展之间找到一个平衡点,是中国的金融政策制定者与监管机构面临的一个必解难题。

5. 其他场景

除了以上四类数字化应用场景外,在数字减贫、智慧物流和数字政府建设等领域,"互联网+"也发挥了非常重要的作用。中国庞大的人口规模与较好的网络覆盖情况,共同决定了中国具有全球最多的网络节点数,因而能够最为充分地发挥网络外部性与数字技术的溢出效应。而通过进一步在各个领域深入推动落实"互联网+",中国的产业数字化也必将达到更高水平,成为数字经济发展的核心驱动力。

四、融合式创新推动中国数字经济高质量发展

客观地说,无论是电子商务和社交网络等核心数字产业,还是以"互联网+"为代表的产业数字化,在很大程度上都是中国企业与创业者将发源于国外的商业模式与变革思路"本土化"之后加以改良的结果。在这些数字经济形态发展到较高水平之后,中国数字经济的参与者也开始基于中国实践开展大规模的融合式创新,不断创造新的增长点、应用场景和商业模式,其中一些佼佼者甚至"走出中国、走向世界",在海外市场也取得了十分优异的业绩表现。而在这一过程中,中国数字经济发展的国际影响力也得到显著提升,中国开始积极参与数字经济国际治理,以及数字领域的国际标准制定。

(一)直播电商

诺贝尔经济学奖获得者赫伯特·西蒙在其著作《关于人为事物的科学》中提出:"随着信息的发展,有价值的将不再是信息本身,而是人的注意力。"这一观点被管理界与经济学界扩展为"注意力经济"(Attention Economy)。注意力经济强调的商业逻辑是,进入信息量呈指数级别膨胀的新经济之后,信息资源已经极大丰富甚至开始泛滥,人们的注意力开始变成真正意义上的稀缺资源(Goldhaber,1997)。在这样的环境下,企业能否取得成功便不再取决于企业通过广告等营销活动向市场传达了多少信息,而在于企业能否抓住消费者的眼球。因此,注意力经济也常常被称为"眼球经济"。

传统电子商务通过在线广告和网页排序等方式来获取消费者的注意力。这些做法虽然能够让消费者注意到企业提供的产品和服务,却无法形成持续吸引力。同时,互联网上呈现的竞争性信息越多,企业花费高额成本投放的在线广告就越容易被忽视。即便消费者确实注意到了商家打出的广告,在收看广告与购买产品之间还存在着天然的鸿沟,信息的获取未必能够转化为企业的切实利益。

为了改变这种高投入和低回报并存的局面,中国的电商从业者大胆创新,将"网络直播"与"网上购物"巧妙地融合在一起,"直播电商"成为过去几年炙手可热的数字经济新模式。

1. 早期网络直播

高速网络的建设与流媒体技术的进步,为视频直播行业的发展奠定了基础。传统意义上的视频网站只能播放平台和用户提前上传成功的视频影音资料,播放效果受到用户网速的严格限制,也不能进行实时互动,视频内容的时滞性也比较强。而以4G为代表的宽带网络和移动互联网的全面覆盖,让内容创作者可以以直播的形式创造多媒体内容,同时与观众保持密切互动,直播观众的参与度和沉浸感都远超以往。

最早的视频直播平台如美国的Twitch[①]游戏直播、中国的YY直播[②]等

---

　　① Twitch,创立于2011年6月,是一个面向视频游戏的实时流媒体视频平台,已于2014年8月以9.7亿美元的价格被亚马逊收购。

　　② YY语音,创立于2008年,是一款游戏沟通的即时通讯软件,于2009年发展为YY直播。

在 2010 年前后就已成立,然而直播行业真正的发展壮大却是在 2014 年之后。在中国,以斗鱼①、虎牙②和熊猫③等为代表的游戏直播平台与以花椒④、映客⑤等为代表的手机直播平台如雨后春笋般不断涌现,在行业迅速发展、用户群体不断扩张的同时也出现了一些如内容低俗、胡乱收费等的直播乱象。2016 年 11 月,中国国家网信办公布《互联网直播服务管理规定》,对直播的平台资质、主播实名和内容审核等方面作了详尽的规定,又于 2017 年 4 月下架了 18 款违规直播类应用,推动了直播行业走向正规化、合法化。

网络直播平台的基础性盈利模式,包括观众为观看直播缴纳的订阅费与增值服务费两种。这两类费用一般都是非强制性的,订阅费通常采取会员制,而增值服务费则是以礼物的形式打赏主播,对于不同平台来说这两类收入的占比也不尽相同。⑥ 在行业已经基本成熟、整体用户规模基本饱和的情况下,对于任何一家平台来说,想要进一步扩大用户规模都需要花费大量的精力和成本,因此有必要将收入来源扩张到用户直接支付的费用之外。直播平台为此采取的第一种盈利方式便是在线广告,包括视频播放中的插播广告与传统意义上的网页广告两种类型,其基于流量和点击率的交易模式与传统视频网站并无二致;而另一种更具创新性的盈利方式,便是将网络直播与电子商务融合在一起的"直播电商"。

2. 从导购社区到直播电商

一般认为,直播电商的前身是导购社区。导购社区以产品、内容和社交为驱动,鼓励用户在网络社区内推荐、分享和评论商品,同时可以将自己发

---

① 斗鱼,创立于 2014 年 1 月,已与 2020 年 10 月成为虎牙旗下全资子公司。
② 虎牙,创立于 2014 年 11 月,前身是 YY 直播,腾讯是其最大股东。
③ 熊猫,创立于 2015 年 10 月,已于 2019 年 3 月关闭。
④ 花椒,创立于 2015 年 6 月。
⑤ 映客,创立于 2015 年 5 月,2022 年 6 月正式更名为映宇宙,全面向元宇宙进军。
⑥ 对于以 Twitch 为代表的国外游戏直播平台来说,订阅费占总收入的比例更高;对于很多国内平台来说,以各种礼物为代表的增值服务费则是其收入的主要来源。

布的或者感兴趣的图文内容转发到微博、QQ 和豆瓣等流量更大的社交平台,或者像小红书①这样专门的生活方式平台和消费决策入口。由于网络效应的存在,此类社区逐渐由小规模用户基于共同兴趣爱好的共享社区转变为更加明确的由专业内容生产(Professional Generated Content,PGC)主导的互联网商业模式。高速移动互联网与高性能智能手机的发展,更是促使专业内容生产从早期的"文字+图片"基本模式逐渐升级为以可互动的视频直播为主要形式。

在直播电商领域,最早进行尝试的是淘宝和京东两大巨头。早在 2015年年底,淘宝网就开始试运行其直播版块,首次开启"主播直播卖货"业务,并于 2016 年 5 月正式推出了这一业务。2016 年 9 月,京东也开始上线直播业务。此后,电商行业纷纷开始布局直播业务,2016 年也因此被称为直播电商的开局之年。

早期的直播电商以商品为主导,主要通过弹幕聊天和评论留言等形式实现供需双方的实时互动,使用户在更加快速、详细地了解货物的基础上完成交易行为(吴俊琴,2022)。然而在网上购物所处的网络经济环境中,重要网络节点的作用通过"马太效应"②逐渐凸显出来。这些重要的网络节点并不是每天都在进行交易的产品,而是主导直播活动、担任商品和消费者之间桥梁角色的带货主播。到了 2018 年,一大批"明星主播"的出现,标志着直播电商进入了由主播而非商品主导的快速发展阶段。在这一阶段,直播电商能否成功的关键往往在于是否拥有平台专属的"明星主播"。

3. 直播电商多元化发展

2020 年后,直播电商行业进一步多元化,呈现出一系列新的特征。首

---

① 小红书,创立于 2013 年 6 月。

② 一种强者愈强、弱者愈弱的两极分化的社会现象,广泛应用于社会心理学、教育、金融以及科学领域。

先,直播电商行业规模进一步扩大。根据艾瑞咨询的数据,2020年中国直播电商的整体市场规模已达9610亿元,连续三年保持三位数增长。同时,由于疫情期间企业的数字化转型加速,直播电商的规模与渗透度仍有很大成长空间,因此艾瑞咨询也初步估计,2021年中国直播电商的市场规模将首次突破1万亿元。其次,直播主体多元化。在"明星主播"费用越来越高的背景下,越来越多的中小商户开始自建直播渠道,对于"明星主播"的依赖度不断下降。再次,三足鼎立的市场格局基本形成。目前,淘宝、拼多多和抖音①成为直播电商行业的三大平台,三者贡献了行业绝大部分的成交额,但淘宝仍占据较大优势。最后,直播商品特色化。越来越多的地方电商和老字号品牌通过直播来销售本土化、特色化的产品,一些贫困地区的农户也开始通过直播来销售本地农产品,直播成为扶贫助农的重要手段。

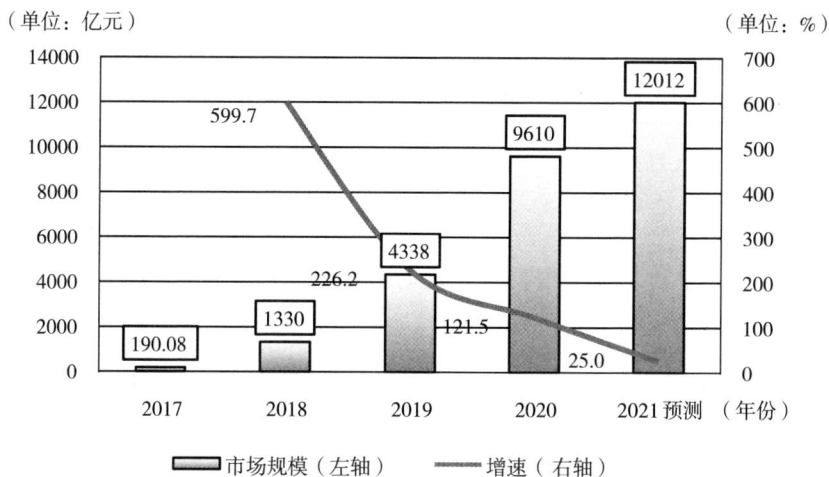

（单位：亿元）　　　　　　　　　　　　　　　　　　　　　（单位：%）

图3-8　2017—2021年中国直播电商市场规模及增速

资料来源:艾瑞咨询官方网站,见 http://iresearch.com.cn。

直播电商,作为一种充分利用注意力经济来进行产品推广与销售的

———————

① 抖音,2016年9月上线的一个短视频社区平台,其海外版 TikTok 于2017年5月上线。

商业模式,获得了巨大成功。而除了这种模式以外,注意力经济还有其他表现形式。在现实中,互联网用户的注意力日益分散化,主要表现为许多用户不会持续地收看电商直播,而是在工作、生活和休息时的碎片化时间进行互联网浏览和网上购物等活动。即使是持续上网的深度互联网用户,也会在不同的网页和应用之间切换、跳跃,并不会在同一项内容上花费太长时间。而如果能够通过个性化新闻、短视频等内容抓住网络用户这些分散的注意力,并将其与电子商务结合在一起,也就能创造出巨大的商业价值。接下来要介绍的字节跳动与快手,便是以此为基础开展业务的新兴数字平台。

(二)短视频平台

进入数字经济时代,网络用户对于同质化内容的兴趣逐渐降低,对于个性化产品和服务的需求不断提升。个性化推荐,就是根据用户的兴趣特点和个人特征,通过人工智能的大数据和算法,向用户推荐其可能感兴趣的商品、内容等各类信息的一种商业模式。

北京字节跳动科技公司于 2012 年 8 月正式推出的"今日头条",就是基于用户浏览兴趣、结合大数据分析和智能算法,为用户推荐新闻、视频和购物等信息的软件应用。根据字节跳动公布的今日头条算法原理,进行个性化推荐的基础是三个维度的变量:内容特征、用户特征与环境特征。结合这三方面维度,今日头条的推荐模型便可以进行评估,决定什么样的内容在什么样的场景和环境下适合推送给用户。而基于这一智能推荐模型的今日头条,理所当然地在大部分网络媒体仍按照固定模板来编辑与传播新闻的时代取得了巨大成功。2013 年 8 月,上线仅仅 1 年后,今日头条的用户数便首次突破 5000 万。而到了 2015 年 1 月,今日头条累计用户数已超过 2.2 亿,日活跃用户也达到 2000 万。

在今日头条取得巨大成功后,字节跳动很快将自己的推荐算法运用于另一个专攻用户零碎注意力的数字经济领域——短视频平台。

中国在短视频领域的先行者是快手。快手诞生于 2011 年 3 月,最初是一款用来制作、分享 GIF 图片的手机应用。不同于传统静态图片,GIF 图片是一种动态的图片格式,可以通过各种社交软件迅速传播。制作 GIF 就类似于制作一个维持数秒的动画,然而 GIF 仅能维持数秒的特点也导致其中包含的信息相对有限,因而商业化的空间也十分有限。意识到这一点的快手,于 2013 年 10 月从 GIF 制作工具正式转型为一个短视频社交平台。与GIF 图片一样,短视频的优势同样是"短",但是相对于 GIF 的几秒钟时长,短视频的长度可以延长至数分钟,还能包含音频内容、提供可供点击的超链接,于是很快就成为移动互联网用户重视的社交分享平台与生活软件。2016 年 9 月,为了在短视频市场分得一杯羹,字节跳动推出了以音乐创意为前期卖点的抖音软件。基于用户对于短视频的收看选择和观看时长,抖音结合自己的预测模型向用户进行连播推荐,以尽可能地提高用户对于抖音的使用时长。这一做法很快便取得了成功,并在用户规模上超过了快手。根据这两家企业公布的数据显示,截至 2021 年抖音的日活跃用户数已超过6 亿,而同年快手的日活跃用户数也有 3.233 亿,二者活跃用户规模加起来约占整体短视频市场的 60%,远超其他同行业竞争对手。

值得一提的是,基于注意力经济学的短视频平台并非仅适用于中国。2017 年 5 月,字节跳动推出抖音的国际版软件 TikTok 在多个国家上线。2017 年 11 月 10 日,字节跳动耗资 10 亿美金收购了于 2014 年 4 月上线的北美短视频社交平台 Musical.ly 并将之与 TikTok 合并,从而实现了用户规模的迅速扩张。2020 年,TikTok 全球下载量突破 25 亿次,月活跃用户数达8.5 亿。到了 2021 年,TikTok 已经超越谷歌成为当年全球访问量最大的互联网网站以及下载量最大的手机应用。至今,TikTok 已覆盖 150 多个国家,支持超过 75 种语言。然而,TikTok 的国际化之旅并非一帆风顺,自 2020 年开始便屡屡遭遇美国等国家的封禁或封锁,这对于其他中国数字经济企业的国际化进程具有一定的警示作用。

(三)金融风控科技

随着数字技术与金融科技的快速发展,中国金融业的重要支柱——银行业已经全面迈入数字化时代。如今,在一部智能手机上就可以办理几乎所有银行业务,银行服务也从单一窗口的线下标准化服务升级为"千人千面"的个性化服务。金融通过科技手段打破了时空的界限,极大地扩展了服务边界,推动服务渠道不断下沉,让大众充分享受到金融服务的便利。

宏观层面上,中国经济已经由投资驱动的高速增长阶段转向投资与消费共同驱动的高质量发展阶段,金融信贷的稳定与安全已经成为经济持续稳健发展的"压舱石"。面对新冠肺炎疫情的冲击与经济增速趋缓的客观现实,银行业对公业务风险提高,短期零售贷款业务占比提升。零售业务受经济波动影响较小、经营风险相对分散、资本消耗较少,逐渐成为银行主要业务增长方向。

安全层面上,金融服务创新不可避免地为银行业带来了新的风险挑战。金融欺诈手段和犯罪分子欺诈能力也在不断升级,软硬件攻击、社会工程攻击等新型网络攻击方式层出不穷,相应的欺诈手段呈现出专业化、产业化、隐蔽化、场景化的特征,导致金融机构面临的欺诈风险持续走高,数字金融欺诈成为金融机构与用户面临的新风险。

综上所述,"大零售+数字化"正在成为银行业的基本特征,银行数字化转型刻不容缓。然而,面对外部市场(包括终端用户在内)的快速变化与银行内在稳健经营的刚性要求,薄弱的风控能力极有可能成为银行数字化转型过程中的最大障碍。银行风控的数字化与智能化已势在必行,亟须构筑"金融风控科技"体系,为银行业发展保驾护航。

发展金融风控科技,银行业面临三大挑战。第一,旧业务与新技术如何结合。如何用数据驱动决策,再通过决策反哺数据与技术,实现数据驱动与传统信贷决策机制的良好融合,将决定银行能否在数字化转型过程中始终保持正确方向。第二,如何有效运用数据。银行需要实现内外部、全生命周期数据的融合与挖掘,建立数据建设、数据治理、数据安全与数据成本管理的良性循环,继而将数据策略应用于精准营销、风控与用户运营,完成面向数字化的价值再造。第三,技术的管理与融合如何开展。银行需要形成自适应的决策技术能力,自动捕捉新需求、主动响应新风险,同时需要将智能化、自动化的新技术纳入日常的运营管理。

1. 核心技术创新:联邦学习技术

联邦学习(Federated Learning)是隐私计算的核心技术之一。2016 年,谷歌人工智能团队首次提出用于移动互联网手机终端隐私保护的联邦学习算法框架。传统的数据建模需要把数据集中到一起,数据"可见方可用",难以满足隐私、合规与安全的相关要求。与之相对的,联邦学习技术则通过数据加密、分布式机器学习等前沿技术的综合运用,让数据在不出私有域的情况下进行联合建模,数据融合过程中只交换机器学习的中间值,真正实现了数据和特征变量的"可用不可见"。联邦学习技术使企业可以在不占有个人数据的情况下,基于用户数据进行数据分析与业务开展,是数字经济时代最为有效的隐私保护手段之一。

2021 年 3 月,江苏银行与腾讯安全联合开发、合作共建的联邦学习平台正式上线,旨在确保用户数据安全的前提下构建用户画像、审批用户贷款。运用联邦学习技术,可以省去提供中间证明材料等繁琐的流程,使贷款审批更加高效,金融服务更加便捷。借助该平台,江苏银行在保证数据合法性、安全性、规范性的前提下对 200 余个业务指标进行筛选与联邦建模,以此预测客户的贷前风险,模型效果逼近传统方式建模,在叠加银行自有风控模型后,审批结果准确性显著提升。此外,该银行还借助联邦学习平台自动按客户的后台多元化模型评估结果匹配合适的贷款产品和贷款额度，有效提升客户体验，为金融业务深化打下坚实基础。

除了与银行金融机构共同构建联邦学习平台外，腾讯安全还研发了安全数据传输工具"信鸽"，作为个人用户与金融机构之间的可信数据交换渠道。个人用户可以在充分保障个人数据安全的前提下，通过手机向金融机构提交个人数据，从而获得更丰富、个性化的产品与服务；金融机构可以基于更多的信息补全用户征信画像，提供更加精准的金融服务，实现供需之间的有效匹配，从而有效解决了过往为个体工商户提供服务时，无法评估经营风险的痛点和难点。

2. 银行数字化转型：风控科技主导

对于地方性商业银行来说，在尽可能短的时间内有效推进数字化转型是其在数字经济时代生存与发展的关键举措。数字化转型内涵十分丰富，具有多个发展方向与多种推进手段，在这些方向与手段中作出的选择将决定银行数字化转型的成败。毫无疑问，互联网风控能力与互联网运营能力是企业数字化能力中的核心能力，通过有效提升金融风控技术水平，商业银行将有望在所在区域"弯道超车"，占据有利市场地位。

2018年，济宁银行和腾讯联手共建大数据风控系统，历时4个月后成功上线。上线初期，这一风控系统基于银行的风险偏好与实际业务逐步探索、深度学习，为投入使用打下坚实基础。2020年，济宁银行开始将大数据风控系统投入应用渠道，相关业务迎来爆发式发展。以济宁银行推出的"济时雨"信用贷为例，贷款申请人在网上提交申请后，最快三分钟就能得到审核结果，最高可获得20万元的贷款额度。截至2022年上半年，该项目为济宁银行新增贷款余额近100亿元，充分发挥了普惠金融助力全体人民共同富裕的重要作用。济宁银行使用的这一大数据风控平台，运用机器学习算法，通过数据挖掘和联合建模，涵盖了包括产品设计、智慧风控、系统平台建设等在内的全生命周期解决方案,真正实现自建互联网信贷业务,使商业银行能够独立构建风控模型和策略。通过运用该平台,该银行识别借款用户的反欺诈能力大大提升,有效提高了其信用评估水平,同时也加强了银行整体的风险识别与防御能力。2022 年,济宁银行的创新实践入选"第三届中小金融机构数智化转型优秀案例",对于其他商业银行尤其是区域性商业银行的数字化转型具有相当的借鉴意义。有理由相信,金融风控科技将会为中国经济高质量发展提供坚实的金融支撑。

除了上面介绍的直播电商、短视频与金融风控科技之外,中国的数字经济还取得了许多其他方向的融合式创新成果。以拼多多等企业为代表的、依托社交网络的薄利电商,以及解决城市居民出行"最后一公里"难题的共享单车,都是源自中国的融合式创新成果。这些成果大多是中国数字经济企业在多年的商业实践与持续的应用开发,加之对中国本土市场的充分调查与认知的基础上形成的创新成果,也是中国数字经济的特色所在。在这些创新成果的推动下,中国的数字经济开始迈向更高的发展阶段。

五、"十四五"数字经济发展规划与目标

2022 年 1 月 12 日,中国国务院正式印发《"十四五"数字经济发展规划》,明确了"十四五"时期推动数字经济健康发展的指导思想、基本原则、发展目标(见表 3-2)、重点任务和保障措施。

《"十四五"数字经济发展规划》首先总结了中国数字经济的发展现状。"十三五"时期,中国深入实施数字经济发展战略,不断完善数字基础设施,加快培育新业态新模式,推进数字产业化和产业数字化取得了积极成效。2020 年,中国数字经济核心产业增加值占国内生产总值的比重达到 7.8%,为经济社会持续健康发展提供了强大动力,具体表现为:信息基础设施全球领先、产业数字化转型稳步推进、新业态新模式竞相发展、数字政府建设成效显著以及数字经济国际合作不断深化。与此同时,该规划也指出,中国数

字经济发展在21世纪20年代面临四个方面的主要挑战：其一，关键领域创新能力不足，产业链、供应链受制于人的局面尚未根本改变；其二，不同行业、不同区域、不同群体间数字鸿沟未有效弥合，甚至有进一步扩大的趋势；其三，数据资源规模庞大，但其价值潜力还没有得到充分释放；其四，数字经济治理体系还需进一步完善。

表3-2　中国"十四五"期间数字经济发展目标

指　标	2020 年	2025 年	属性
数字经济核心产业增加值占 GDP 比重(%)	7.8	10	预期性
IPv6 活跃用户数(亿户)	4.6	8	预期性
千兆宽带用户数(亿户)	640	6000	预期性
软件和信息技术服务业规模(万亿元)	8.16	14	预期性
工业互联网平台应用普及率(%)	14.7	45	预期性
全国网上零售额(万亿元)	11.76	17	预期性
电子商务交易规模(万亿元)	37.21	46	预期性
在线政务服务实名用户规模(亿)	4	8	预期性

资料来源：《"十四五"数字经济发展规划》。

　　基于发展现状与所面临的形式，《"十四五"数字经济发展规划》明确了中国数字经济到2025年的发展目标：到2025年，数字经济迈向全面扩展期，数字经济核心产业增加值占 GDP 比重达到10%，数字化创新引领发展能力大幅提升，智能化水平明显增强，数字技术与实体经济融合取得显著成效，数字经济治理体系更加完善，中国数字经济竞争力和影响力稳步提升。而未来是否能够实现这些目标，就让我们拭目以待。

第三节　欧盟：扶持不力，规制先行

　　在全球围绕数字经济展开的激烈竞争中，欧盟正在试图努力找到属于自己的"一方天地"。在目前中美两强的竞争格局已经基本形成的大背景下，欧盟既享受着中美两国数字技术创新和应用的溢出效应，却也不甘于仅仅作为数字经济的"被领导者"，而是尝试通过建立完善、系统的数字规制实现自身的数字经济发展。

欧盟①的数字经济发展规划可以划分为三个阶段。第一阶段以1993年的《成长、竞争力与就业白皮书》为代表，首次提出了有关欧盟的社会信息化建设，重点是加快欧盟国家之间的信息基础设施，这一时期可以看作欧盟数字经济的萌芽期。第二阶段是从2000年开始的发展期，以《数字欧洲2002年行动计划》《数字欧洲2005年行动计划》和《欧洲信息社会2010》为代表，以上政策和纲要加速了欧盟向"知识经济"和"信息时代"的过渡，确立了"在2010年之前把欧盟建设成为'以知识技能为核心基础，世界上最具有创造力、竞争力与活力的经济主体'"的奋斗目标。第三阶段则以2010年的《欧洲数字议程》及2015年的《欧洲数字单一市场战略》为标志，开启了欧盟数字经济的新发展阶段。2021年3月，欧盟发布名为《2030数字指南针：欧洲数字十年之路》的纲要文件，明确了到2030年欧盟数字化转型的12项目标，并提出增加数字技能公民与高技能数字专业人才、构建安全和高性能的可持续数字基础设施、促进企业全面数字化转型，以及推动公共服务数字化升级四个愿景，旨在构筑一个以人为本、可持续发展的数字社会。

那么，在如此细致的规划和美好的愿景下，欧盟的数字经济发展是否取得了欧罗巴民众所期盼的成功呢？

一、欧盟的失败尝试

在尝试发展数字经济的过程中，欧盟作为一个整体经济经历了一系列

---

①　鉴于英国于2020年1月31日才最终脱离欧盟，所以本书中关于欧盟的内容均包含英国，而对于英国的数字经济发展情况将不作单独讨论。

失败。时至今日,欧盟仍没有任何一家具有较强国际竞争力的数字经济企业(Thierer、Haaland,2021)。这就导致欧盟在发展数字经济的过程中不得不高度依赖其竞争对手:在搜索引擎和社交网络方面,谷歌和脸书是欧盟市场的主导者;在手机等移动设备方面,2020年全欧洲销量前五的品牌分别是:三星(5980万台)、苹果(4130万台)、小米(2670万台)、华为(2290万台)和OPPO(650万台),其中没有一家是来自欧洲的品牌;在短视频领域,字节跳动旗下的TikTok在欧洲的月活跃用户数已超过1亿,成为最受欧洲年轻人喜爱的手机软件。毫不夸张地说,在如今这一发展现状之下,欧盟已经几乎不可能诞生出一个能与中美科技巨头相抗衡的新数字企业。而令人深思、值得探究的是,究竟是哪些因素导致欧盟——这一发达国家数量最多的地区在数字经济的发展上明显滞后?

（一）无效的产业政策

一些学者认为,作为欧洲政治和经济领导者的欧盟与其成员国在制定和实施产业政策方面犯下的诸多错误,是欧洲数字经济无法实现突破式发展的重要原因。在前文中我们介绍过,产业政策是由各国政府制定,用来引导国家产业发展方向、推动产业结构升级以及协调国家产业结构的经济政策。产业政策的实质是一种选择"赢家"和"输家"的政策组合,这里的"赢家"和"输家"分别代表了政府选择支持和不支持的生产行业与产业部门。产业政策的具体手段,通常包括信贷引导、出口配额和行业补贴等。在信息经济时代,产业政策对于日本、韩国等经济体的高速增长发挥了十分重要的作用。

经济学界对于产业政策的态度,自古以来就泾渭分明。古典主义经济学和新自由主义经济学的主流观点认为,以产业政策为代表的政府干预,将阻挠市场机制正常发挥有效配置资源的作用;而以凯恩斯主义和新结构主义为代表的重视政府作用的学派则认为,适当的产业政策能够有效缓解市场失灵带来的投资不足和信息外溢等问题(Hausmann,2006),从而有效提升资源配置效率。围绕着是否应该实施产业政策这一问题,经济学界进行了跨越百年的热烈争论,但至今也没有哪一方能够占据绝对优势。

在现实中,大多数经济体在试图进行经济结构调整时都会采取一定强度的产业政策。宾厄姆(Bingham,1997)对于美国经济发展史的梳理表明,自亚历山大·汉密尔顿(Alexander Hamilton)担任美国第一任财政部长(1789年)、发布《关于制造业的报告》①开始,美国政府在经济发展的过程中便一直坚持运用多种产业政策手段(如具有一定侵略性的单边主义政策),并取得了良好的促进美国自身经济发展的效果。19世纪初,德国经济学家弗里德里希·李斯特(Friedrich List)基于汉密尔顿的产业政策实践进行理论研究,提出了幼稚产业保护理论②以及图强学说。李斯特认为,落后国家处于较低的发展水平,因此必须干预私人经济,支持贸易保护政策,以达到赶超先进国家之目的,他的这一研究与论断受到了古典经济学者的严厉批评与彻底否定。直到第二次世界大战后,日本通过实施积极的产业政策组合实现了"经济奇迹",成为现代的产业政策支持者的最好论据。

事实上,欧盟成立的过程以及各成员国之间的政策协调,也昭显了现代产业政策的作用。2000年3月,欧盟15国领导人在葡萄牙首都里斯本举行特别首脑会议,达成并通过了一项关于欧盟十年经济发展的规划,并将其命名为"里斯本战略"(The Lisbon Strategy)。里斯本战略的提出,从整体上确立了未来10年内欧盟各国产业政策发展的指导思想,并明确了"使欧盟

---

①　在《关于制造业的报告》中,汉密尔顿提出美国应从农业国发展为工业国,具体包括:给予制造商以奖金、实行保护关税政策、采用机器、鼓励移民、吸收外资、雇佣妇女与儿童等一整套办法来发展经济。这些做法中的大部分都可以被视为产业政策。

②　这一理论最早由汉密尔顿提出,李斯特对其进行了系统化。基本内容是:一个国家的新兴产业,当其处于初创时期时很可能经不起外国的竞争。如果通过对该产业采取适当的保护政策,提高其竞争能力,将来可以具有比较优势、能够出口并为国民经济发展作出贡献的,就应采取过渡性的保护、扶植政策。

成为世界上最富竞争力的、以知识经济为基础的、最具有活力的经济体，在提供更多就业机会和增强社会凝聚力的基础上实现可持续的经济增长"这一远大目标。然而，在实际推进产业政策以促进数字经济发展的过程中，欧盟和成员国却鲜有成功，每一次精心挑选出来的"被扶持者"几乎都是"输家"。技术落后、官僚体制和机构腐败等诸多因素的共同作用，导致这些数字经济项目从开始时就已经注定走向失败。

（二）落后的技术——法国实践

雄心勃勃的欧盟其实在互联网发展早期也作出过诸多商业化尝试。20世纪70年代末，早在万维网浪潮席卷英美等国之前，法国就已经开始尝试建设全国范围内的互联网络——Minitel（见图3-9）。Minitel是通过电话线路访问的线上服务，由法国邮电部委托法国电信研发和推广。1978年法国电信在铁路系统首次试用Minitel，于1982年推广到法国全境，成为法国人民接入网络的主要手段，也在之后的三十多年推动了法国互联网行业的发展。在Minitel发展早期，法国固定电话用户可以免费获得终端，并通过网络访问在线购买火车票、查看股票价格、收发电子邮件、查询电话簿和地址、购买日用品和网上聊天。谁能想到在20世纪80年代，当法国人在家里喝着咖啡、用一台电话搭配一个免费终端就能上网时，万维网还没有诞生，而美国的计算机也远没有普及，更遑论刚刚改革开放、百废待兴的中国。最辉煌时，有超过900多万户法国家庭、2500万法国人使用Minitel服务，占法国总人口的42%。直至2009年（距Minitel停止服务还有3年），Minitel网络每月仍有1000万的有效连接。在Minitel服务推出后，许多欧盟国家纷纷效仿，尝试建立自己的文本网络服务，但是大多都没有获得接近Minitel的成功。

然而，进入90年代，在万维网诞生并逐渐发展为互联网的主要传播形式后，Minitel很快便成了"时代的眼泪"：与万维网上丰富的影像资料和各

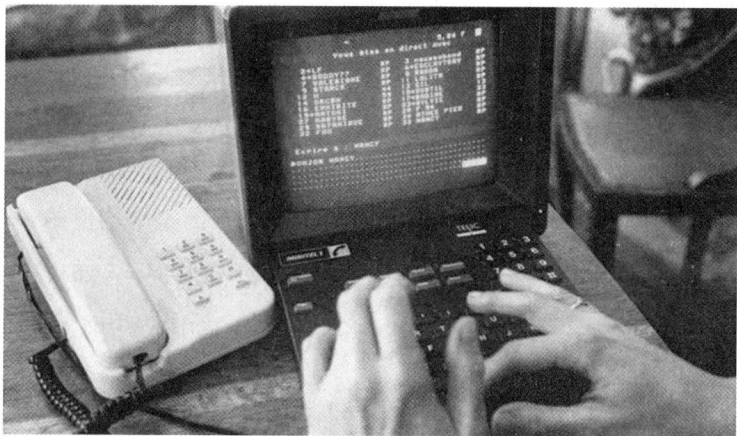

图 3-9　Minitel 终端设备

资料来源:法国电信官方网站,见 http://orange.com。

种新应用相比,Minitel 的界面是枯燥的纯文本且无法进行超链接,新出现的多媒体文件(如 JPEG 和 MP3)也无法通过 Minitel 传输和使用。对此,法国电信并没有尝试彻底改造 Minitel 以使其适应互联网时代的各种新变化,而是依赖老用户的使用惯性继续赚取利润——直到 2010 年,法国电信每年仍可以从 Minitel 服务上获得超过 1000 万欧元的收入。但随着宽带网络在法国的逐渐普及,2012 年,Minitel 业务终于被彻底停用,而在其整个生命周期中,花费了法国政府数百亿法郎。

(三)缓慢的基建——德国实践

如果说法国在互联网上的失败源自其核心技术落后,那么德国互联网发展的相对缓慢就要归咎于其网络基础设施的供应不足。作为全球第四大经济体、欧洲第一大经济体的德国,其实体经济韧性强劲且具有很强的创新能力。德国同时也是"工业 4.0"(Industry 4.0)的提出者,它在利用物联信息系统(CPS)对生产中的供应、制造和销售信息进行数据化和智慧化,实现快速、有效、个人化的产品供应上颇具经验。然而,具有很高数字技术水平的德国,其网速却慢得出奇——根据德国联邦网络部门发布的报告可知,截至 2017 年年中,德国的宽带覆盖率仅为 77%,与 2018 年年底全覆盖的目标有不小差距,而且城乡差别极大,城市和农村覆盖率分别为 90% 和 36%。根据经济合作与发展组织数据可知,截至 2017 年年底,德国只有 2% 的互联网用户使用纯光纤网络,不到经济合作与发展组织国家平均值的 1/10,在经济合作与发展组织国家中排在倒数第六位。要知道,截至 2017 年年底,中国互联网宽带接入端口数量已达到 7.8 亿个,其中光纤接入端口达到 6.6 亿个,占互联网接入端口的比重为 84.4%。由于网络覆盖不足、网络质量不佳,德国互联网的平均上传和下载速度也仅达到经济合作与发展组织国家的平均值。低速网络给德国企业的经营活动和数字化生产带来了很多负面影响,导致德国在核心技术、平台生态和人工智能开发等领域均落后于中美两国。近年来,欧洲整体上对于 5G 的部署也明显落后于中美两国。

根据中国商务部的专题研究报告可知,德国政府虽然宣称重视数字基础设施建设,并一直担忧其数字经济前景,但是并未真正从战略高度进行长远规划,而且常常施行不适宜的政策、执行不恰当的操作,最终导致市场竞争不足、资金支持不够,进而发展缓慢滞后。总结而言,其失败可以归纳为以下三个方面的原因。

首先,电信企业的短期利益"绑架"了国家的长远发展前景。作为德国宽带网络的主要建设者,德国电信自 2006 年以来一直暂停或延迟网络升级,坚持使用低成本网络的技术。但是随着用户数量的增加,其传输速度在达到峰值后便会下降,无法满足大幅度提高传输速度到千兆的要求。其次,对于网络基础设施的建设,德国政府既未给予充分激励,也没有提供充分竞争的良好环境。德国工商大会指出,德国政府确定将 50M 这一较低网速预设为网速目标,使技术落后的铜缆网络运营企业从该目标中受益,但也降低了其他竞争者铺设光纤网络的积极性。最后,专用于网络基础设施的公共资金不足,经济利益取向影响了基础设施升级。欧洲投资银行报告指出,收益率低以及公共资金不足是欧洲范围内数字基础设施建设缓慢的最主要原因。要实现 2020 年宽带目标,就必须将至少 50% 的资金投入到人口稀少、经济欠发达的农村地区,而该部分投资需要由政府负担。德国联邦政府虽然规划了 35 亿欧元资金用于宽带资助计划,但是截至 2018 年 5 月,实际上却只拨付了仅仅 320 万欧元,规划方案中给小城镇政府分派的责任要远远超出其财政能力,导致实际建设缓慢。

法国和德国政府在互联网建设上的失败,凸显了无效产业政策的诸多害处。在法国推广与发展 Minitel 的案例中,政府长期花费巨资支持一项实际上已然落后且缺少进步空间的数字技术,在早期占尽市场优势的情况下却又没有及时转型,最终只能放弃这项技术。而在德国建设互联网基础设施的过程中,大而模糊的政策目标并没有对于相关行业产生有效影响,德国也因此失去了通过互联网提速在数字经济时代占得先机的战略窗口期。既然法国与德国各自为战的尝试都以失败告终,那么集"全欧之力"进行统筹发展规划与政策推进的欧盟,在数字经济的发展上一定能够取得成功吗?结果也不尽然。

(四)脆弱的联盟

1999 年,为了减少对于美国全球定位系统(GPS)的依赖,也为了在未来的卫星导航定位市场上抢得先机,欧盟宣布了一项公私合作计划——伽利略计划(Galileo Plan),以建立欧洲自己的全球定位服务系统。2002 年 3 月,欧盟 15 个成员国的交通部长在布鲁塞尔正式决定启动这一计划。伽利略计划的总投资预计为 36 亿欧元,由分布在 3 个近地轨道上的 30 颗卫星组成,可以向全球任何地点提供精确的定位信号,主要用于民用领域。伽利略计划是欧盟提出的一项野心勃勃的科技规划,旨在打破美国在全球卫星导航领域的常年垄断。该项目一经提出,整个欧洲便都将它视为同"空中客车"飞机和"阿丽亚娜"（Ariane）火箭①一样将会给全欧洲带来自豪感的标志性产品，欧盟还积极邀请包括中国在内的多个非欧盟国家参与建设。

然而，距伽利略计划提出不到三年，该项目已经"遍地鸡毛"。参与项目的 15 个国家之间明争暗斗、互相推诿，使该项目频频被推迟，始终没有实质性进展。2006 年后，公共部门和私营部门在伽利略计划上的合作关系已经破裂，该项目也被正式收归国有。根据欧盟的设想，"伽利略计划"一共将分 4 个阶段逐步实施：一是系统可行性评估或定义阶段（1999—2000年），二是开发和检测阶段（2001—2005 年），三是部署阶段（2006—2007年），四是商业运行阶段（2008 年以后）。事实上，直到 2005 年 12 月 28 日凌晨 3 时，伽利略系统的首颗实验卫星（GIOVE-A）才从哈萨克斯坦境内的拜科努尔航天发射场升空，而发射这颗卫星的最大目的也只是占用国际电信联盟为其保留的频率，这颗卫星根本无法用于定位导航。

而早已意识到伽利略计划很可能失败的中国，很快就明智地退出了这一技术联盟并开始自行研发卫星导航系统。2007 年 4 月 14 日 4 时 11 分，中国在西昌卫星发射中心用"长征三号甲"运载火箭，成功将一颗北斗导航卫星（代号 COMPASS M1）送入太空。到 2012 年年底，中国已经建成了由地球同步轨道卫星、倾斜同步轨道卫星和中圆轨道卫星等 14 颗卫星构成的北斗二号卫星导航系统，为亚太大部分地区全天候提供定位导航授时服务。

从首枚卫星升空到实现全区定位，中国只用了 5 年，而欧盟则用了整整14 年。直到 2019 年，伽利略计划的 24 颗卫星才真正具备全部导航功能。该系统原计划发射 30 颗卫星，到 2020 年前发射完成。而截至 2021 年，伽利略已有 26 颗卫星在轨，但是其中只有 22 颗能够正常运转并提供服务，2颗仍在测试中，另有 2 颗已经不可用。同时，整个项目耗资达到原始预算的

---

① 1973 年 7 月由法国提议并联合西欧 11 个国家成立的，由欧洲航天局着手实施、研制的火箭计划，世界商业卫星的发射业务大约有 50% 都由阿丽亚娜火箭承担。

3倍以上,而且几乎没有为欧洲大陆提供任何不同于美国GPS定位的新技术,欧盟试图借助伽利略计划争夺"太空霸权"的美梦终化为乌有。

除了产业层面的失败尝试外,欧盟在尝试将主要科技公司的拳头产品和核心业务在欧洲进行复制与本地化的努力,也大多付诸东流。2005年4月,时任法国总统雅克·希拉克(Jacques René Chirac)和时任德国总理格哈德·施罗德(Gerhard Schroder)联合宣布推出搜索引擎Quaero的计划,并开展多媒体程序合作研发项目,目标是在5年内投资2.5亿欧元开发出一套能与谷歌和雅虎相竞争的搜索引擎。然而不到一年时间,脆弱的法德联盟就已荡然无存,德国放弃Quaero并将投资转向了本国的搜索引擎Theseus。而无论是Quaero还是Theseus,都逃不过失败的命运,它们纷纷于2013年相继下线,成为法德合作失败的又一典型案例。同样类型的失败案例还有很多,无论是由任何一个欧洲国家主导、不同国家间进行合作,还是由欧盟主导的数字经济项目,大多都没有达到预设的发展目标。

时至今日,在总体规模、发展水平、技术能力乃至居民数字素养等各个方面,欧盟已经全面落后于中国和美国这两个数字经济的领先者。

令许多欧洲民众担心的一点是,进入21世纪20年代,欧盟距离中美等数字经济领导者的差距仍在继续扩大。德国波恩大学两位学者进行的一项研究发现,德国和其他欧盟国家在数字经济方面正越来越落后于中国、美国和韩国等经济体(Mayer和Lu,2022),并且欧盟整体不仅对外国数字平台的依赖程度非常高,在知识产权方面也严重落后。该研究报告还创造性地提出"数字依赖指数"(Digital Dependence Index,DDI)这一指标,旨在显示国内需求和国外数字技术供应之间的关系。DDI数字越低则代表对国外数字技术的依赖度越低,目前世界上没有任何一个国家达到0—0.25的理想值,而美国是唯一一个DDI值略低于0.5的经济体,具体表现为美国由其国内供应商提供了大部分数字技术和数字产品——这也意味着美国在数字产品和服务贸易、信息和通信基础设施以及数字技术的知识产权方面处于最佳地位。在其他国家中,中国以 0.58 的 DDI 得分排名第二,韩国则以 0.66 分排名第三,二者位于仅次于美国的第二梯队。而所有欧盟国家都超过了 0.75 分的门槛,其中德国的 DDI 值为 0.82,这表明德国数字经济的高度脆弱性,以及对于外国数字技术的高度依赖性(见图 3-10)。

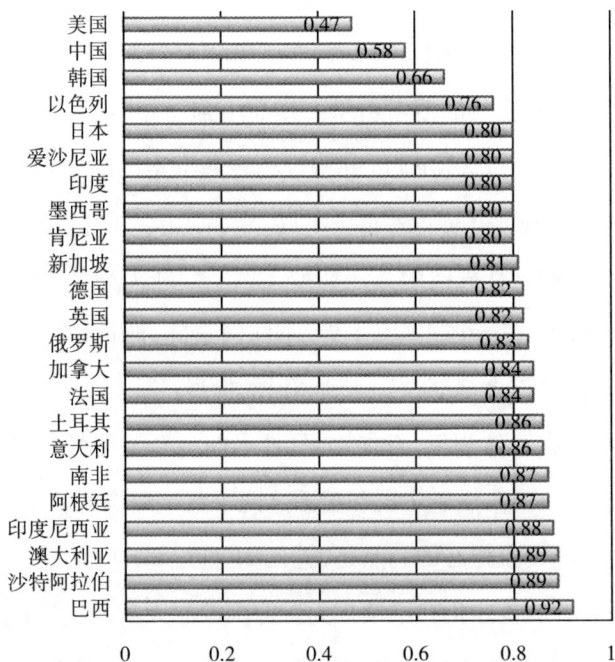

图 3-10 2019 年部分经济体的数字依赖指数(DDI)

资料来源:迈尔和陆(Mayer 和 Lu,2022)。

除此之外,欧盟落后的程度也可以从数字经济的专利数量中看出端倪。根据世界知识产权组织专利数据库的数据可知,2020 年整个欧洲申请的数字专利数量仅 12 万件,尚达不到日本一个国家的水平(22 万件),而面对居于领先地位的中国(93 万件)和美国(62 万件),欧洲实在难以望其项背,且在短时间内不具有迅速追赶上领先国家的可能性(见图 3-11)。

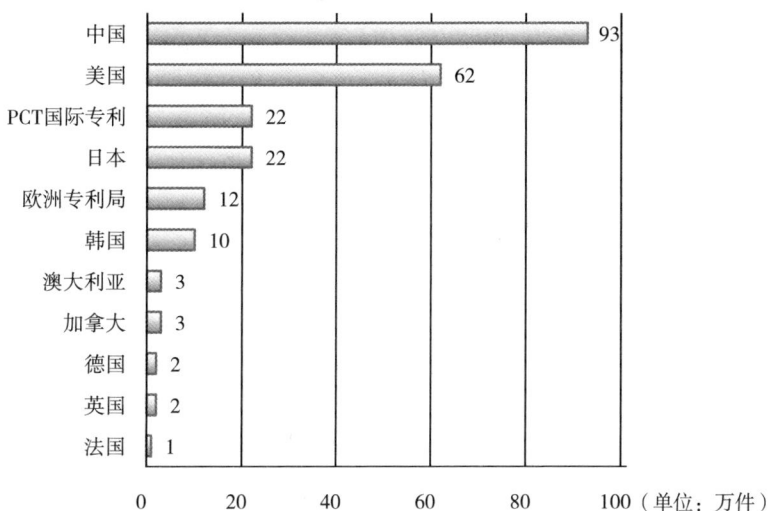

图 3-11 2020 年各国数字技术专利累计申请情况

资料来源:世界知识产权组织专利数据库。

二、欧盟的反思

事实上,在数字经济发展的早期阶段,欧盟企业也取得过一些商业上的成功,形成了一些具有国际影响力的知名品牌,并掌握了部分领域内的核心技术。但是,这些商业成功并没有能够发展成为主导欧洲的数字经济生态,这些企业也在市场竞争中逐渐败给了来自大洋彼岸的强力对手。诺基亚便是其中的突出代表。

(一)失落的"斯堪的纳维亚神话":诺基亚

诺基亚(Nokia)公司的前身于 1865 年在芬兰的埃斯波成立。早期的诺基亚还是一家以伐木、造纸为主的纸浆厂,后来又逐渐转型为橡胶加工厂①和轮胎厂,生产各式各样的工业产品。到了 1871 年,现代意义上的诺基亚集团正式由三家公司(诺基亚 AB 公司、芬兰橡胶厂和芬兰电缆厂)合并而

① 诺基亚此名正是来源于这座橡胶加工厂旁的诺基亚河(Nokianvirta River)。

成,继续生产各种工业产品。20 世纪初,正值无线电产业发展壮大时期,诺基亚便顺势建立了一个电信部门——正是这个小小的部门成就了诺基亚此后的伟大。

20 世纪 60 年代,诺基亚已发展成为芬兰的一家大型公司,其产业涉及造纸、化工、橡胶、电缆、制药、天然气、石油和军事等多个领域,也正是此时,诺基亚开始了它的手机研制之路。诺基亚将之前的电信部壮大并更名为电子部,专注于电信系统方面的工作,特别是无线电传输问题的研究,此后诺基亚渐渐在芬兰的电信市场占据了一定地位。

进入 20 世纪 80 年代,诺基亚的主营业务开始转向移动通话领域,推出了世界上第一个国际蜂窝网络系统——北欧移动电话网络(NMT),该系统连接了瑞典、丹麦、挪威和芬兰等几个北欧国家。随着北欧移动电话网络的开通,移动电话的普及度也迅速上升。诺基亚很快便推出了全球首款名为 Mobira Senator① 的车载电话和世界上最早的便携式电话 Mobira Talkman, Talkman 是诺基亚当时的旗舰产品,蜚声海内外。1987 年 10 月,苏联最高苏维埃主席米哈伊尔·戈尔巴乔夫(Mikhail Gorbachev)在芬兰赫尔辛基参观访问时曾使用 Talkman 的升级版 Cityman 900 给莫斯科打了一通长途电话,使诺基亚很快成为当时媒体关注的焦点,还有好事者给 Cityman 900 取了个外号——"戈尔巴"(Gorba)。

进入 20 世纪 90 年代后,诺基亚手机正式进入全盛时期。1991 年,时任芬兰总理的哈里·霍尔克里(Harri Holkeri)使用诺基亚手机拨通了世界上第一个全球移动通信系统(Global System for Mobile Communications, GSM)②电话,标志着移动通信技术正式迈入全球化时代。1992 年,诺基亚推出了全球第一款 GSM 手机——诺基亚 1011。诺基亚 1011 能够存储 99

---

① 当时诺基亚还叫 Mobira,2000 年才更名为诺基亚。

② 由欧洲电信标准组织制定的一个数字移动通信标准。

个电话号码,并可以持续通话 90 分钟。在之后的几年里,诺基亚在手机行业中顺风顺水,不断推出新的、远优于竞争者的手机产品,受到了全球消费者的广泛青睐。1994 年推出的诺基亚 2110 在全球销量达 2000 万部,而 1996 年推出的 9000 Communicator 则是世界上第一款能够发送电子邮件、使用传真和浏览网页的智能手机——比初代 iPhone 早了整整 11 年。

1998 年 10 月,诺基亚正式取代来自美国的摩托罗拉(Motorola)①成为全球最畅销的手机品牌,并在当年的 12 月实现了 1 亿部手机的产量,仅 1998 年一年时间,诺基亚的销售收入就达到 200 亿美元,盈利 26 亿美元。到了 2000 年,诺基亚已经拥有了超过 55000 名员工,在全球手机市场上的份额达到 30%,几乎是第二名摩托罗拉的两倍之多,并且成功在全球超过 140 多个国家和地区内开展业务。

进入 21 世纪后,诺基亚也并没有停下创新的步伐。在 2001 年推出了首个搭载自主研发的塞班 S60 智能手机系统的诺基亚 7650,在 2002 年更是推出了世界上第一部 3G 手机诺基亚 6650,其后推出的诺基亚 N 系列手机也获得了良好的市场反响,依然保持着高市占率。

然而,从 2007 年开始,以苹果发布初代 iPhone 和谷歌发布安卓操作系统(Android)为标志,诺基亚迎来了真正的挑战。与这些年轻的来自硅谷的竞争者相比,诺基亚的旗舰产品在软硬件上均落了下风:可用的内存和存储太少、网络信号差、传输速度慢、GPS 定位频繁丢失、设计不够时尚。简言之,诺基亚手机已经无法满足数字经济时代的信息传输与用户需求。最为致命的一点是,在智能手机的核心生态——操作系统上,诺基亚自制的塞班系统已经完全落后于苹果的 iOS 和谷歌的安卓系统,无法让数字时代的手机用户获得满意的使用体验。2008 年第三季度,诺基亚的利润暴跌 30%,

———————

① 摩托罗拉,成立于 1928 年的美国,于 1946 年开始涉足手机行业,联想于 2014 年以 29 亿美元收购了摩托罗拉的智能手机业务。

销售额下降 3.1%，而与之形成鲜明对比的，是 iPhone 3G 的销量在同一时期猛增 330%。此后，安卓系统被实装到各大厂商的智能手机上，进一步蚕食诺基亚的市场份额。2012 年 4 月，诺基亚手机产量在雄踞第一的宝座 15 年之后终于被三星超过。2013 年 9 月 2 日，微软宣布以 37.9 亿欧元收购诺基亚旗下大部分手机业务，属于诺基亚的时代画上了句号。

许多现有研究和媒体报道都尝试从公司架构、企业文化乃至高管变迁等多个方面分析诺基亚"跌落神坛"的全过程。这种分析虽然可以被套用于大多数大型企业盛极而衰的发展历程，却缺少了对于数字经济时代特征的充分考虑。在很大程度上，诺基亚手机的失败可以说是传统市场垄断者输给平台企业的典型案例。诺基亚的绝大多数应用都是由公司内部设计、开发的。塞班系统从设计之初就未曾考虑过引进第三方应用，因而其应用兼容性和软件体验较差。同时，当时诺基亚手机款式功能多样，直板、翻盖、触摸屏等造型款式纷杂，也让软件适配商无所适从，而当 iOS 系统和安卓系统迅速发展起来之后，软件商自然不愿再为塞班系统设计和更新应用。因此，与其说诺基亚输给了苹果和谷歌，倒不如说诺基亚输给了以 iOS 和安卓系统为平台的全球开发者和软件供应商。有趣的一点是，在手机业务上遭遇滑铁卢之后，诺基亚开始转型成一家专攻无线基站和通信设备的平台企业，并独具慧眼地在很早之前就开始针对 5G 业务进行战略布局与研发创新。令人欣慰的是，2017 年，华丽转身的诺基亚终于重登世界 500 强榜单，成为电信设备供应商市场的有力竞争者之一。

通过上述分析可知，在围绕数字经济展开的激烈竞争中，欧盟既缺乏具有竞争力的云网络，也没有建成能与谷歌、亚马逊、阿里巴巴、腾讯等中美巨头匹敌的具有全球影响力的数字平台。而除了这些数字经济的"基本内功"外，欧盟的数字经济发展还缺乏来自金融市场，尤其是风险投资（Venture Capital）的足够支持。

（二）缺位的金融"天使"：风险投资

在美国硅谷的发展过程中，风险投资发挥了十分重要的"输血"作用。风险投资最早于 1946 年诞生于纽约，由大家族的风险基金、私人资本和政府资金注资，支持中小企业和新兴企业成长以从中牟利。到了 20 世纪 70 年代，美国的风险投资行业逐渐走向成熟，三大风险投资公司（凯鹏华盈、红杉资本和新企业联合）也先后成立。彼时，上百家风险投资公司聚集在硅谷门洛帕克市（Menlo Park）的沙丘路（Sand Hill Road），忙于评估在硅谷创立或者将要创立的新企业和新项目。1990 年，美国风险资本行业规模达 23 亿美元，共投资 1176 家企业；到了 2000 年，风险资本行业规模已超过 150 亿美元，其中有一半投资都流向了加利福尼亚的信息与通信技术行业，而这其中又有一大部分投资于硅谷的初创企业。

然而，当硅谷的沙丘路已经熙熙攘攘时，在大西洋的另一侧，欧洲的风险投资才刚刚起步。1979 年，法国创建了首个创业投资（风险投资）公共基金，由法国政府领投创新创业项目。1983 年，"欧洲创业投资协会"（EVCA）成立，欧洲的民间风险投资开始发展。然而无论是投资规模还是企业数量，欧洲都要远远低于美国。1999 年，美国的风险资本总额已经是全欧洲私有权益资本的 2.3 倍。到了 2020 年，欧洲初创企业占全球的投资也只有 14%，远不能和欧洲 GDP 占全球的比例相提并论。

风险投资的缺乏导致欧洲的初创企业天生"贫血"，因此不得不更加关注短期盈利而非长远发展，也使一些能够带来重大变革但在短期内未必能取得盈利的企业难以在欧洲生根发芽，或者只能被美国公司以低成本收购，其中的典型案例便是谷歌对 AlphaGo 围棋 AI 的缔造者、英国创业公司 DeepMind① 的收购。2012—2016 年，约有 562 家欧洲初创企业被美国公司

———————————

① DeepMind，创立于 2010 年，并于 2014 年被谷歌收购。

收购,占欧洲初创企业总数的 44%,欧洲的数字创新活力就如此轻易地被美国所攫取。

(三)超级明星公司:无缘欧洲

泰尔勒和哈兰德(Thierer、Haaland,2021)还认为,无论是非常集中的国家规划或支出(或者由欧盟这样的区域合作组织主导的投资项目),还是在位企业已经确保的市场地位,都无法克服欧洲对于技术"冒险"和"破坏"的天生厌恶。诚然,欧洲的创新文化普遍崇尚稳定性的技术升级而非破坏性的技术变革,加上如一潭死水的风险投资行业,共同导致了欧洲很难出现能够推动市场变革的"超级明星公司"(Superstar Firms)。

超级明星公司的概念源于美国芝加哥大学经济学家舍温·罗森(Sherwin Rosen)于 1983 年发表的论文《超级明星的经济学》(The Economics of Super Stars)。在该文中,罗森讨论了天赋与市场的规模如何影响单个运动员和明星的收入,尤其是为什么少数行业精英能够攫取整个行业大多数的收入和利润。进入数字经济时代,超级明星理论被推广到互联网行业,学者开始使用超级明星公司这一新经济学概念描述那些在行业中具有领先生产力和垄断地位,从而获得远超其他竞争对手的回报率(Markup)、实现"赢家通吃"的大型企业。而以谷歌、脸书和亚马逊为代表的数字平台企业便是其中的典型代表:谷歌在美国搜索广告收入中的占比约为 77%,谷歌和脸书共同控制着大约 56% 的美国移动广告市场,而亚马逊则占据了电子书销售的 70% 以及美国电子商务的 30%。

滕贝等(Tambe 等,2020)认为,拥有大量数字资本是数字经济时代的超级明星公司所具备的共同特征,这里的数字资本代指企业为了充分利用数字技术等通用目的技术而进行的互补性投入,包括员工的数字素养和数字技能,为了充分使用数字技术而进行的企业组织调整,以及公司层面的数字人力资本,等等。由于数字文化上的缺失和对于创新的低敏感度,欧洲企业的数字资本水平在整体上要低于美国企业,这就导致即使进行了大量信息与通信技术投资的欧洲公司也很难充分发挥其作用,从而进一步导致了缓慢的数字化转型与羸弱的市场竞争力。

佩蒂特和蒂斯(Petit、Teece,2021)总结了欧盟数字经济的发展现状,提出"(整个欧盟的)公共政策和(有碍创新的)态度解释了技术的相对衰退和经济活力的缺乏,最终导致脆弱的风险资本市场、分散的研究开发能力、极低的劳动力流动性和处处受挫的企业家"。而作为对于中美两国数字经济高速发展的政策回应,欧盟在保持严苛的产业政策的基础上,选择加强技术监管与隐私保护的力度,并通过收取高额的数字税来实现利益共享,同时采取尽可能严苛的产业政策。接下来,我们将对欧盟在进入 21 世纪的第二个十年采取的一系列新做法进行介绍。

三、欧盟的挽救

2010 年 5 月 19 日,欧盟发布《欧洲数字化议程》,该议程作为"2020 欧盟战略"①的七大旗舰计划之一,也是其中第一个付诸实施的政策规划。该文件细致分析了影响欧洲数字技术与数字经济发展的各种障碍,归纳总结为以下七点:各国数字市场间存在堡垒、信息技术和标准缺乏兼容性和互操作性、网络犯罪不断增加、对于新的宽带网络投资不足、研发与创新相对不足、居民数字素养较低,以及未能采用数字技术应对社会挑战。可以看出,这一次欧盟确实抓住了欧洲数字经济发展的痛点和难点,这七点障碍在前文的分析中也都有所体现。

(一)《欧洲数字化议程》

为了解决上述七个方面的障碍,欧盟也相应地提出七个优先行动领域,作为欧洲到 2020 年的信息社会发展目标。2010—2020 年的十年中,欧盟

---

① 是继"里斯本战略"之后,欧盟的第二个十年经济发展规划。

和欧洲各国政府也确实作出了相应的努力，其中的某些工作取得了一定成效，尽管也有些尝试但依然未达预期。

1. 建立充满活力的单一数字市场

建立欧洲内部的统一数字市场，是欧盟在数字经济发展上一以贯之的核心举措。欧洲的领导者坚持认为，只要能够打破欧洲各国之间存在的藩篱，形成"内循环"、构建覆盖全欧洲的统一大市场，欧洲的数字经济就有了和中美竞争的资本。欧盟希望通过简化版权许可、管理和跨境许可，开发合法的在线内容访问、跨境电子支付和电子通信，显著提升消费者信心，将用户需求在欧洲内部充分消化。

2015 年 5 月，欧盟发布了《数字化单一市场战略》，提出了单一数字市场的三大支柱：为个人和企业提供更好的数字产品和服务、创造数字网络和服务繁荣发展的有利环境，以及最大化实现数字经济的增长潜力。《数字化单一市场战略》试图在便利跨境电子商务、《版权法》现代化和简化增值税这三个方面推动改革，以分别减少消费者、内容创作者和中小企业在欧洲内部进行消费、创新和生产时受到的限制。为推进数字单一市场建设，欧盟委员会还陆续发布了《走向繁荣的数据驱动型经济》《欧洲工业数字化》《欧洲网络平台与数字单一市场的机遇与挑战》《建立欧洲数据经济》等政策文件。

2. 改进信息通信标准制定、提高互操作性

为了满足连接和创新方面的需求，欧盟希望信息与通信技术产品和服务能够符合统一的技术标准，从而更具有互操作性①。为了推进这项工作，欧洲标准化委员会、欧洲电工技术委员会和欧洲电信标准委员会联合成立了"信息与通信技术标准委员会"（ICTSB），力图在信息与通信技术上建立

---

① 互操作性（Interoperability）又称互用性，指的是不同的计算机系统、网络、操作系统和应用程序一起工作并共享信息的能力。

"欧洲标准"。

3. 增进信任与安全

网络用户间的相互信任,无疑能够有效降低经济活动的交易成本,而信任的基础则是网络安全。2019 年 3 月 12 日,欧洲议会通过了《欧盟网络安全法案》(EU Cybersecurity Act),该法案确立了第一份欧盟范围的网络安全认证计划,从而确保在欧盟各国销售的认证产品、流程和服务均满足网络安全标准。欧洲议会议员呼吁欧盟委员会和成员国在采购 5G 设备时,应当就如何应对网络威胁和漏洞提供指导,例如从不同供应商采购不同的设备、引入多阶段采购流程,以及制定战略来降低欧洲对外国网络安全技术的依赖。

4. 建立高速互联网接入

长期以来,欧盟都希望推动欧洲各国在互联网的基础设施建设方面加大投入,然而实际收效甚微。截至 2019 年,高速宽带在欧盟国家的覆盖率仍然仅有 44%,使用 100MPS 及以上网速的家庭仅有 26%。虽然欧盟和欧洲各国都在不断提出新的提高网络速度和覆盖率的方案与计划,但是财政上的不统一导致相关方案的实际推进极其困难。在可见的未来,欧洲的互联网发展水平必然将持续落后于其他国际竞争者。

5. 鼓励研究和创新

在"欧洲 2020 战略"中,建立覆盖全欧的"创新型联盟"是其七个旗舰计划之一。通过建立这一联盟,欧盟希望能够集中投资于信息与通信技术领域,提高其在这一领域的国际竞争力,同时在包括物联网、人工智能等在内的新技术领域占得先机。虽然自这一项目提出之后各国均作出了一定回应,欧盟整体的研发强度有所提升,到 2020 年信息与通信技术研发支出也达到占 GDP 2.3% 的较高水平,但是仍没有完全摆脱"各自为战"的研发格局,合作研发依然不是当前欧洲地区创新创业的主要形式。

6. 提高欧洲整体的数字素养和数字技能

数字素养和数字能力是数字经济时代的基础性技能。自 2000 年提出"里斯本战略"后,欧盟就一直看重培养欧洲公民对于信息与通信技术的使用能力,并根据发展形势不断更新其培养要求。在各项战略规划中,欧盟的培养目标从"信息技术"转变为更加具体的"信息技术技能和使用",之后又精炼为"数字技术技能",最终升级为"数字素养"。2011—2012 年的两年时间内,欧盟委员会联合研究中心开展了"数字素养项目",建立专门的数字素养框架,确定影响数字素养的核心要素,为之后的数字素养提升工作奠定基础。

但是,数字素养的提升既是一项长期工作,也是教育工作的重要内容,难以在短期内看到立竿见影的效果。2012—2019 年,欧盟企业通信技术类人才缺口以每年 2% 的速度递增。在 16—74 岁的欧洲人群中,1/6 缺乏数字技能,1/4 仅有低水平的数字技能——远低于东亚地区。为培养具有数字化技能的劳动者,欧盟也推出了一系列支持政策,从 2012 年起,几乎所有的欧盟成员国都开始发展数字教育,并将其列为基本国策之一。根据《2030 数字指南针:欧洲数字十年之路》①计划,到 2030 年,至少应有 80% 的成年人具备基本的数字技能,在欧盟工作的信息技术专业人员应达到 2000 万人。

7. 释放信息与通信技术潜力造福社会

数字经济的发展能够间接地应对气候变化、能源消耗等问题,对于人口老龄化也具有一定的缓解作用,同时还能增加经济社会的包容性和普惠性。在欧盟于 2020 年 2 月发布的《欧洲数据战略》中,就强调通过数字化塑造开放、民主和可持续的社会。通过这一战略的实施,欧盟计划在 2025 年降

---

① 2021 年 3 月由欧盟委员会发布,文件提出了欧洲数字化转型的 2030 年目标,以及实现这些目标的关键里程碑和方法。

低10%的温室气体排放,创建大量零排放的环保型数据中心与信息通信基础设施,并扶植相关技术企业。这一行动领域可以被视为欧盟发展数字经济的长期愿景,也应当为其他经济体所参考。

总结来说,《欧洲数字化议程》的推进过程虽然坎坷,但确实相较于欧盟之前几项的数字经济计划有了比较长足的进步,而经过欧盟各国政府的努力,十年之后,"2020欧盟战略"终究算是取得了一定的成绩(虽然其中一些项目目前只获得了阶段性成功):其一,初步形成了数字统一市场;其二,逐渐建立了全欧盟统一的信息与通信技术标准;其三,欧盟的网络安全水平显著提高;其四,整个经济社会向着更加包容、排放更低的方向发展。

而在以下三个方面,欧洲各国的问题并没有得到有效解决:其一,网速和互联网覆盖率迟迟得不到实质性改善;其二,创业创新单打独斗、缺乏合作;其三,数字劳动力依然相对缺乏,数字教育还有待进一步发展。

(二)推进工业数字化与加强隐私保护

除了整体性的数字化议程外,欧盟还在推动工业数字化与加强隐私保护方面进一步加码,希望通过这两个方面的努力重振欧洲数字经济。

作为工业革命的发源地,欧洲的工业技术与生产力曾一度引领世界。但随着时代发展,欧洲工业也面临着科技发展、环境变化等诸多挑战,逐渐落后于其主要竞争对手。为此,欧盟顺应数字经济的时代潮流,加速欧洲工业的创新与变革,希望通过推动产业数字化尤其是工业数字化的进程,来提高欧洲的整体竞争力。

欧洲各国大都出台过国家级工业战略,如德国的"工业4.0"、法国的"新工业法国"等,但由于各国之间缺乏协同、各自为政,欧洲老牌工业技术体系的数字化、网络化发展速度缓慢,难以形成整体竞争优势。为此,欧盟在整合成员国和地区已经出台的工业数字化战略基础上,于2016年正式出台《欧洲工业数字化战略》，投入大量资金以支持工业数字化发展。同时，欧盟还针对传统产业的数字化转型发布了《欧洲产业数字化规划》，以加强欧盟成员国之间战略层面的合作。在 2020 年 3 月发布的《欧洲新工业战略》中，欧盟还提出通过物联网、大数据和人工智能三大技术来增强欧洲工业的智能化程度，提升其全球竞争力和战略自主性。

除了以工业数字化为核心采取的促发展措施外，欧盟还希望能够通过全球最为严格的隐私保护和监管政策来从其他经济体的大型数字平台企业的发展中分一杯羹。2018 年，欧盟正式发布《通用数据保护条例》（General Data Protection Regulation，GDPR），作为其于 1995 年制定的《计算机数据保护法》的升级版本。根据《通用数据保护条例》，对于侵犯欧洲用户隐私、未经许可使用用户个人数据的企业，各国信息安全监管部门最高可处 2000 万欧元罚金或其全球营业额的 4%，以二者之中较高者为准。《通用数据保护条例》对于数据使用的要求极为严格，被认为是"史上最严数据保护法"，成为悬在每一家数字经济企业头上的达摩克利斯之剑。

在《通用数据保护条例》实施的前三年内（2018 年 5 月—2021 年 5 月），欧洲的各家监管机构一共采取了 630 多项执法措施，罚款总额高达2.83 亿欧元。而在各项罚款中，最著名的包括法国数据保护机构"国家信息自由委员会"（CNIL）针对谷歌开出的 5700 万美元罚款，德国数据保护机构（DPA）针对服装零售商 H&M 的 4100 万美元罚款，以及英国信息监管局对英国航空公司 1.8339 亿英镑的罚款。与此同时，欧盟成员国之间在《通用数据保护条例》的具体实施中也缺乏协调统一规则，相关法规的解释有时会产生歧义，因此给很多数字经济企业带来了额外的负担和挑战。由此，市场上不乏对于《通用数据保护条例》的批评，甚至有数字平台表示可能考虑退出欧洲市场。在下一章讨论隐私保护的发展变革过程时，我们将会对

《通用数据保护条例》进行更加详细的分析与介绍。

四、欧盟数字经济发展总结

短期来看,欧洲这种由欧盟主导、各国政府酌情推进、自上而下但又以邻为壑的数字经济发展方式,并不会发生任何根本性的改变。总之,欧洲发展数字经济的做法可以概况为两类。其一,在内部采取积极的产业政策选取赢家行业,并集合欧洲各国分散的财政力量予以支持;其二,推行适用于全欧洲的监管和税收措施,利用法律法规打击其他经济体尤其是美国的科技公司。

当然,在人工智能、高性能计算等高新技术领域,欧盟主导的产业政策和监管法规仍将发挥十分关键的作用。

2020 年 2 月 19 日,欧盟委员会在布鲁塞尔发表了《欧洲人工智能白皮书》,提议在白皮书发布后的 10 年内,大幅提高欧洲人工智能研究和创新领域的投资水平,聚焦于欧洲有潜力成为"全球冠军"的部门,协助欧洲各国同其他国家在人工智能与科技领域相抗衡。欧盟相信,欧洲拥有成为可安全应用的人工智能系统世界领导者所需的一切条件,也希望为建立一个高度发达且可信的人工智能产业创造更好的政策环境。

在以超级计算机为代表的高性能计算(High performance computing, HPC)①上,欧洲具有一定的技术优势。虽然在运算速度上依然落后于中、美、日等国,但是欧洲具有非常成熟的应用生态和商业化体系。2017 年 12 月,欧盟推出"欧洲处理器计划"(EPI),由来自 10 个欧洲国家的 28 个机构展开合作,旨在为欧洲各国配备高水平的定制处理器和计算技术,使欧盟成为专注于科学和创新的技术独立力量。2019 年 6 月,欧盟委员会发布了

---

① 高性能计算,指通常使用很多处理器(作为单个机器的一部分)或者某一集群中组织的几台计算机(作为单个计算资源操作)的计算系统和环境。

"欧洲高性能计算共同计划"(Euro HPC),宣布将在欧盟成员国中选定 8 处地点来建设世界级的超级计算机中心,项目总预算高达 8.4 亿欧元,将用于个性化医疗、药物和材料设计、生物工程、天气预报及气候变化等领域,服务对象包括欧洲学术界、工业界和公共部门。欧洲处理器计划和欧洲高性能计算共同计划是欧洲整体数字战略的重要组成部分,其核心目的依然是提升欧洲在计算能力上的独立性。然而想要实现这一目标,欧洲还有很长的一段路要走。

　　欧盟始终相信,借助持续发力且动态调整的产业政策,结合对于外国企业严格的监管、税收和罚款,将能以某种方式确保欧洲不会在新的技术时代被抛弃。然而一系列数字经济领域的研究表明,这一想法可能太过天真。

　　位于布鲁塞尔的欧洲国际政治经济中心(ECIPE)最近的一项研究,分析了欧洲对科技公司进行事前监管所造成的成本。欧洲国际政治经济中心认为,根据 2020 年 12 月 15 日公布的《数字服务法案》提议,在线服务行业将由事后监管转向事前监管,而此举将导致欧盟 GDP 损失约 850 亿欧元(占当年全欧 GDP 的 0.5%),消费者福利损失 1010 亿欧元,并减少 1%的劳动力数量。而这仅仅是《数字服务法案》这一项法案的影响,欧洲的数字经济相关法案简直多如牛毛。

　　也有学者指出,欧洲对于数据的严格监管未必能够得到预想的保护自身数字行业、惩戒外来垄断者的效果。例如,《通用数据保护条例》的生效反而可能有利于那些用户量更多的大型公司(比如脸书和谷歌)——因为它们用户多,自然便积累了更多来源于自身用户的数据。WhoTracks.me 网站的一项研究数据就显示,自《通用数据保护条例》生效后,小型公司的广告跟踪器受到了明显的打击,市场份额在短时间内下降了 18%—31%不等;而脸书的市场份额仅下降 6.66%,跌幅小于小型公司;作为在线广告市场上的领先者,谷歌的市场份额反而上升了 0.933%,成为《通用数据保护条例》的间接受益者。令人感到讽刺的结论是,欧盟的监管政策旨在帮助规模较小的本土企业,但结果反而有利于规模较大、根基稳固的美国企业。不仅如此,过于严格的法规有时候还会不可避免地误伤到"自己人",如遭受巨额罚款的英国航空和H&M,都是欧洲本土的企业。

一个值得警惕的可能性是,欧洲的过度监管切断了数据流向最需要依靠数据来竞争的创新企业的通道,只留下那些资本雄厚、交得起罚款的大公司控制着大部分市场。如此一来,虽然数据的个人隐私性得到了充分尊重,但数据作为生产要素驱动经济发展的特点却没有得到充分发挥。据世界银行统计,2019年欧洲数字企业占全球数字企业总市值不到4%,远低于同期欧盟经济总量在世界经济总量的占比(15.77%)。泰尔勒和哈兰德(Thierer和Haaland,2021)认为,即使是最宏大的产业政策方案,也无法抗衡这些代价高昂的现实。

那么,由欧盟主导的这种"挑选赢家+雁过拔毛"的数字经济发展方式,是否是可持续的?一些具有远见的欧洲领导者对此持悲观态度。2019年2月19日,在欧洲经济界和政界高层云集的数字峰会"数字化欧洲"(Digitising Europe)上,时任德国总理安格拉·默克尔(Angela Merkel)对于欧洲的数字经济发展前景给出了判断:"我怀疑,我们是否真的能够成为全球行动者(Global Actor)。"默克尔进一步强调,欧盟在环境保护、竞争法等许多方面的条条框框已经开始阻碍而非促进欧洲数字经济的正常发展,过度监管将会使欧洲赶不上未来全球制造业发展的步伐。默克尔还呼吁在欧洲展开新的一轮讨论,改革《欧洲竞争法》、方便并购,并消除互联网企业发展面临的各类障碍,"为企业发展留出足够的自由空间"。此外默克尔还强调,"欧洲必须对以数据驱动的运营模式作出自己的回答——我这里不仅强调'自己的',还强调'作出回答'。也就是说我们不能只描述自己的独特性,却让回答滞后于时代"。

小　结

按照"技术—经济—治理"的分析框架,美国在数字经济时代试图通过技术上的持续进步来实现创新推动性发展,中国则尝试通过经济发展来拉动技术进步、逐步参与国际数字经济规则制定,而欧盟则希望先明确治理模式和规则制度,再通过吸收中美等国的技术与应用来实现自身发展。可以看出,在数字经济的发展中,不同经济体选择了截然不同的发展路径,而这些路径之间又时有交叉、相互影响:中国朝着数字技术创新方向发展的过程中遭遇了美国的制裁与阻挠,而美国朝着数字技术应用方向发展的过程中又面临着欧盟"数字税"的沉重压力。

数字经济全球发展格局未来将如何演变,目前来看还存在许多未知数。而唯一可以确定的一点是,在其他经济体发展数字经济的过程中,无论是基于"美国模式"、"中国模式"还是"欧盟模式",都需要考虑自身发展禀赋,作出理性选择与合理借鉴。

除此之外,不同的数字经济发展模式之间也可能出现"条件趋同"(Conditional Convergence)。条件趋同是一个经济增长概念,指的是如果不同地区间具备一些相同的发展条件(人力资本水平、基础设施条件等),那么相对落后的地区反而会发展更快。因此在某种程度上,"落后"也并非毫无优势,譬如,可以追随先进国家的研发方向而不用走弯路,可以选择性照搬先进国家的发展政策与法规建设,可以在引进国外技术的基础上进行改进,可以利用更低的劳动力成本进行创新,等等。

　　把握好趋同与差异,有助于我们更好地理解数字经济时代的历史走向,从而为中国自身的发展寻求潜在的最优路径,保持中国数字经济大国的领先地位,为实现第二个百年奋斗目标添砖加瓦。

第四章

数字经济发展中
政府与市场的关系

> 我们应该树立这样一种理念,即政府的经济职能是不断演进的,它会随市场环境的变化而变化,同时又会影响市场环境。
>
> ——维托·坦茨:《政府与市场:变革中的政府职能》,
> 商务印书馆 2014 年版

2022 年 3 月 5 日,李克强同志代表国务院在十三届全国人大五次会议上作政府工作报告。该报告针对数字经济作出了如下表述:"促进数字经济发展。加强数字中国建设整体布局。建设数字信息基础设施……推进5G 规模化应用,促进产业数字化转型,发展智慧城市、数字乡村。加快发展工业互联网,培育壮大集成电路、人工智能等数字产业,提升关键软硬件技术创新和供给能力。完善数字经济治理,培育数据要素市场,释放数据要素潜力,提高应用能力,更好赋能经济发展、丰富人民生活。"①这是中国首次在政府工作报告中提及"数字经济治理"。事实上,在这一概念正式提出之前,中国政府已经在数字经济治理领域开展了多项立法进程与政策实践。从《中华人民共和国电子商务法》《中华人民共和国数据安全法》到《中华人民共和国个人信息保护法》,从《国务院反垄断委员会关于平台经济领域的反垄断指南》《互联网信息服务管理办法》到《关键信息基础设施安全保护条例》,各项法律法规与管理办法的出台,为中国数字经济治理提供了参考依据,为数字经济市场的良性运行打下了坚实基础。

当然,除中国之外的各主要经济体也在紧锣密鼓地进行数字经济治理的体制体系建设,以提升本国在全球数字经济发展中的影响力。

美国政府从20世纪90年代起就开始实施一系列重大战略以支持数字技术和数字经济发展,而其中最为有名的便是前文提到的"国家信息高速公路"计划。2022年3月9日,美国总统拜登签署了一项名为《确保数字资产负责任发展》的行政命令,要求该国政府机构协调数字资产监管。欧盟一直立志成为全球数字治理规则的制定者、贡献者和引领者。2021年3月,欧盟委员会发布了《2030数字指南针:欧洲数字十年之路》报告,制定了整个欧盟在未来十年内要实现的数字能力目标,具体包括四个方面:开展数字教育与人才建设、健全数字基础设施、推进企业数字化,以及推进公共服务数字化等。2022年4月23日,欧盟理事会和欧洲议会就《数字服务法》达成政治性协议,该法案要求网络平台必须迅速删除非法和有害内容,这一具有里程碑意义的立法将成为欧盟在全球数字治理上的最新贡献。日本也一直在尝试提出符合自身国家利益的战略理念,并积极组建国际数字经济治理同盟。2019年,时任日本首相安倍晋三在二十国集团(G20)框架下提

---

① 李克强:《政府工作报告——2022年3月5日在第十三届全国人民代表大会第五次会议上》,人民出版社2022年版,第24页。

出"数据在可信任条件下自由流动"（Data Free Flow with Trust，DEFT）原则，强调数据流动的自由度、安全性和完整性在国际经贸关系中的重要地位。同年9月1日，日本政府正式设立"数字厅"，负责推动日本的行政数字化改革，进而推动日本数字经济增长。2022年5月10日，在日本的积极运作下，七国集团（G7）的数字与科技部长会议通过《促进可信数据自由流动计划》，共同承诺促进数据自由流动和信任，并积极开展数字领域的监管合作。

在各国推进数字经济治理的实践过程中，一个共同的做法是为数字经济设置专门的治理规则、监管模式与激励手段，将其与传统经济治理区分开来。那么，为什么不能在传统经济治理框架下开展数字经济的治理工作？在笔者看来，主要原因包括：

第一，在数字经济中，"市场失灵"（Market Failure）比在传统经济中更为常见。对于市场失灵的一般理解，是市场机制不能充分发挥作用导致资源配置效率低下或者出现配置失当的问题。市场失灵的原因包括外部性、自然垄断、信息不对称、市场不完备以及公共物品供给不足等，而市场失灵的危害也不容小觑，它会造成收入分配的不公平与经济社会的不稳定。不同于以农业经济和工业经济为主要形态的传统经济，数字经济的重要形式是以平台为代表的双边市场。在这种市场机制中，平台企业拥有天然的信息优势，并能将这一优势转化为市场势力（Market Power）。这就导致市场失灵经常发生，需要政府予以介入。

第二，数字经济具有的网络效应、规模效应等特征使各类安全风险更容易集聚和扩散。近年来，国内外一些数字经济企业"暴雷"或"跑路"的事件时有出现，其中的一些甚至还是细分行业如金融科技、在线教育或文化娱乐领域的头部平台。数字经济发展之快，使某些安全风险在刚刚出现时无法被有效识别，继而通过互联网和平台具有的网络外部性迅速传播、蔓延开来,而相关预警机制的缺乏使普通用户不仅难以发现风险,也难以规避风险。如果无法有效识别并化解此类风险,数字经济安全问题便具有发展为全局系统性风险的可能性。

第三,相较于传统经济,在数字经济中消费者的利益更容易被侵害。传统意义上的市场监督机制能够通过对在市场上从事商品交换活动的单位和个人,从商品的质量、价格、合同等诸多方面进行监督,从而实现保证正当交易、取缔非法活动、维护消费者的切身利益、维护商品流通的正常经济秩序等目标。而在数字经济中,保护消费者的合法权益要困难得多:数字企业对于用户数据与信息的获取大多由"算法黑箱"完成,平台企业的定价策略处于持续的动态变化中且具有一定的隐蔽性,并且在互联网上进行的交易行为(特别是以加密货币为标的物进行的)常常难以追踪和回溯。因此,在技术水平、模式创新和网络安全等问题上,监管机构被迫成为市场的追赶者。

以上三个原因体现了建设新型数字经济治理体系的迫切需求。这一迫切需求的背后,反映了数字经济中的政府与市场关系正在发生的深层次变化。国际公共财政学会名誉主席维托·坦茨(Vito Tanzi)在其著作《政府与市场:变革中的政府职能》中指出,在一个管理规范、运行良好的市场中,大多数人可以直接从市场上购买服务并防范风险,无须依靠政府提供的各种服务。如果能够建立这样的一个市场,辅以妥善的偏"自由主义"的监管和干预,那就将在政府充分发挥职能的同时削减不必要的政府支出。然而,我们对于数字经济存在一个最基本的认知——这是一个由网络、平台和数据等新要素构成的处于扩张状态、高度不稳定的新兴市场。对于这样一个稍显"混乱"的市场的有效治理,就务必需要政府跳出传统意义上"守夜人"和"裁判员"的身份限制,成为更理性的经济管理者、更客观的市场干预者以及更坚决的产权保护者。

本章的内容安排如下。第一节讨论数字经济治理的治理体系和治理能力等话题;第二节重点讨论针对科技企业和平台企业的反垄断问题;第三节主要关注算法治理问题的历史沿袭和治理模式;第四节则研究数字经济发展如何影响不平等,以及实现数字经济"再平衡"(Rebalancing)的可行办法。

第一节　数字经济治理

健全完善数字经济治理体系是顺应治理主体多元化、对象复杂化、结构网络化、方式协同化、过程人性化、范围全球化变化的必然选择,也是创新治理理念和治理模式的必然要求(马潮江、单志广,2022)。数字经济治理对象涵盖数字经济全领域、全过程、全要素,包括数据资源、现代信息网络和信息通信技术融合应用等新技术经济形态,以及平台企业等主体、互联网服务等活动、制度规范等环境因素。接下来,我们将基于当前数字经济实践与相关研究探讨数字经济治理的几个基本问题。

一、数字经济治理的主要内容

加强和完善数字经济治理,是一个国家的数字经济发展行稳致远的关键举措。数字经济发展事关国家发展大局,数字经济治理体系建设是国家治理体系和治理能力现代化的新内容,加强和完善数字经济治理是促进数字社会稳定和谐的重要保障。数字经济治理的内涵相当丰富,包含各类监管手段和发展政策。而政府则是数字经济治理的主力军,通过"效""治"结合让新技术有为善为,进而完善数字经济治理,加强体制机制建设,意义十分重大。按照治理对象的不同,本书将数字经济治理划分为要素治理、行为治理与综合治理三个方面。

要素治理,指的是对于数字经济中出现的各种新要素(数据、信息、人工智能等)的产生、传播、交易和分配过程进行治理。当前要素治理的重点是对数据要素的治理工作。大数据作为近年来异军突起的新兴生产要素,在诞生之初就展现出极强的经济价值和极大的市场需求。与数据要素快速发展形成鲜明对比的，是数据要素市场管理的相对滞后。在组织运行体系方面，数据要素的收集、整理与使用仍由平台企业主导；在数据要素交易方面，大多数国家和地区尚未形成数据交易的有效机制；在数据要素使用方面，企业对于数据要素的使用受到的监管严重不足；在数据利益分配方面，提供原始数据的消费者的权益和隐私却无法得到有效保护。因此，政府进行数据要素治理的重点，在于将数据要素的价值最大化的同时将其产生的经济利益公平地分配给利益相关者。

行为治理代指政府对于企业的各类经济行为、社会行为以及研发创新行为的治理。在数字经济环境下，企业的大量生产经营活动转移到线上虚拟的云空间中，这就在无形中增加了监管难度。无论是企业对于用户信息与数据要素的收集和使用、对于自身市场势力与技术权力的发挥，还是对于大数据分析与智能算法的设计与应用，都需要各级政府的积极引导与有效监管，为市场主体营造良好的营商环境，保护用户尤其是消费者的合法权益。

综合治理是对于数据信息资源、现代信息网络、信息与通信技术融合应用，以及数字经济相关主体、活动与环境的整体性治理。数字经济的综合治理，是数字时代宏观经济治理的重要内容，需要更好地把握数字经济发展的形势、趋势和规律，以健全和完善数字经济治理体系为基本支撑，进一步推动数字技术与实体经济深度融合，协同推进数字产业化和产业数字化，促进数据关键要素价值释放，培育开放、创新、安全、协调、普惠的发展生态，不断提升广大人民群众对数字化发展的获得感、幸福感和满意度，有效保障全体人民共享数字经济的发展红利。

二、数字经济治理的能力建设

如何提升一国政府的数字经济治理能力？中科院心理研究所的张兆利

博士提出,"三化"治理是建设切实可行的数字经济治理体系的关键举措。这里的"三化"分别代表:治理法治化、治理精细化和治理自律化。

（一）治理法治化

治理法治化是数字经济治理的第一防线。数字经济具有高创新性、强渗透性、广覆盖性等突出特点,在数字经济发展的过程中,如果说技术和创新是高速运转的"引擎",那么法律和制度则是保证其能够行稳致远的"压舱石"。良好的法律规范可以有效规范数字经济行为,降低系统性风险,而活跃的数字经济则为法律规范的不断完善提供丰富的实践经验和物质场景,从而形成良性循环,这便是数字经济治理法治化的理论基础。这正是中国、美国和欧盟等数字经济的领先经济体都在高频率出台数字经济相关法律法规的原因。

（二）治理精细化

治理精细化是数字经济治理的内在要求。在数字经济体系中,原本分散且信息不对称的市场主体与消费者,以及产业链的上游与下游等都可以利用数字技术连接在一起,这既是一种生产力的飞跃,同时也是对治理能力的考验。数字经济参与主体中存在大量的中小企业、组织甚至是个人,每个微观个体的需求和偏好均千差万别,个体行为的异质性和不可预测性也明显增强,这就要求数字经济的治理必须是精细化的,能够最大限度地满足大量中小主体的个性化需求,同时治理标准也应能够涵盖其行为并获得正向反馈。例如,不同的智能手机用户会在使用手机 APP 时选择不同的数据分享条款,对于那些隐私意识较强、有限度地分享自身数据的用户,对其的隐私保护就可以适当放松;而对于隐私意识较差、甚至可能不理解用户数据条款的用户(如中老年使用者),就需要监管者的介入才能有效保护其隐私安全。

（三）治理自律化

治理自律化是数字经济治理的必达共识。主体自觉既是良法善治的最终目标，也是数字经济治理的内在本质。发展数字经济，企业无疑是主体；但在强化数字经济治理方面，政府还应发挥更加积极的作用。政府的有效监管可以不断增强数字经济治理的主动性和自律性，使企业遵守市场竞争规则，而企业自觉接受监管、优化经营，便是数字经济治理的关键目标。也就是说，必须把自律化作为第一共识，将治理规范与秩序内化为每一个市场主体的自觉认知和自律要求。然而需要注意的一点是，治理自律化并非治理自由化。目前数字经济仍处于发展的早期，相应监管制度均不健全，市场主体钻治理"空子"的现象也时有发生，面对这些现象，监管者应积极作为，防微杜渐，不能坐等市场主体"弃暗投明"。

（四）数字经济治理创新

除了实现"三化"治理之外，数字经济治理能力的提升还依赖政府在多个方面的持续性创新。这些创新包括技术创新、政策创新和制度创新。技术创新指的是利用先进数字技术监管数字经济，此类技术也被称为监管科技（Reg Tech）①。监管科技于 2015 年发源于英国，在国际上被广泛应用于金融监管领域，例如使用人工智能对于违规直销、违法传销、虚假广告、仿冒站点、商标和专利侵权等违规违法市场行为进行实时监控。政策创新强调在传统的政策框架之外另辟蹊径，设计出新的专用于发展与监管数字经济的新政策。对于"数字税"的征收或反对都可以被纳入政策创新的范畴。制度创新需要政府围绕数字经济的关键问题进行高屋建瓴的顶层设计，提出新的基础性制度或对现有制度进行大幅改革以适应数字经济发展要求。许多国家正在建立的数据要素交易制度就属于制度创新。在数字经济的快速发展

---

① 这个新创词由英文监管（Regulatory）和科技（Technology）的前几个字母组成。

过程中,治理创新和技术进步互动共促、互为因果。数字经济发展既提升生产力水平,也促使生产关系进行调整。通过持续的技术创新、政策创新和制度创新,数字经济治理能力的显著提升将成为数字经济发展的动力来源。

（五）数字经济治理的方法工具

数字经济治理主要通过政府、平台、企业、社会组织以及公众来共同构建多元协同的治理格局,通过完善法律法规和规则制度、提升政府数字化治理能力、创新协同监管机制等手段,不断优化公开、公平、法治的营商环境,同时提升安全与发展、公平与效率统筹协调水平。在具体推进数字经济治理的过程中,政策制定者也会面临工具选择的问题。

维托·坦茨在《政府与市场:变革中的政府职能》中总结了政府行使经济职能的三类工具分别是:财政工具、监管工具和其他工具。其中,财政工具包括政府支出、税收、政府债务、政府贷款和政府担保贷款等;监管工具包括许可证制度、最低工资、合同限制、价格管控和数量控制等;其他工具包括征税权、所有权、或有负债(Contingent Liability)①以及助推或引导性措施等。纵观当前各国采取的数字经济治理模式可以发现,监管工具是最为常见的治理手段,财政工具和其他工具则更多的是作为辅助性措施。对平台企业与新兴技术的强监管以及用户权益的保护,是数字经济治理的核心内容。在世界经济全面进入数字经济时代后,如何将强监管与促发展相结合将会是各国政府亟须解决的治理难题。

第二节　科技与平台企业反垄断

反垄断,又称反托拉斯(Antitrust),是第二次工业革命之后各主要经济体一直面临的治理难题。只要有市场竞争,就一定会诞生赢家和输家,而市场

---

① 　或有负债是指因过去的交易或事项可能导致未来发生的事件而产生的潜在负债。

竞争的动态性特征就决定了赢家在后续的竞争中也能占据有利地位,从而不断积累市场资源和客户数量,并获得远超于其他企业的市场势力与信息优势,最终通过形成联盟或者价格协定等形式掌握定价权,并在获得高额垄断利润的同时对消费者和其他市场主体的利益造成侵害。早期的反垄断主要以美国为主场①,之后欧盟、日本和韩国等发达经济体也都参考美国法律逐渐形成了自己的反垄断法,并先后开展对于国民经济重要行业的反垄断实践。

在反垄断的早期实践中,最为著名的便是 19 世纪末到 20 世纪初的美国标准石油公司案。标准石油公司(Standard Oil)由"石油大王"约翰·洛克菲勒(John Rockefeller)于 1870 年 1 月在俄亥俄州创建。在近二十年的时间内,通过采取低价倾销、垄断运力、贿赂官员、买通法院等多种手段,洛克菲勒几乎垄断了美国境内 95% 的炼油能力,拥有全国 90% 的输油管道和 25% 的原油产量,也因此成为美国首富以及人类历史上第一个真正意义上的亿万富翁。1881 年,《大西洋月刊》记者亨利·劳埃德(Henry Lloyd)著文抨击标准石油公司已经成为"托拉斯"(Trust)形式的垄断组织。显然,美国政府也早已意识到标准石油公司对经济的打击,将一国的经济命脉放任于垄断商人之手,无异于推涛作浪、抱薪救火。于是,1890 年,美国国会制定的第一部也是最基本的反垄断法《谢尔曼法》正式出台。1902 年,记者艾达·塔贝尔(Ida Tarbell)发表了一系列题为《标准石油公司史》的连载文章,抨击该公司的垄断行为,也成为开启针对标准石油公司的反垄断调查的导火索。经历了 6 年旷日持久的诉讼过程之后,美国最高法院最终于 1911 年 5 月 15 日对标准石油公司垄断案进行判决,宣布标准石油公司是一个垄断机构,并将其拆分为 37 家地区性石油公司。尽管此后美国的石油行业先后形成了以新泽西标准石油、英荷壳牌、英国石油等七家公司为主导的"七

①　1883 年,美国阿拉巴马州通过了第一部反托拉斯法。

姐妹"，以及以壳牌、英国石油、埃克森美孚和雪佛龙为主导的"四巨头"格局，然而像20世纪初那样由标准石油公司一家独大的垄断局面再也没有出现过，联邦政府的这次反垄断行动无疑是相当成功的。

在进入数字经济时代后，伴随着大批科技企业与平台公司的兴起，垄断组织与反垄断的形式、内涵与具体做法均发生了根本性变化。数字技术、算法和算力成为数字经济时代垄断势力的重要来源，对于数据要素和个人信息的无限获取以及对于用户画像的滥用，成为垄断势力的作用机制。单纯的市场份额大小如今已经不再是判断是否存在垄断行为的主要标准。而数字经济时代也对反垄断的相关立法、执法和司法都提出了更高要求。

一、科技企业反垄断

（一）IBM 反垄断案

在正式进入数字经济时代之前，美国政府针对信息与通信技术行业的反垄断举措已经持续了多年。其中最著名的，便是20世纪60年代的IBM反垄断案。

在1964年4月7日推出的S/360通用计算机系统取得巨大成功后，IBM的产品很快就成为计算机市场的新宠。S/360和之后推出的S/370系列计算机在1976年占据了美国商用计算机市场76%的市场份额。当时，美国一共有八家电脑公司，除了IBM外剩下的七家被媒体戏称为"七个小矮人"。而"蓝色巨人"与"七个小矮人"的故事毫不意外地引起了美国反垄断部门的密切关注。1969年1月17日，美国司法部向纽约南区美国地方法院提起了针对IBM的诉讼，称IBM企图并且已经垄断了用于一般目的的电子计算机，从而违反了《谢尔曼法》第二条①。美国司法部还声称，IBM运用

---

① 第二条内容："所有与他人组成联合、签订秘密协议以垄断或企业垄断部分州际、对外商业贸易而犯轻罪的，法院可判处50000美元以下罚金、一年以下监禁，或二者并处。"

了价格限制、新品快速推广等多种手段来限制其他公司产品与 IBM 竞争。自此,历时 13 年之久的针对 IBM 的反垄断案正式开幕。

面对美国司法部的指控,IBM 迅速作出应对。一方面,IBM 在法庭上据理力争,宣称美国政府不是在惩罚反垄断行为,而是在惩罚成功者。在向法院提交的一份报告中,IBM 写道:"曾经被动员起来进行竞争的成功的竞争者,不应该在它获得成功时被当作法律的制裁对象。"另一方面,IBM 也对公司业务进行了大幅调整,以适应监管要求。1970 年,IBM 宣布把向用户捆绑式销售软件和服务的模式,改为分别计价销售的模式,这正是为了应对反垄断调查而作出的妥协。进入 20 世纪 80 年代,个人计算机代替工业计算机成为计算机市场的主要产品,IBM 也一改以往软硬件生态闭环的做法,而是从英特尔采购中央处理器(CPU),从刚刚创立不久、员工数还不到 40人的微软购买操作系统,之后还陆续开放了软硬件技术标准,允许中小企业制造 IBM/PC 兼容机。这些做法当然不是 IBM 良心发现之举,只不过是因为针对它的反垄断调查还在继续,但客观地说,IBM 的这些举措确实为更多中小企业进入计算机市场提供了机遇,也为此后美国信息产业的繁荣埋下了伏笔。

当然,IBM 作出的上述改变确实有效促进了市场竞争,1982 年,美国司法部正式撤销了针对 IBM 的诉讼,这位"蓝色巨人"最终安全实现"软着陆",避免了与标准石油一样被拆分的命运。这一切除了源于 IBM 自身作出的改变与妥协之外,当时美国社会与市场对于反垄断的态度发生的系统性变化也对此次案件的结果产生了一定影响。20 世纪 70 年代,由于凯恩斯主义在应对两次石油危机时的失败表现,诞生于芝加哥大学,支持自由放任、反对政府干预的"芝加哥学派"再次兴起、独占上风。在"芝加哥学派"的学者看来,反垄断是政府过多干预市场的集中体现。该学派的代表人物之一乔治·斯蒂格勒(George Stigler)就提出,生产资源集中于大企业手中,更加有利于提高规模经济效益和生产效率。在当时,一些偏向芝加哥学派的学者还受邀担任政府要职,因而也改变了美国政府对于反垄断的整体态度。因此,可以说 IBM 是幸运的,而同样幸运的还有微软。

（二）微软反垄断案

20 世纪 90 年代末,微软虽然最终在与网景公司的浏览器之争中取得了胜利,但是它在这场商业斗争中采取的各种手段与其在计算机软硬件市场上愈发稳固的市场地位,也不可避免地引起了美国司法部门的重点关注。1998 年 5 月,美国联邦司法部代表联邦政府联合 20 个州的总检察长,起诉微软利用其对个人计算机操作系统的垄断力量阻碍了市场竞争和创新,从而损害了消费者的利益,"美利坚合众国诉微软案"由此拉开序幕。这一诉讼案的核心是微软在操作系统（Win 95 和 Win 98）中捆绑 IE 浏览器的做法是否构成垄断。在这次案件的审理中,微软犯了一些不可思议的错误:首先,一封写着"让我们切断'他们'（网景浏览器）的氧气,碾碎他们"的内部邮件被检察官发现并作为证据;其次,微软提供了一则视频试图证明安装 IE 浏览器是为了消费者的利益,该视频显示在移除 IE 浏览器之后 Windows 操作系统会变缓慢,然而检察官在这则视频中发现了多处剪辑痕迹,并最终证明该视频是伪造的。[1] 由于微软明确的市场垄断者地位,以及美国检方获得了关于微软在浏览器战争中采取不利于市场竞争的手段的多项证据,这场反垄断案在两年内就宣告结束。2000 年 4 月,美国地区法庭法官宣布,微软违反了反垄断法并要求将其一拆为二:一个专营电脑操作系统——包括 Win 95 和 Win 98 等;另一个则经营除去操作系统外微软目前所经营的其他内容——包括 Office 系列应用软件和 IE 浏览器等。

---

① 　微软这些鱼目混珠的做法在如今看来无疑是极为愚蠢的。微软案的审理过程与最终结果也让越来越多的科技企业开始重视公司的法务部门,尤其是有关反垄断的职务设置与雇员招聘。

然而，互联网泡沫的破灭，让美国政府开始担心拆分微软这家当时世界上最大市值的公司会对资本市场造成毁灭性影响。于是在一审宣判后，微软上诉至美国最高法庭，并最终同美国司法部达成过渡性协议，联邦上诉法庭在没有推翻初审法院认定微软垄断事实的前提下，与微软就惩罚方式达成了和解。微软最终也免于被分拆，转为强制向第三方软件开发商开放Windows 操作系统的应用程序接口（API），同时不得在 Windows 上对安装Java 程序设置任何障碍。

还需说明的是，从历史上美国对 IBM 和微软等企业的反垄断诉讼，到近年来对苹果和谷歌等新兴巨头的指控，都可以看出与欧洲的反垄断指控相比，美国的反垄断往往"雷声大，雨点小"。只要被指控的企业态度良好、积极服软、承诺并履行一系列条件便能实现安全"软着陆"。这也说明，美国反垄断的目的并不是真的要置垄断巨头于死地，而是适当遏制巨头以给新生企业一定的发展空间与机会。

关于科技公司的反垄断案，一直以来都是知名学府进行课堂研究和课程讲授的经典案例。芝加哥大学商学院教授、斯蒂格勒中心主任路易吉·津加莱斯（Luigi Zingales）在课堂上与学生们讨论时还提出：谷歌和脸书等数字企业之所以能够成功，一个重要原因就是微软在反垄断案中遭受了打击。虽然拆分微软的决定仅仅在该判决发出 2 个月之后就被驳回，但初审法院对于微软的垄断裁决却并未被撤销，这就导致微软在互联网经济领域的主导地位受到一定打击，进而减缓了其发展与扩张的速度。津加莱斯还指出，今天主张反垄断的创业公司很可能会在日后成为垄断企业，即所谓的"与恶龙缠斗过久，自身亦成为恶龙"①，而一个健康的数字经济体系需要为新来者腾出空间，这正是反垄断能够发挥的作用。进入 21 世纪后，当微软

① 出自尼采《善恶的彼岸》。

与 IBM 渐渐让出时代巨头的交椅,针对"新来者"——互联网平台的反垄断监管逐渐成为主流。

二、平台企业反垄断

相较于传统行业的垄断者,平台垄断的隐蔽性更强,并且造成的影响也具有更强的溢出效应。首先,平台滥用市场支配地位的行为不易被识别。在传统商业模式下,只要满足了供给替代性特征①,以限制条件为代表的选择性分销就被认为是正常的商业策略,并不构成滥用市场支配权的垄断行为,因而享有一定的豁免权,但显然这并不适用于双边市场。如果平台企业利用支配地位这一优势实施控制数据、限制竞争等行为,并获得不当收益,那就属于滥用市场支配地位的排他性行为,应当被认定为违法,然而,此类行为既难发现,也难界定。其次,平台的垄断力量基于网络外部性发挥作用,能够通过双边市场和社交网络对于大量个体产生影响。例如,"黑色星期五"等促销活动必然会对一般零售卖家的业务造成负面影响,而平台操纵流量制造网络热点和"控评"的行为也会干扰正常的舆论生态,导致主流媒体影响力和话语权的不断流失。从这个角度来说,平台反垄断是数字经济治理所面临的一大挑战与难题。

（一）美国平台企业反垄断

2020 年 10 月 6 日,美国众议院司法委员会公布《数字市场调查报告》,认定以谷歌、脸书、亚马逊和苹果这四家企业为代表的美国互联网巨头已经在数字市场中具有并滥用了垄断力量,使行业内的竞争者遭到打压,创新行为受到压制。具体的,亚马逊滥用自己电商平台的优势,阻碍潜在对手与自己竞争;苹果垄断了自家 iOS 操作系统的应用市场,向开发者收取过高的佣

---

① 供给替代性是指当特定商品或服务的供给者变动该特定商品价格或服务报酬时,其他竞争者或潜在竞争者能够供应具有替代性的商品或服务的能力。

金和服务费；谷歌在提供搜索服务时，通过积累用户数据获得了用户偏好并由其形成产品策略，同时还通过推广安卓操作系统掌握了大量用户信息与数据，以帮助其进一步巩固垄断地位；脸书为了维持和扩大垄断地位，连续收购 Instagram 和 WhatsApp 等潜在竞争对手，还直接复制 Snapchat 和 TikTok 等竞争对手的特色功能。

该调查报告总结道："在很大程度上，这些互联网巨头（谷歌、脸书、亚马逊、苹果）成为他们所在细分市场的'守门人'（Gatekeepers），抑制潜在竞争，选择市场的赢家和输家。"该报告建议，美国国会应对反垄断法进行全面改革，推翻由芝加哥学派的代表罗伯克·博克（Robert Bork）等确定的反垄断监管基石。此前美国反垄断监管法律的基本判断标准是"以消费者为重心"，即垄断是否影响到了消费者的经济利益。此份调查报告则建议，国会应重新拟定反垄断法律，以适应互联网时代的新变化，将垄断判断标准由"以消费者为重心"改为"以行业竞争为重心"，即垄断是否影响到行业其他竞争对手的创新。该报告发布后不久，美国司法部和联邦贸易委员会（FTC）便先后对谷歌和脸书提出了反垄断诉讼，指控这两大巨头通过非法商业操作，来扩大自己在市场上的主导优势，阻碍竞争和扼杀对手。联邦贸易委员会甚至还要求脸书将其收购的 Instagram 和 WhatsApp 分拆出去。这是自 1998 年微软反垄断案件以来美国最高规格的反垄断诉讼，反映了美国司法部门对于平台反垄断的坚决态度。

（二）欧盟平台企业反垄断

与美国基于反垄断法进行平台治理的思路相比，欧洲监管者的想法则更为激进。他们越来越倾向于认为，以反垄断为核心的竞争政策由于其内在的缺陷，已经不足以应对科技巨头带来的挑战。而为了解决这些问题，就必须在反垄断之外加入事前的规制——即对于大型互联网平台是否已经成为"守门人"进行事先认定，并对已成为守门人的平台企业赋予额外的监管责任。

基于上述理念,欧盟于 2022 年 7 月批准了《数字市场法案》(Digital Market Act,DMA)和《数字服务法案》(Digital Service Act,DSA)两部法律。其中,《数字市场法案》首次明确了"守门人"的认定条件与标准,提出成为"守门人"的三项条件:第一,在过去 3 个财年中,在欧盟的年营业额至少为 75 亿欧元,或者市值至少为 750 亿欧元;第二,在欧盟每月至少有 4500 万终端用户,每年至少有 1 万名企业级用户;第三,必须控制至少 3 个欧盟成员国的一项或多项核心平台服务,例如应用商店、搜索引擎、社交媒体、云服务、在线广告和浏览器等。如果"守门人"违反规定,欧盟委员会可以对其处以上一年度全球收入 10% 的罚款;如果屡犯不改,这一处罚比例可以提高到 20%,同时启动欧盟的市场调查,必要的时候还可以对企业进行业务拆分,也可能会在一段时间内禁止"守门人"收购其他公司。与《数字市场法案》锚定"守门人"不同,《数字服务法案》的重点内容则是严格监管互联网平台巨头利用自己掌握的庞大数据资源定向推送在线广告,尤其是禁止针对未成年用户推送广告,同时要求平台承担更多的内容监管责任。在《数字市场法案》和《数字服务法案》获得通过之后,欧盟监管机构将对大型互联网平台实施有史以来的最强监管。

(三)中国平台企业反垄断

作为新兴市场国家的中国,在反垄断的立法和实施上采取了相较于发达国家更为稳妥、一步一个脚印的发展模式。2007 年 8 月,《中华人民共和国反垄断法》由第十届全国人民代表大会常务委员会第二十九次会议正式通过,并于一年后正式生效。《中华人民共和国反垄断法》中明确规定的垄断行为包括三个方面:经营者达成垄断协议,经营者滥用市场支配地位,以及具有或者可能具有排除、限制竞争效果的经营者集中①。同时,该法案还

---

① 指两个或者两个以上的企业相互合并,或者一个或多个个人或企业对其他企业全部或部分获得控制,从而导致相互关系上的持久变迁的行为。企业合并是最常见的一种经营者集中形式。

强调反垄断的目的是保护市场公平竞争，提高经济运行效率，维护消费者利益和社会公共利益，促进社会主义市场经济健康发展。在《中华人民共和国反垄断法》通过十余年后，伴随着中国数字经济的快速发展，针对平台经济的反垄断也开始逐渐加码。

2021年2月7日，国务院反垄断委员会制定发布《关于平台经济领域的反垄断指南》，针对"二选一"、"大数据杀熟"、不公平价格行为与低于成本销售等垄断行为进行了限定。而在该指南发布三个月前，针对国内互联网平台的第一张罚单便诞生了。2020年12月14日，市场监管总局宣布，根据《中华人民共和国反垄断法》的规定，对阿里巴巴投资收购银泰商业股权、阅文集团收购新丽传媒股权，以及丰巢网络收购中邮智递股权这三起收购案进行行政处罚。在此之后，对于在中国大陆境内运营的平台企业，市场监管总局根据其具体行为进行了多次行政处罚，宣告中国的反垄断监管逐渐走上正轨。

2022年8月1日生效的新一版《中华人民共和国反垄断法》中，将"鼓励创新"写入了立法目的条款，体现了中国的立法者对国家推进创新发展战略和完善市场经济法治的重视；并新增了"经营者不得利用数据和算法、技术、资本优势以及平台规则等从事本法规定的垄断行为""具有市场支配地位的经营者不得利用数据和算法、技术以及平台规则等从事前款规定的滥用市场支配地位的行为"等内容，作为规范平台经济发展的重要条款。平台垄断力量的核心来源，正是其所拥有的数据与算法，这部分内容我们将在后文中专门进行介绍。

三、数据要素治理

科技企业和数字平台对于海量用户数据的获取与使用是其市场势力的重要来源。虽然数据使用在理论上具有非竞争性和非排他性，但加密技术的发展，以及制度上数据共享机制的缺乏，使平台能够垄断一定的数据量

(李勇坚,2021)。从成本结构的角度来看,收集和存储数据意味着高固定成本低边际成本,这就进一步加深了数据收集和存储的规模经济与范围经济效应,从而加剧科技企业和数据平台在数据量上的垄断。这些企业可以利用数据提高产品或服务的质量,并实现精准定价与大数据营销。通过收集、分析和汇总大量数据,公司可以提高产品质量并将其经营活动扩展到新的领域或进入其他细分市场,在一些新兴行业迅速占据垄断地位。一些学者也由此将拥有大量数据的科技企业和数字平台称为"数据寡头"(Data-opolies)。因此,对于数据要素的治理应是数字经济反垄断的重要内容。

此外,由数字平台所收集的个人数据也面临被恶意盗取和滥用的风险。以社交平台脸书为例:2018 年 9 月的一次黑客攻击,使 5000 万脸书用户的账户信息面临被盗的威胁,成为当时脸书历史上最大的一次数据泄露事件。而 2019 年 12 月,脸书又发生了另一起数据泄露事故,多个国家超过 2.67亿用户的信息被黑客论坛的在线数据库获取,其中包括用户的账号、真实姓名和电话号码。这些信息后被黑客公开,造成了一定程度的社会恐慌,也招致用户对于脸书的严厉批评。根据笔者统计,截至 2022 年上半年,全球范围内泄露超过 1 亿人信息的恶性事件已经接近 40 起。面临此类由数据垄断造成的严重的数字安全问题,绝不能简单地依靠数字平台自身的数据加密与技术升级来应对,而是应在国家层面推进更加完善的数据要素治理。

在清华大学数据治理研究中心与六分仪法律实验室于 2022 年 7 月共同发布的《数据要素治理研究报告》中,对于数据要素治理的特征与体系作出了较为精炼的归纳。该报告认为,作为数字时代的新型治理范式,数据要素治理的核心特征是全社会的数据互通、数字化的全面协同与跨部门的流程再造。该报告还指出,数据要素治理体系的内涵包括三个方面:"对数据的治理"，即将数据要素作为对象开展的治理活动；"运用数字技术进行治理"，即运用数字与智能技术优化治理技术体系、提升治理能力；"对数字融合空间进行治理"，即将经济社会活动的治理场域扩展到数字空间。

除了上述视角外，对于数据要素治理的理解还可以从"数据价值链"（Data Value Chain）的视角展开。数据价值链反映了数据从收集、清洗、整理、整合再到分析与整理的全过程，在这一过程中原始数据被转化为数据要素再被用于生产知识，发挥辅助决策、激励创新与优化生产的作用。根据这一视角，对于数据要素的治理活动可以分别关注流通环节、生产环节与分配环节。在流通环节，对于数据跨境流动的管控是数据要素治理的关键内容；在生产环节，对于数据的确权以及相应的隐私保护是治理工作的重点；在分配环节，数字税是通过二次分配进行数据要素治理的主要手段。由此，与数据跨境流动、数据确权与数字税相关的治理活动，构成了一个国家数据要素治理的基础体系，进而成为数字经济反垄断的重要手段。

在进行有效的数据要素治理方面，美国、欧盟和中国以及其他一些经济体都基于各自的数字经济发展实践提出了相应的监管思路与治理规划。

（一）美国的数据要素治理

在数据跨境流动方面，美国在总体上采取较为宽松的治理方式，强调数据流动的自由性。美国政府认为，过于强硬的数据保护法律将阻挠商业活动的正常发展，因此宣称其在数据跨境流动上采取市场优先原则。然而，需要注意的一点是，美国所谓的"数据流动自由"是有选择性的。一方面，对于美国认定的战略合作伙伴，美国会积极推动与其签署跨境数据流通协议和伙伴关系协定，譬如，分别于 2000 年和 2016 年与欧盟签订《美欧安全港协议》和《欧美隐私盾协议》，以及美国正在尝试建立"印太经济框架"和"跨大西洋数据隐私框架"；另一方面，对于可能与美国直接竞争的国家和经济体，美国则经常以国家安全和隐私保护为借口限制数据出境，如 2021

年由多位参议员共同提出限制个人数据出口的《保护美国人数据免受外国监视法案》。因此,对于美国宣称的所谓的"数据流动自由",需要有较为清醒的认识。

在数据确权方面,美国没有明确界定数据在个人与企业之间的归属权问题。在联邦层面,美国目前还没有明确进行数据确权的法律和规则,而是由各个州根据当地数字经济发展情况自行制定和实施相应法律。在各州中,硅谷所在地、拥有大量科技企业和平台公司的加利福尼亚州的做法最具代表性。2020 年 7 月 1 日起正式执行的《加州消费者隐私法案》是美国首部关于数据隐私的全面立法,也是截至目前美国最严格的消费者数据隐私保护立法。根据《加州消费者隐私法案》,消费者拥有对于企业数据使用的知情权、访问权、删除权、选择权、公平交易权和个人诉讼权六大权利。此外,在政府监管层面上,美国执法机构更注重通过日常监督与要求整改来加强企业隐私保护的意识与实践,对于诉讼与罚款的使用较为慎重。

美国在数据税的征收上采取"对内征收、对外反对"的做法。截至 2022 年 8 月,美国绝大多数州政府都已对电商企业开征互联网销售税。对于加密数字货币等新兴数字经济业态,美国也实行严格的税收监管措施。2019 年 10 月,美国国税局发布 2019—24 号税收指南,该指南明确了加密数字货币的税收处理,规定纳税人所持的加密数字货币经历协议更改而导致其从遗留分布式账本永久转移时,纳税人应当将其收到的新加密数字货币作为财富的增加,而确认其应税收入。而当外国政府对美国企业征收数字税时,美国则表达了坚决反对的态度。2021 年 1 月 6 日,美国贸易代表办公室公布就数字税展开的"301 条款"调查结果,指出法国、印度、意大利及土耳其对美国科技企业征收数字税属于"歧视行为"。美国的理由是,这些国家的征税行为不符合国际税收普遍原则,对美国互联网企业造成实质上的不公平竞争。

（二）欧盟的数据要素治理

欧盟在数据跨境流动问题上以隐私保护为前提，这也符合欧盟一直以来在个人数据和隐私保护上严格的治理态度。1995 年由欧盟发布的《数据保护指令》要求：只有在欧盟或欧盟经济区域以外的第三方确保提供"充分保护"时，才能将个人数据向第三方转移。前文介绍过的欧盟于 2018 年生效的《通用数据保护条例》更是在数据跨境问题上重申"充分保护"原则，规定了企业在对欧盟用户进行数据收集、存储、保护和使用时必须遵守的新标准，《通用数据保护条例》也被广泛视为史上最严格的数据保护法。

根据《通用数据保护条例》的规定，企业在收集、存储和使用欧盟成员国公民的个人信息时要取得用户的同意，用户对自己的个人数据有绝对的掌控权。在具体治理过程中，欧盟基于其监管传统更加重视数据中蕴含的人格权，将"个人数据安全"作为其相关治理活动的最终目标。在由数据要素产生的经济利益上，欧盟作为数据安全与隐私保护领域的先行者尚未提出行之有效的治理方案，这也是由于数据要素本身具备的非竞争性与规模递增等核心特征导致的。

2018 年 3 月，欧盟委员会通过《关于对提供特定数字服务收入征收数字服务税的统一标准》，作为解决经济数字化税收挑战的临时措施。对于此"数字服务税"提案，欧盟的一些成员国如爱尔兰、芬兰等持反对意见，原因在于这些国家本身就是通过低税率来吸引跨国科技企业入驻，并从这些科技企业的巨额业务和销售利润中受益。此外，对于如何定义企业营收中的"数字服务"等内容，欧盟各成员国也无法达成一致，导致这一税收提案最终被搁置。目前，欧盟各国根据自身实际利益分别推行不同的数字税制度，而想要形成区域统一的数字税制，可谓困难重重。

（三）中国的数据要素治理

《数据要素治理研究报告》认为，在数据跨境流动方面，中国实行"自由流动+安全流动"的规制体系,以自由为基础、以安全为限制。2016 年 11 月出台的《中华人民共和国网络安全法》第三十七条规定:"关键信息基础设施的运营者在中华人民共和国境内运营中收集和产生的个人信息和重要数据应当在境内存储。因业务需要,确需向境外提供的,应当按照国家网信部门会同国务院有关部门制定的办法进行安全评估;法律、行政法规另有规定的,依照其规定。"2021 年 9 月 1 日起施行的《中华人民共和国数据安全法》第十一条则规定:"国家积极开展数据安全治理、数据开发利用等领域的国际交流与合作,参与数据安全相关国际规则和标准的制定,促进数据跨境安全、自由流动。"

在数据确权问题上,中国当前的治理重点是敏感个人信息的保护与规制。2021 年 11 月 1 日起施行的《中华人民共和国个人信息保护法》第二十八条给出了敏感个人信息的法律定义:"敏感个人信息是一旦泄露或者非法使用,容易导致自然人的人格尊严受到侵害或者人身、财产安全受到危害的个人信息,包括生物识别、宗教信仰、特定身份、医疗健康、金融账户、行踪轨迹等信息,以及不满十四周岁未成年人的个人信息。只有在具有特定的目的和充分的必要性,并采取严格保护措施的情形下,个人信息处理者方可处理敏感个人信息。"《中华人民共和国个人信息保护法》第二十九条进一步要求:"处理敏感个人信息应当取得个人的单独同意;法律、行政法规规定处理敏感个人信息应当取得书面同意的,从其规定。"

目前,数字税在中国仍处于调查研究阶段,并未在全国范围内进行试点或推进。有人建议可以通过税收来进行调节,比如通过对东部互联网科技企业开征数字税,缩小东中西部数字经济发展的差距,更好地统筹东中西地区的发展,推动逐步实现共同富裕,同时也能弥补我国现行税制的不足。

第三节 算法风险与算法治理

数字经济反垄断以维护市场秩序和保护用户权益为主要目标,以数字经济企业和其他数字经济参与者(竞争对手、用户和供应商)之间的商业行为和信息交换为治理对象。除了这些治理内容之外,数字经济企业的内部行为——尤其是和算法(Algorithm)有关的企业行为也应成为数字经济治理重点关注的对象。

何为算法?从技术角度来看,算法就是为实现某个任务而构造的清晰的指令集,其本质是以有限、确定而有效的设定将输入转化为输出从而解决问题的数学过程。而在数字经济环境中,算法则被广泛视为"以数据为基础、以算力为支撑,借助在具体场景下的部署和应用实现自动化、智能化的决策"。简言之,算法就是将数据信息转化为商业决策和可用知识的数学模型。譬如,度假房屋租赁平台爱彼迎(Airbnb)①就为房东提供这样一项功能:想要出租房屋的房东可以在爱彼迎的手机应用中输入房屋的地址、大小、建造时间、装修情况、计划出租时长等信息,爱彼迎的定价算法就会根据这些信息估计出该房屋的合理价格,以供房东参考。

一般认为,自然人由于信息缺失、认知障碍、主观倾向、身心状态和外部干扰等原因,无法保证其决策的理性与正确。这也是在经济学领域中,以往被视为最基本的前提假设——"理性人假设"如今已被大幅放松的主要原因。而算法作为机器理性的代表形式,依托严谨的计算逻辑进行机器推理,相较于自然人更加客观、稳定,理应能够作出更加有效的决策。正是在这一思想的引导下,"算法信任"逐渐形成了。大数据和人工智能技术的发展让一些原先难以由计算器程序处理的复杂问题可以交由算法主导,例如过去

---

① 爱彼迎,成立于 2008 年 8 月,总部位于美国加州旧金山。

十几年间逐渐兴起并日趋成熟的自动驾驶。这些技术进步促使算法在经济社会的各个领域得到了十分广泛的应用，只要存在能够作为训练集的数据，算法就能依据程序员设置的特定准则进行事前预测、事中控制、事后归因和全局优化等各类决策。由算法主导的自动化决策过程也因此深受企业管理者、政策制定者乃至一般用户的喜爱，算法也就堂而皇之地从单纯的数学模型上升为数字经济的运行基础。

事实上，以互联网平台为代表的数字经济企业正在利用算法优势形成超出传统意义上市场势力的"技术权力"。互联网平台之所以能够获得行业垄断地位，并且在数据要素和个人信息的使用上侵犯用户权益，背后的关键就在于平台掌握了主导数字经济运转的关键算法。以谷歌为代表的搜索引擎公司通过排序算法决定了互联网用户的搜索结果，以及用户能够看到什么广告；脸书的人工智能算法根据用户过去接触最多的内容类型来推送信息，这其中不乏具有强烈刺激性的极端信息，在一定程度上导致用户两极分化；而亚马逊则利用为商家排名的 A10 算法来为卖家排序，在实际上要求卖家通过购买流量为产品和店铺引流。而在这些行为受到大众和媒体的批评时，大型互联网平台却总能以算法公平为自己辩护，否认正在滥用其技术权力的事实。

除了企业对于算法的潜在滥用外，算法由人类程序员编写的本质特征及技术不完备的现实规律，也导致算法的可信度大打折扣。算法源于人类预设的数学模型，并通过计算机代码来表达和执行。一方面，算法在功能实现上本身就有局限，算法输出结果也并不能确保完全准确，决策错误的可能性始终存在；另一方面，算法在设计和应用的过程中还可能因用于训练的数据集存在天然缺陷而发生偏差。若是用于训练算法的数据质量较差，则无论算法模型的质量如何，其最后的数据输出都会存在"垃圾进、垃圾出"（Garbage In、Garbage Out，GIGO）的现象，从而使算法不能实现其预期效果

(袁康,2021)。2016 年 3 月 23 日,微软的聊天机器人 Tay 刚刚在推特上线几个小时,就从与其他用户的对话中学会了种族主义、支持希特勒等极端言论,并在不久之后就因为这些言论而被迫下线。数据科学家凯西·奥尼尔(Cathy O'Neill)在其著作《算法霸权:数学杀伤性武器的威胁》一书中,更是将"广泛应用而又神秘的、具有破坏性的"算法视为"新型大规模杀伤性武器",这种武器正越来越多地被运用于决策制定上,而这些决策影响着我们生活的方方面面。

由此可见,算法治理并非数字经济治理的一个可选项,而是各国政策制定者必须重视的核心内容。下面我们就将与算法相关的风险按照其主观性程度划分为偏被动性的风险(算法歧视与算法黑箱)与偏主动性的风险(算法操纵与算法合谋)分别进行介绍。①

一、被动性的算法风险:算法歧视和算法黑箱

2020 年 7 月,胡女士在某旅游服务平台的手机应用上预订了希尔顿酒店的一间豪华湖景大床房,价格为 2889 元。作为该平台钻石级贵宾客户的胡女士理应拥有酒店会员价 8.5 折的优待,但她在订房时不仅没享受到优惠,其房价还比普通客户高出一倍之多——酒店开具的发票上显示,希尔顿酒店向该平台供应商提供的售价仅为 1377.63 元,这意味着该平台净赚了 1511.37 元。为了维护自身权益,胡女士向法院提起诉讼,法院一审判决原告胜诉。根据法院的判决,被告平台公司赔偿原告未完全赔付的差价 243.37 元(在胡女士投诉后平台公司退还了部分差价),以及订房差价的 3 倍支付赔偿金,共计 4777.48 元;且被告应在其手机应用中为原告增加不同意其现有"服务协议"和"隐私政策"之后仍可继续使用的选项。此类基于

---

① 这里的划分只是按照风险的主要来源进行区分以方便组织内容,本书的这一划分方法并不绝对:现实中也存在程序员主动赋予的算法歧视,而算法合谋有时也是不同数字企业间相同的算法规则所导致的。

大数据算法对于注册时间更久、总消费金额更多的老客户收取相较于新用户和一般用户更高费用的行为,便是我们常说的"大数据杀熟",是算法歧视的一种较为突出的表现形式。

算法歧视指的是在人工智能自动化决策中,由数据分析导致的对特定群体的系统的、可重复的不公正对待。以"大数据杀熟"为代表的价格歧视、各类排序算法的滥用,以及一些企业网招过程中由算法导致的个人特质歧视均属于算法歧视的范畴。算法歧视可能源于算法设计者的文化差异、判断差异、目的差异,也可能源于算法使用过程中意外出现的突发结果。在算法歧视之下,一些正常的互联网用户会在自己没有意识到的情况下遭受不公正待遇,成为受到平台歧视的"数字难民"。

算法黑箱则加重了算法歧视等问题的严重程度。"黑箱"(Black Box)最早是第二次世界大战期间美国军方为研究者提供的一系列军事机密设备的俚称。由于许多负责操作这些机械的工程师并不了解这些设备的技术细节,往往只能通过黑箱的输入和输出来理解其工作机制进而将这些设备运用到实际场景中。久而久之,黑箱的概念被美国应用数学家、控制论的创始人诺伯特·维纳扩展为"在人类认识世界的过程中遇到的,由于技术、知识及操作能力的限制,无法直接研究其内部的结构和运行机制的客体"。黑箱代表了(至少是暂时的)放弃对于复杂系统运行原理的探究,而是专注于运用这一设备或技术来完成特定的现实任务。

对于非专业人员来说,算法就是一种不透明、不公开的技术黑箱——能够看到输入进去的信息与输出的决策结果,但对于算法所依托的基本规则与判断逻辑却一无所知。一篇发表在《科学》杂志上的论文指出,美国医疗保健系统使用商业算法来指导超过 2 亿人的医疗服务健康决策,实质上对非洲裔患者实施了"系统性"的歧视(Obermeyer 等,2019)。由于在输入数据中没有"种族"选项,算法开发者认为该算法是"不分种族"、无关歧视的。

然而该论文指出，对于与白人患病程度相当的非洲裔患者，该算法却始终给予其较低的风险分数，未能识别出将近一半与白人患者同样有可能产生复杂医疗需求的非洲裔患者，从而导致他们无法参与改善健康的公共医疗项目。这就说明即使在输入数据时没有"种族"这一选项，但患者的一些个人信息仍间接地反映了其种族，最终被算法识别并形成了一种隐蔽的歧视。以上这类连开发者都没能意识到的歧视问题，正是由算法黑箱所导致的。针对算法黑箱的风险难定义、难监管、难预防、难取证以及难追责等问题，北京航空航天大学刘祥龙教授建议，应积极推动研究院所、企业、高校和政府的技术合作，突破度量评估、行为监测、风险防护、博弈演化、突变溯因等原创理论与核心技术，创建并丰富监管技术手段，确保算法在各个阶段中的安全风险可控。

二、主动性的算法风险：算法操纵和算法合谋

算法歧视和算法黑箱更多地反映了由有偏的训练数据集与不够明确的算法规则所导致的治理风险。与这两类风险相比，算法操纵和算法合谋则更多地反映了算法开发者和使用者主动性的行为失当，简言之，多数时候是平台企业有意为之。其中，算法操纵指的是数字企业通过基于心理学原理和算法结果，操纵、控制或影响用户行为的做法；算法合谋则反映了数字经济企业基于算法达成垄断协议、侵害消费者利益的行为。

算法操纵的典型案例是 2018 年爆发的震惊全球的"剑桥分析丑闻"，这一案例在第三章已经讨论过。除了美国大选外，剑桥分析的大数据分析服务还被用于墨西哥、马来西亚、巴西、尼日利亚等国超过 200 多场选举以及前文提及的英国"脱欧"公投。如果说剑桥分析获取数据的过程属于对用户隐私的侵犯，那么其锁定目标用户并推送竞选广告的做法就是标准的算法操纵。在数字劳动力的工作安排（如为网约车司机和外卖送餐员派单）、用户搜索结果的排序与显示等方面，算法操纵并不罕见，这一做法也

已成为平台企业攫取市场地位与超额利润的重要手段。

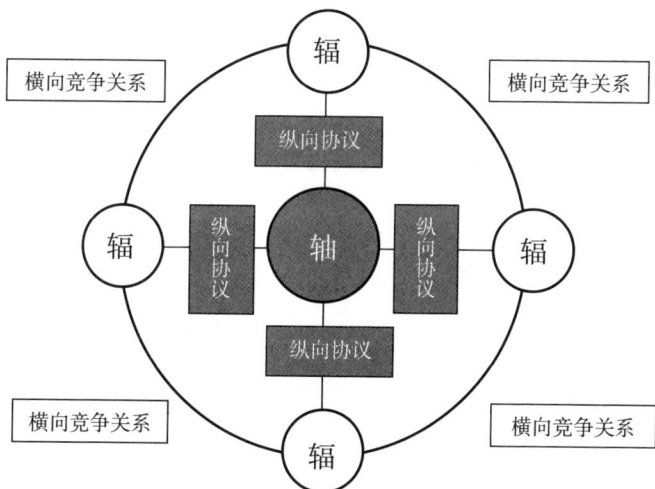

图4-1 轴辐型合谋

扎拉奇和斯图克(Ezrachi 和 Stucke,2017)将基于算法形成的合谋行为分为四类:信使型合谋、轴辐型合谋、预测型合谋以及自主型合谋。其中,信使型合谋是指通过企业间分享算法传递的信息来达成对产品价格或销售条件等的合谋行为,以市场内经营者达成明示合谋①为标志。轴辐型合谋最为常见,表现为平台企业利用算法形成价格指导,协同平台上的卖家形成上下游纵向合谋,或者平台卖家在平台枢纽的影响之下形成下游横向合谋,从而形成封闭市场以限制价格竞争。在这一过程中,平台发挥了类似于车轴的作用,平台卖家则成为了从车轴上扩散出去的辐条,这便是为什么此类合谋被定义为轴辐型合谋(见图4-1)。预测型合谋由算法(特别是价格算法)充当企业管理者的代理人角色,动态监控市场价格的变化,通过信息差

---

① 明示合谋指的是企业之间采用文字、口头或信件等积极明示方式达成意思一致,通过沟通和转移达到限制竞争目的的合谋形式。与之相反,默示合谋是不通过任何明确的协议,竞争对手通过认可相互之间的依赖性来维持合谋,从而实现反竞争性合作。

来获得定价优势,因此在金融投资领域极为常见。自主型合谋是指在机器学习不断深化的过程中,算法必将完成自我学习与自我决策的不断优化,最终形成自动探索优化利润的路径,从而自动地成为操纵市场的力量,是最难识别也是危害极大的一类合谋。

算法合谋的多种类型导致了其成为形式最为复杂、监管难度最大的一种算法风险。

三、算法治理的模式选择与具体实施

许可(2022)提出了算法治理的三种模式:法律治理、规范治理和代码治理。首先,法律治理是最常见也最容易开展的算法治理模式。从立法的角度来看,应尽快完善算法相关的法律法规,为治理实践的开展提供支持;从司法的角度来看,算法透明、算法解释与算法公平的司法规则有待进一步细化。其次,规范治理要求形成所有算法都必须遵守的伦理原则,如获得全球 84 种算法伦理文件中超半数支持的五项原则:透明、公平、不作恶、可问责与隐私。因此开源社群及开源规范的形成与发展,是治理算法的又一规范途径。最后,作为造就网络空间的基础性架构的代码,囊括了身份识别、数字签名、加密与屏蔽技术程序以及传输协议等诸多方面。代码治理主张趋于理解的算法语言以及优化管理的软件工程,使算法的开发和设计过程更加透明、可理解。上述三种模式在各国开展算法治理的过程中都有所体现。

现实中对于各类算法的治理可以追溯到 20 世纪 70 年代,其起源国仍然是美国,其最早治理对象是为消费者计算信用分数的征信算法。1968年,美国联邦参议员克莱门特·扎布洛基(Clement Zablocki)提出《公平信用报告法》议案,要求赋予消费者"面临负面征信报告时,知晓报告所基于的特定事实或指控"的权利。这可以被视为最早对征信算法下个体获得解释权的立法尝试之一。2017 年,美国计算机学会的公共政策委员会发布了

《关于算法透明和可问责性的声明》，希望使用算法决策的系统和机构在外部问责的方式下，为算法的过程和特定的决策提供解释，以避免算法的偏见和错误。2020 年和 2021 年，美国联邦贸易委员会发布了《人工智能和算法运用》与《你的公司运用人工智能：以真实、公正、平等为目标》两份解释性规则，在《公平信贷报告法》《平等信贷机会法》以及《联邦贸易委员会法》的基础上，指出应用算法者应当采取以下五类最佳实践：保持透明，解释决定，确保决定的公平性，确保数据与模型具有稳健性、实证可靠，以及算法应用者应对合规、伦理、公平与歧视问题保持可问责。

2018 年 5 月，欧盟出台的《通用数据保护条例》首次在立法中提出和创设了算法解释权，并试图通过算法解释权来确保算法透明原则的实现。2019 年 4 月，欧盟委员会设立的人工智能高级别专家组发布了《可信人工智能的伦理指南》，提出可信人工智能需要在整个生命周期满足三个条件：第一，合法性——可信人工智能应当依法合规；第二，道德性——可信人工智能应当符合道德原则和价值观；第三，稳健性——可信人工智能应当避免造成无意的损害或负面影响。2021 年 4 月，欧盟发布世界范围内第一份综合性的《人工智能法案》，采取了四类风险分级方法，对不同风险级别的人工智能系统使用采取不同的限制措施。

2021 年 3 月 26 日，中国人民银行发布金融行业标准《人工智能算法金融应用评价规范》。这一文件针对当前人工智能技术应用存在的算法黑箱、算法同质化、模型缺陷等潜在风险问题，建立了人工智能金融应用算法评价框架，从安全性、可解释性、精准性和性能等方面系统化地提出基本要求、评价方法和判定准则，为金融机构加强智能算法应用风险管理提供指引。2021 年 8 月 27 日，中国国家互联网信息办公室等四部门公布《互联网信息服务算法推荐管理规定》，该文件于 2021 年 11 月 16 日审议通过，自 2022 年 3 月 1 日起施行。该规定明确要求保障用户的算法知情权和算法选择权,应当向用户提供不针对其个人特征的选项,或者便捷地关闭算法推荐服务的选项。该规定还要求算法推荐服务提供者应当坚持主流价值导向,积极传播正能量,建立完善人工干预和用户自主选择机制,不得利用算法实施影响网络舆论、规避监督管理以及垄断和不正当竞争行为。

总结而言,当前各国的算法治理工作均以识别算法风险和设置算法规则为主要内容,以提高算法的可解释性、透明度和可信度为主要目标。在这一领域,更加密切的国际合作将显著提升各国的算法治理水平,同时避免各国的算法治理规则之间出现冲突。

第四节　数字经济"再平衡"

一、数字不平等的表现与影响

信息以及信息的掌握能力是当今社会的核心资源(赵万里、谢榕,2020)。由于网络条件、地理位置与生活环境上的不同,人们在信息的获取上存在显著差异;由于受教育水平、数字素养与综合能力上的不同,人们对于信息的掌握能力也天差地别。而信息与通信技术的发展会逐渐拉大而非缩小这些差距,"数字鸿沟"也就自然而然地形成了。

(一)数字鸿沟

美国电信和信息管理局于1999年发布的研究报告从技术层面提出,数字鸿沟是指新兴信息技术(电话、电脑和互联网等)的使用者与不使用者之间存在的鸿沟。2001年,经济合作与发展组织在一份名为《理解数字鸿沟》的报告中,将数字鸿沟定义为"不同社会经济水平的个人、家庭、企业和地区获取信息通信技术以及利用互联网进行各种不同活动的机会的差距",即"信息富有者"与"信息贫困者"之间在掌握和应用数字信息技术方面的不平等或差距。胡鞍钢和周绍杰(2002)则认为,"数字鸿沟"的本质是以国际互联网为代表的新兴信息通信技术在普及和应用方面的不平衡现象,这种不平衡不仅体现在不同地理区域、不同社会发展水平的国家之间、不同经济发展水平的国家之间,同时也体现在一个国家内部的不同地区与不同人群之间。哈吉泰(Hargittai,2002)将数字鸿沟分为"一级数字鸿沟"和"二级数字鸿沟",分别侧重于互联网的接入和使用,且认为不同人群使用互联网检索信息的能力会影响不同群体对互联网的运用,从而产生互联网的使用差异。

为了应对数字鸿沟问题,各国政府与国际组织均积极作为。2022年5月13日,美国商务部宣布正式启动拜登政府提出的"全民互联网"(Internet for All)计划,该项目计划投资450亿美元(作为可申请资金),为美国所有人提供负担得起的、可靠的高速互联网。在国际组织中,世界银行是通过大范围数字基础设施建设化解数字鸿沟的积极推动者。2021年11月,世界银行下属机构国际金融公司(IFC)宣布与南非科技公司 Liquid Telecom 开展合作,在非洲大陆铺设光纤电缆,同时在埃及、肯尼亚、尼日利亚和南非等国扩大非洲数据中心容量,以完成世界银行"在2030年前实现非洲具备可负担性的高质量宽带接入"的发展目标。

2020年3月4日,中共中央政治局常务委员会召开会议,提出"要加大公共卫生服务、应急物资保障领域投入,加快5G网络、数据中心、人工智能和工业互联网等新型基础设施建设进度",这些都是实现城乡信息化融合发展、有效化解城乡数字鸿沟的重要举措。2020年11月24日,为应对不同年龄段人群之间的代际数字鸿沟问题,国务院办公厅正式印发《关于切实解决老年人运用智能技术困难实施方案的通知》,旨在进一步推动解决老年人在运用智能技术方面遇到的困难,让老年人更好地共享信息化发展成果。

(二)数字不平等

进入数字经济时代之后,代表在信息收集与占有上存在二元差异的"数字鸿沟"逐渐转变为更为全面、影响更加深远的"数字不平等"(Digital Inequality)问题。迪马乔等(DiMaggio 等,2004)将数字不平等视为一种已经接入互联网的用户体现出的社会经济不平等状态。在包含数字不平等的社会中,社会分层从线下向网络空间自发延伸。在现实中占据优势地位的群体,在网络中也会维持这种优势,能持续而稳定地接入互联网,因此具有更高的信息技能与数字素养,拥有更多的社会支持,从而能够更高频率地使用信息与通信技术和网络资源。而这又反过来使其获得了更高的收入,从而强化了现实空间中的收入不平等与阶层差异。

数字不平等的现实证据数不胜数。根据世界银行发布的《2016 年世界发展报告:数字红利》可知,2016 年,冰岛在互联网使用率方面以 98.24%的比例居世界第一,卢森堡、列支敦士登分别以 98.14% 和 98.09%的使用率紧随其后;而乍得、马达加斯加、尼日尔、索马里和厄立特里亚等撒哈拉以南的非洲国家的互联网使用率则仅不足 5%,其中东非的厄立特里亚国只达到 1.2%;除此之外,东亚国家朝鲜的互联网使用率更是持续多年为 0。

不仅如此,在任何一个国家内部,数字不平等的现象也十分显著。截至 2020 年,中国东部地区已率先部署 5G 网络,而中西部地区尚处于扩大网络覆盖范围、提升宽带普及水平的阶段。第 47 次《中国互联网络发展状况统计报告》显示,北京的 IPv4 网络地址数量占全国的 25.49%,但宁夏、青海、西藏三省(自治区)的占比总和仅不到 1%。显而易见的是,从互联网红利中受益最多的地区也是东南沿海,根据阿里巴巴中国县域互联网商务发展指数可知,排名居于前 100 的地区中东南沿海地区占据 86 个,中西部地区各占 7 个。

哈佛大学肯尼迪学院于 2022 年 5 月发布了一份关于数字不平等的研究报告,其中的实证研究结果表明,持续存在的数字不平等与收入不平等之间存在高度相关性(Ochillo,2022)。数字不平等阻碍了美国生产力和竞争力的提升与地方经济发展,同时增加了公共服务成本。此外,该报告还预测,如果导致数字鸿沟的许多监管政策和行业做法保持不变,那么即使加大宽带投资,也将无法轻易化解普遍存在的数字不平等现象。

陈梦根和周元任(2022)认为,基于当前数字经济的发展现状,结合数字鸿沟对经济社会产生的溢出性影响,对数字不平等现象的考察主要可以分为三个维度:传统的数字鸿沟现象、由数字鸿沟引致的机会不平等与结果不平等。其中,数字鸿沟自不必赘述。由数字鸿沟导致的机会不平等,表现为处于信息"优势"的群体能够获得更多与数字技术相关的机会,进一步可分为使用机会的不平等和参与机会的不平等。由数字鸿沟导致的结果不平等现象是数字不平等的另一种重要类型,主要表现为数字技术给处于信息"优势"的群体带来红利,具体又可分为经济结果和社会结果两方面的红利。归纳来看,数字不平等形成的根源主要包括物质资本的差异、人力资本的差异、社会资本的差异和政府干预,持续的数字不平等将加剧整个社会经济增长、收入分配、社会福利乃至文化教育等各方面的不平等,各国政府必须对广义层面的数字不平等问题给予更大关注。

二、实现数字经济"再平衡"的手段

"再平衡"是宏观经济领域常用的一个学术概念,用于描述在一国经济出现"结构性失衡"之后用于调节供需平衡、内外平衡与信贷平衡的综合性政策手段。数字经济发展到今天,已经对于各个国家的经济、社会乃至文化与法治产生了极其深远的影响,数字经济发展催生的不平等问题也需要类似于"再平衡"的综合性治理手段。显然,仅靠信息与通信技术基建投资和收入再分配等常见手段,已无法有效化解数字经济不平等的问题,因而需要更加具备全局性的政策措施。

(一)专设数字经济治理机构

在前文中我们介绍过,2021 年 9 月,日本为了推进国内数字化,正式设立负责推动日本行政数字化改革的"数字厅",其工作口号是"不让一个掉队,实现友善的数字化"。美国商务部也下设数字经济咨询委员会,主要负责数字经济的相关经济政策设定与研究的开展。欧盟目前虽然没有为数字经济的发展与监管专设委员会或部门,但其竞争和反垄断事务均围绕数字经济治理展开。2017 年 7 月,英国将"文化、传媒和体育部"正式更名为"数字、文化、传媒和体育部",主导该国的数字战略体系建设。此外,新加坡也专门成立了由总理办公室直接领导的智慧国家和数字政府办公室(SNDGO),以统筹实施其国家级发展计划"智慧国 2025"。

本书认为,想要实现高速、平衡、有序的数字经济发展,一个统筹相关监管措施与发展手段、负责国家数字经济发展规划推进的专设治理机构必不可少。这一机构的设立和运作,既能充分协调数字经济发展和政府监管二者之间的关系,也能提升对包括平台企业在内的数字经济企业的治理能力,还能推动一国参与全球数字经济的规则制定,同时在此期间形成的治理经验对于其他经济部门和社会领域的发展也具有十分重要的现实意义。

(二)中国方案:数字普惠金融

除专设国家和地方层面的数字经济治理机构外,也应考虑采取市场机制实现数字经济"再平衡"的可能性。在数字化落后地区大力发展数字技术与普惠金融的结合体——"数字普惠金融",便是其中的一个可选做法。

数字普惠金融是以数字技术为支撑的新型普惠金融发展业态。2021年 2 月 21 日正式发布的中央一号文件《中共中央 国务院关于全面推进乡村振兴加快农业农村现代化的意见》明确提出："发展农村数字普惠金融。大力开展农户小额信用贷款、保单质押贷款、农机具和大棚设施抵押贷款业务。鼓励开发专属金融产品支持新型农业经营主体和农村新产业新业态，增加首贷、信用贷。加大对农业农村基础设施投融资的中长期信贷支持。加强对农业信贷担保放大倍数的量化考核，提高农业信贷担保规模。"在2021年12月公布的《"十四五"国家信息化规划》中，"数字普惠金融服务活动"被视为"十四五"期间国家信息化的优先行动之一，为促进共同富裕背景下，全面推进数字普惠金融服务建设与发展明确了重点方向。河北大学教授吴宇认为，数字普惠金融通过数字技术和普惠金融的有机融合，能够突破时间和空间的限制，提升金融服务质量、扩大金融服务范围、提高金融服务的覆盖率和可得性，对解决金融供求双方信息不对称、防范化解金融风险、降低交易成本具有重要作用。发展数字普惠金融，把更多的金融资源优化配置到重点领域和薄弱环节，是解决数字不平等问题、促进共同富裕的重要手段。

目前，我国各大商业银行均扩大普惠金融领域数字技术应用，积极运用各项数字技术，通过打造开放、共享、智慧、普惠的数字化银行，提升普惠金融服务质量，优化普惠金融风险防控。在具体推进过程中，商业银行一方面将服务场景从融资端延伸至市场主体全生产流程，使普惠金融群体及时享受便捷易得、温暖贴心、质优价廉的金融产品和服务；另一方面利用数字技术优化金融产品风控模型，提升普惠金融信贷风险管理能力，建立健全数字化风控体系，加强对普惠金融业务的全流程、精细化管理，保障普惠金融安全平稳发展。在新冠肺炎疫情期间，各类金融机构也充分利用科技手段强化零售及普惠客群金融服务，助力社会疫情防控和企业复工复产。

小　结

19世纪80年代,德国著名经济学家阿道夫·瓦格纳(Adolf Wagner)提出了财政领域著名的"瓦格纳法则"(Wagner's Law)。其基本含义是,随着一国经济规模的扩张,政府的支出和职能应随之扩大。本书认为,这一法则也充分适用于数字经济时代。为了应对新技术、新要素和新模式带来的治理挑战,政府需承担更多的监管职能,才能使人们远离潜在风险,获得与他们的投入相符的收入,从而免受负外部性以及不当的生产消费行为的伤害(坦茨,2014)。与此同时,政府也应主动采用财政支出等手段,积极发挥促进数字经济发展与"再平衡"的功能。

在数字经济的发展早期,这一行业以及大多数参与者都充分享受到了弱监管所带来的各种红利。然而,数字经济的"野蛮生长期"已基本结束,维持良好的市场秩序才能更好地激发数字经济的发展活力。

此外,政府也可以积极资助、支持和采用新技术,以加速他们的广泛应用。在《信息规则》一书中,两位作者卡尔·夏皮罗和哈尔·范里安提出,政府可以在网络外部性难以内部化时通过提供促进需求量加速扩张的"临界容量"形成正反馈[1],并向公众展现新技术的可行性,在新技术应用上做"第一个吃螃蟹的人"。在

---

[1] 现实中的例子就是,如果一项新技术(如物联网)刚出现时的新用户太少,无法形成足够的市场需求,这项技术可能就会逐渐消失。如果政府在物联网上进行一定规模的投资使其超过"临界容量",就会让越来越多的人了解并开始运用此项技术,从而促进该技术的发展与相关市场的扩张。

如何实现强监管与促发展的结合、为数字经济"融合式创新"提供良好条件等问题上，政策界和学术界都需要作出更多有益的探索。

除了专注于国内的数字经济治理之外，政府在处理与市场的关系时还需要具备一定的国际视野。相较于传统经济，数字经济的核心经济活动都在互联网和云空间上进行，跨国传输与跨境交易是最常见不过的事情。以日本游戏公司任天堂销售的Nintendo Switch游戏机为例，在任何一台机器上，每一名玩家都可以注册全球几十个区服的游戏账号，并在这些区服之间自由切换、不受限制，以享受各国市场上的专属优惠。而想要在如此开放的新经济中加强监管、促进发展，显然仅靠某一个国家的"自治"是难以实现的。因此，在标准制定、法治建设、网络空间管理和技术应用等方面进行广泛而深入的国际合作，是开展有效数字经济治理的基础。

2021年11月1日，中国正式提出申请加入《数字经济伙伴关系协定》（Digital Economy Partnership Agreement，DEPA），展现了中国积极参与数字经济国际合作及相关规则制定的建设性姿态，也反映出中方致力于扩大开放、对接国际高水平规则标准的坚定决心。时隔半年，2022年5月23日，美国总统拜登在东京宣布启动一项名为"印太经济框架"（Indo-Pacific Economic Framework，IPEF）的新亚太经济伙伴关系，首批参与国包括美国和日本等13个国家，希望通过这一框架来设定数字经济的国际运行规则与政策导向。

值得注意的一点是,无论是《数字经济伙伴关系协定》还是"印太经济框架",都反映出一种相对自由和宽松的治理逻辑。人类历史上各项新技术、新要素和新经济模式的发展历程无不表明,过于严苛的"数字保护主义"并不可取,有序开放才是数字经济发展的动能所在。

第五章

数字经济：
全球未来发展方向

> 一切皆有可能。不可能的事只是需要更长时间。
>
> ——丹·布朗:《数字城堡》,人民文学出版社 2009 年版

　　著名悬疑小说作家、畅销小说《达·芬奇密码》的作者丹·布朗(Dan Brown)于 1996 年完成了自己的处女作——《数字城堡》(*Digital Fortress*)。在这部文笔略显稚气的悬疑小说中,丹·布朗描绘了两样在当时看来几乎不可能成真的数字技术:名为"万能解密机"的智能算法,以及名为"数字城堡"的安全软件。万能解密机能够破译世界上的所有安全保密协议,任何人在万能解密机面前都没有秘密与隐私可言;数字城堡则是设计者宣称唯一可以不被万能解密机破解的数字密钥,成为抗击万能解密机这一"最锋利的矛"的"最坚固的盾"。在这部小说中,丹·布朗主要探讨了当类似技

术出现时安全机构和监管者所面临的人性选择,以及个人隐私权的瓦解。在小说的最后,主角们发现了一个冰冷的现实——并没有能够真正抵挡万能解密机的数字城堡。这个所谓的安全密钥,只是设计者用来引诱人们安装该软件以便其打入万能解密机内部并毁掉这一智能算法的病毒程序而已。而设计者这么做的理由也很简单:这个世界上不应该存在能够破解所有密码的算法程序,如果有一天这样的程序出现了,那么人类将再无隐私和安全可言。

事实上,这部二十多年前的科幻小说所描述的各项尖端技术,正在我们所处的数字经济时代变成现实。一方面,对于训练充分、算力足够的人工智能算法来说,破解世界上的绝大多数密钥都只是一个时间问题,完全可以认为"万能解密机"已经存在于世。而另一方面,去中心化的区块链技术已然构成了一个由无数个终端共同铸就的"数字城堡":哈希算法确保了区块链的保密性和安全性,是 NFT 等数字产品能够具有投资价值的技术基础。

然而,正如《数字城堡》所描述的情况一样,"万能解密机"并不是真的万能,"数字城堡"也并不存在。虽然智能算法已经能够破解大量密码、求解包括围棋对弈在内的数学难题,然而这些活动对于算力投入的要求非常之高,在多数情况下其成本甚至远大于收益:即使不考虑中央处理器(CPU)、图形处理器(GPU)等硬件的购置费用,光是运营和维护系统硬件的成本就足以让普通人血本无归,譬如,AlphaGo 的早期版本下一局训练棋就要耗费 3000 美元的电费。正因如此,人工智能的前沿开发在很多时候成了各大型机构之间"昂贵的游戏"。与之相对的,虽然保护 NFT 等数字资产的哈希算法不容易被破解,但是 NFT 持有者的私钥——用于证明所有权的一组数字密码——却极容易被黑客通过钓鱼网站等方式盗取。事实上,自从 NFT 问世之后已经出现了上百起数字藏品失窃案,涉及金额甚至超过1000 万美元。与此同时,此类去中心化的区块链衍生产品的特性决定了其难以被监管，因此在被黑客盗取后也几乎没有任何召回手段可以补救。

上面介绍的这些现实情况，令《数字城堡》对于数字未来的描绘显得有些过于天真，但也反映出了数字经济未来发展的复杂性、不确定性与模糊性。在本章中，我们希望能够基于一些较为成熟的研究和相对严谨的讨论来思考数字技术、数字市场与数字治理的前景，以帮助读者对于未来一段时间的数字经济发展形成基础性认知。

第一节　数字技术：极限未至，虚实融合

一、人工智能："轰然撞墙"还是"踩下油门"

在一定程度上，人工智能是数字技术的集大成者，这也正是人们密切关注人工智能领域的技术进步与最新成果的主要原因。训练人工智能算法并将其投入使用的过程，综合运用了云计算、大数据和物联网等多项数字技术。然而，在进入 21 世纪的第三个十年后，一些人工智能领域的顶尖学者却开始质疑通过进一步扩大数据规模和模型复杂度来训练人工智能的意义。甚至有学者高呼，这一代人工智能的核心技术——深度学习已然"撞墙"，整个人工智能领域需要寻找新的出路。

提出"深度学习撞墙论"的学者，是纽约大学名誉教授、人工智能和心理学专家盖瑞·马库斯（Gary Marcus）。马库斯在人工智能、心理学和神经科学等多个领域皆有很深的造诣，同时他自己还创立了一家人工智能公司；但他却是深度学习这一人工智能领域当前最主流方向的坚决反对者，并多次表达了对于此项技术的质疑和不满。对此，马库斯提供了如下论据。

第一，深度学习本质上是一种识别模式的技术。当我们只需要粗略的结果时，深度学习的效果是最好的。这里的粗略结果是指任务本身风险低，且最优结果可选。然而，当风险更高时，比如在放射学或无人驾驶汽车领

域,我们对是否应采用深度学习就要更加谨慎——因为当遇到异常值时,深度学习系统表现出的问题尤其明显,这些异常值与它们所接受的训练有很大的不同。为此,马库斯还举了一个现实中的例子加以说明。不久前,一辆特斯拉正在所谓的全自动驾驶模式下畅然前行,而距该车前方不远处的马路中间却站着一位手举停车标志的人——当时交通信号灯出现了问题,暂时由手举牌代替信号灯以供来往车辆参考。但此时,特斯拉的智能系统既没有认出停车标志(正常情况下,停车标志一般设置在路边),也没有识别出部分被手举牌遮挡的人,于是肆无忌惮地向前方加速冲去。所幸,司机的及时接手才避免了一场"人工智能"悲剧的发生。可见,以上这个场景的复杂程度远远超出了训练数据库中所设计的内容,以至于自动驾驶系统不知道该如何应对。

第二,目前的深度学习系统还经常犯一些十分愚蠢的错误,例如将 X 光片上的污垢误读为患者的病灶,或者将一个真实的苹果误标为苹果公司的产品。即使是 OpenAI 这样的前沿公司所开发的高级自然语言处理模型 GPT-3,也不能整合基本的网络搜索信息和解释最基本的日常现象,从而导致错误信息的生产和传播。有趣的一点是,这些基于深度学习的人工智能在应对人类专门为其设置的测试时——如著名的图灵测试——往往异常优秀,但在处理稍微复杂点的现实问题时却会出现十分严重的错误。

基于上述两点分析,马库斯建议人工智能领域应从深度学习转向符号处理(Symbol Manipulation)等其他方向。然而,马库斯的观点很快就遭到了深度学习领域数位巨擘的正面驳斥。脸书首席人工智能科学家、纽约大学教授、2018 年图灵奖得主杨立昆(Yann LeCun)就与他的博士后杰克·布朗宁(Jake Browning)撰文对马库斯的观点进行了逐条回复。杨立昆和布朗宁详细阐释了人工智能领域在符号处理方面的发展历程,并将马库斯与深度学习支持者之间的分歧总结为对于智能如何运作的基本认知差异——马库斯认为,深度学习追求的是"不求甚解",因此无法进行真正的符号操纵;而深度学习的支持者(包括两位作者自己)则认为,深度学习已经在进行符号推理,只是其推理方式与人类大脑的运作方式有所不同,但最终将会创造出"超过人类的完美解决方案"。与此同时,杨立昆和布朗宁也认为目前全社会对于人工智能存在一些愚蠢的炒作,但这并不意味着深度学习型的人工智能已经到达上限。

上述争论孰对孰错,目前还不能给出明确的答案。但能够确定的是,关于人工智能技术不同观点之间的争论还将持续。2022 年 5 月 30 日,特斯拉汽车与太空探索(SpaceX)创始人、科技投资人埃隆·马斯克发表了一条推特,其内容是:"2029 年是关键的一年,如果那时候我们还没有实现'通用人工智能'(AGI),我会觉得很奇怪。火星上的人们也一样(觉得奇怪)。"在该条推特发出后不久,马库斯就以一篇博文回应了马斯克,提出通用人工智能在 2029 年不可能实现的五个理由,并邀请马斯克与之对赌。当然,马库斯的这一回复不免有些蹭热度的成分,但也确实让更多的人开始关注人工智能等领先技术的发展前景。

二、Web 3.0 与元宇宙

一个不争的事实是,互联网正在快速迈入 Web 3.0 时代。2022 年 3 月,中国证监会科技监管局局长姚前在《中国金融》杂志上发表文章,指出随着当前各类信息技术的迭代创新,互联网正呈现向下一代互联网演进的趋势。经过三十多年的发展,如今互联网正处在由 Web 2.0 向 Web 3.0 演进的重要时点,因此加强 Web 3.0 的前瞻研究和战略预判,对中国未来互联网基础设施建设具有重要意义。

在科技创业者兼投资人克里斯·迪克森(Chris Dixon)看来,Web 3.0 就是一个建设者和用户的互联网,而"数字资产"(Digital Asset)则是连接建设者和用户的纽带。在加密研究机构 Messari 看来,Web 1.0 是以门户网站为代表的、"可读"的互联网,Web 2.0 是以社交平台为代表的、"可读+可写"的互联网,而 Web 3.0 将会是"可读+可写+可拥有"的互联网。

在 Web 1.0 时代,用户只能被动地浏览文本、图片以及简单的视频内容,是内容的消费者,互联网提供什么用户就观看什么;在 Web 2.0 时代,用户不仅可读而且可写,尤其是随着移动互联网以及脸书、油管、微信和推特等网络平台的发展,用户可以在平台上创造和传播自己的多媒体内容,并与其他用户交流、互动。但无论是 Web 1.0 还是 Web 2.0,用户的线上活动都依赖于特定的互联网平台;即使在 Web 2.0 阶段,用户虽然可以是内容的生产者,但其规则依然由互联网平台制定,用户缺乏自主权。姚前总结了用户自主权缺失的三个表现:用户数字身份缺乏自主权,用户个人数据缺乏自主权,以及用户在算法面前缺乏自主权。如果不能解决这三个问题,那么用户在与平台交互时将具备不可逆转的天然劣势,进而不利于互联网与数字经济的发展,而这正是当前的互联网发展模式遭遇的瓶颈,也恰恰是 Web 2.0 亟须升级的重要原因。

那么作为 Web 2.0 的继承者,Web 3.0 将有哪些关键变化?毫无疑问,用户自主权是其中关键。通过赋予用户"自我主权身份"(Self-Sovereign Identity,SSI),用户可以成功脱离对于平台账户的依赖;用户的个人数据经密码算法保护后在分布式账本上存储,从而无须与平台无限分享个人数据;通过引入智能合约,用户可以检查进而验证可能存在的算法滥用、算法歧视及算法风险;通过弱化平台的作用,用户和网络的建设者与维持者之间实现了平权。然而,上述新机制的出现与推广,都是基于对于区块链等前沿技术的充分开发与利用。因此,Web 3.0 必不可能是一蹴而就的,而是由所有互联网用户共同推广、协同推进的。

以上对于 Web 3.0 的描绘,与目前已成为科技热点的元宇宙(Metaverse)概念具有许多相通之处。Web 3.0 的基础技术架构——分布式数据库、加密技术和边缘计算也正是元宇宙的底层技术。同时，元宇宙所描述的基于虚拟身份的社会经济系统，也符合 Web 3.0 的去中心化构想。一些科技媒体和相关从业者也因此断言："元宇宙就是 Web 3.0。"

但在笔者看来，这样的观点不免有些武断，作为互联网组织形式的 Web 3.0 与强调现实世界虚拟化的元宇宙，更多的只是我们正在经历的互联网革命的同向变革而已，二者的发展目标与现实运用都存在一定的差异。但与此同时，以区块链、人工智能和大数据为代表的底层数字技术的进步，必将推动 Web 3.0 与元宇宙的同步发展。而在这一过程中，我们也要谨防数字经济发展可能造成的"脱实向虚"的风险。

三、摩尔定律与墨菲定律的交织

英特尔公司创始人之一戈登·摩尔（Gordon Moore）于 1965 年发表了一份关于计算机存储器发展趋势的研究报告，其中提出了著名的"摩尔定律"[①]。"摩尔定律"在一定程度上揭示了信息技术和数字技术的进步速度。

在摩尔定律被应用的五十多年里，计算机也从神秘不可近的庞然大物变成如今多数人都不可或缺的学习、工作和娱乐工具，计算机和移动设备也由实验室进入了寻常百姓家，互联网将全世界联系起来，大数据和人工智能成为新的生产力。

与摩尔定律相对的，在社会科学领域也有一条著名的"墨菲定律"，于 1949 年由美国工程师爱德华·墨菲（Edward A.Murphy）以和同事开玩笑的方式提出。其基本内容是："凡事只要可能出错，那就一定会出错。"[②]墨菲

---

　　① 一些科技史学者认为，最早提出摩尔定律相关内容的并非摩尔本人，而是加州理工学院的卡沃·米德（Carver Mead）教授，其内容基本一致。在此提出这一观点仅供各位读者参考。

　　② 英文原文：Anything that can go wrong will go wrong。

定律的背后，实质是一条统计学规律，也就是小概率事件在重复同一次行为后的必然性。

在数字经济时代，摩尔定律和墨菲定律的共同作用为数字技术的发展蒙上了一层阴霾。各项数字技术都在以极快的速度不断进步，但这些技术进步在某一个时间点总会导致问题的出现。这些问题可能是人工智能技术的"撞墙"，可能是元宇宙的泛滥，亦可能是一些科幻小说和电影中描绘的技术乱象。然而，技术进步本身就是人类社会发展不可阻挡也不应阻挡的自然规律，因为忌惮未来可能出现的问题而故步自封也并非正确之道。只有以发展的眼光看待问题，在发展中解决问题，数字技术才会成为我们操纵的工具，而不是反过来操纵我们。

第二节　数字市场：平台主导，零工成势

一、天下没有免费的午餐

"天下没有免费的午餐"是一句人尽皆知的谚语，也是十条经济学原理中的第一条。这句谚语的经济学释义是，人们总是面临权衡取舍（tradeoff）——我们为了得到一件喜爱的东西，总是不得不放弃另一件喜爱的东西。

然而，进入数字经济时代之后，这条规律似乎已经发生变化。在数字生活的各个方面，似乎到处都是以零价商品（Zero-price Good）为代表的"免费午餐"。无论是以脸书、微信和微博为代表的社交软件，以谷歌和必应为代表的搜索引擎，还是以百度和高德为代表的导航软件，它们在为用户提供高效便捷的网络服务的同时，似乎都没有直接收取任何实际费用。当然，在数字经济时代免费的不仅仅是数字服务。在电信服务较为发达的经济体如中国、美国和一些欧洲国家，通过预付一定月份的服务费，甚至可以免费获得

一部价值不菲的智能手机——这一移动互联网的核心终端。可以预见的是,伴随着数字经济的进一步发展,"免费午餐"将变得更加无处不在、无所不包。

那么,"免费午餐"真的免费吗? 答案自然是否定的,万物皆有权衡取舍的金科玉律也没有被打破。软件平台在为用户提供免费服务的同时,要么通过推送在线广告等形式收取广告客户的广告费,要么基于用户协议获得用户浏览、定位以及消费等行为的个人数据,而在大多数时候,平台企业同时采取这两种手段以攫取利润。同样,电信服务商和硬件厂商在给消费者提供免费手机设备时,实际上是将平台推销给了消费者,此后消费者在平台上进行的每一笔交易,电信服务商都可以从中获得交易费、准入费和增值服务费等各项费用。

如今互联网平台的迅速扩张和大量盈利,正是这一商业模式有效性的有力验证。而对于一般消费者来说,我们有必要认识到零价产品的实质,并且谨慎地对待个人信息与隐私安全问题,避免陷入平台企业的"免费"陷阱。

二、逐渐正轨化的零工经济

2009 年 1 月,《纽约客》(*The New Yorker*)杂志的前总编蒂娜・布朗(Tina Brown)在自己创办的网络新媒体《每日野兽》(*Daily Beast*)上发表了一篇文章,正式提出"零工经济"(The Gig Economy)这一概念。

当时的美国经济尚未走出 2007—2008 年国际金融危机的阴影,经济衰退正在进行,大量劳动力(其中不乏高级知识分子)失去了工作。在此背景下,美国涌现出了一批依托互联网平台的"自由项目、专家咨询工作和兼职工作",此类基于网络、自由灵活的工作形式便被蒂娜・布朗定义为"零工经济"。

在这一概念提出的十余年后,国际金融危机的影响正逐渐褪去,但数字经济的全面扩张却让零工经济得到了更加快速的发展。最新的互联网与数字技术，为零工平台能够快速而高效地进行供需匹配提供了技术基础，也允许零工平台能够根据自由职业者的时间和项目偏好、掌握的知识与技能水平来为其提供定制化服务。相较于传统的工作，零工经济更加灵活、能够实现自我管理，并且内容呈现更加具有多样性。

在各大经济体中，以零工经济为业务主体的平台企业如雨后春笋般生长，也带动了零工经济效益的大幅提升。美国职位空缺及劳动力流动调查（JOLTS）显示，2020年，美国参与零工经济的人数同比增长33%。同时，倾向于寻找零工工作的民众声称，零工让其工作时间更为灵活。英国《金融时报》（*Financial Times*）调查发现，过去五年间（2017—2021年），在英国的英格兰和威尔士地区，零工劳动力增加了两倍，其主要推动力是优步（Uber）和户户送（Deliveroo）等平台企业的司机与快递员数量迅速增加，除此之外，这些地区还有近450万人通过在线平台寻找短期工作。根据中国人力资源和社会保障部2022年年初公布的数据可知，目前中国灵活就业从业人员规模已达2亿人左右，中国零工经济的劳动力储备非常充足。

现如今，提供零工经济的服务型平台早已不是像最初只发布招工信息那么简单，而是深入捆绑了整个零工行业的服务流程，比如在中国盛行的餐饮外卖平台就是最好的例子。与此同时，在新冠肺炎疫情的冲击之下，全球劳动力市场正经历着全球化以来的最大变革，零工经济将很可能从最初"失去稳定工作时的无奈选择"变成一种长期、持续、为大众所接受的工作形势，而也势必将会有更多的劳动力与数字企业参与到零工经济的大潮中来。

三、广义数字货币与新支付体系

货币是传统市场交易的核心中介。伴随着数字经济发展起来的数字货币也自然而然地将在数字市场中发挥极为重要的作用。随着研究的不断深入以及数字货币的不断发展,世界各国央行和学者对数字货币的定义也在与时俱进(米晋宏、王乙成,2022)。综合来看,广义的数字货币是各类电子形式和数字化的替代货币,主要包括虚拟货币、加密数字货币、电子货币以及法定央行数字货币四大类。2021年国际货币基金组织(IMF)发布关于数字货币的专题报告《数字货币的崛起》,提出以类型、价值、支持方和技术四个属性对各类支付方式进行定义,将数字货币分为基于物权的央行数字货币和加密货币,以及基于债券的数字货币。不同类型的数字货币受到不同程度的监管,也在不同的交易与投资领域发挥作用。相较于传统货币,无论是哪一种数字货币均具有便利性、提高跨境支付效率、低成本交易、可追溯与可信任性以及网络效应五大优点。

货币和支付体系之间具有天然的内在联系。货币发挥交换媒介作用的重要前提是存在安全可靠的方式以实现资产和价值的交换与转移,这一方式便是人们熟知的支付系统。以区块链和智能合约为主的数字化技术和数字货币具有彻底改变货币形态与支付系统的可能性,通过分散化交易实现了安全、稳健和可信任,确保了每一笔交易都无法被轻易篡改。然而,对于是否应全面推广数字货币的使用,以及推广哪一类型的数字货币,学术界和金融界仍存在一定争议。一方面,虽然央行数字货币如DC/EP也采用区块链技术,但其本质上仍然是由央行主导的中心化发行管理。如果仍将商业银行作为央行和公众的中介,对于任何国家的境内货币支付体系均不会产生很大的变革性影响,在推广上不具有太大难度,对于现有支付体系的变革也相对有限;另一方面,以比特币为代表的虚拟加密货币,以其去中心化思想或将从本质上冲击现有货币支付体系,引起各国政府和央行的广泛关注与深切担忧。

2017年7月,美国通过《虚拟货币商业统一监管法》,明确规定只有通过许可并颁发执照的机构才可以开展虚拟货币业务活动。2018年6月,欧盟发布第五项反洗钱指令，旨在提高加密货币交易的透明度，以打击在欧洲进行的洗钱和恐怖主义融资等活动，这也同时增强了欧洲金融监管机构获取信息的便利性。2020年12月，为了打击加密货币的匿名交易，法国宣布计划对所有加密货币严格执行"知晓你的用户"（Know Your Customer, KYC）法则，要求对加密货币客户的身份进行识别和验证。2021年9月24日，中国人民银行发布《关于进一步防范和处置虚拟货币交易炒作风险的通知》。通知明确指出，虚拟货币不具有与法定货币同等的法律地位，不应且不能作为货币在市场上流通使用。由于货币作为交换媒介的重要性以及数字货币相关技术存在的现实问题，笔者也建议在数字货币的采用与支付体系变革上采取循序渐进的发展思路，先大力发展法定央行数字货币，再基于相关技术发展与实践逐步探索广义数字货币的应用空间。

四、一切皆平台，你我皆零工

平台经济与零工经济的扩张趋势并没有随着数字经济的逐渐发展、日趋成熟而有所缩减。如果这一趋势能够持续，那么在未来一段时间，几乎所有的经济活动都将以双边市场的形式进行，代表劳动力高效配置的零工经济也有可能成为劳动力市场的基本模式，而使用数字货币进行交易和支付将成为越来越多人的金融习惯。

"一切皆平台，你我皆零工"的未来，可能并不遥远。而这更进一步彰显了加快推进平台经济监管与零工经济劳动者权益保障等数字经济治理活动的重要性与紧迫性。

第三节　数字治理：高墙渐起，共识待聚

一、数据有国界

数据流与信息流不受阻碍地自由流动，是互联网和数字经济能够在全

球范围内迅速发展的基础。每当一个互联网用户发送一封电子邮件、点击网页上的在线广告或是使用支付宝进行支付时,实际上都创造了一组数据。这组数据通过互联网以极高的速度传播到全球各地,进而触发其他的经济活动或金融交易,成为覆盖全球数字经济网络的一个部分。

然而,在一些研究人员看来,数据自由跨境流动的时代已经结束,主权国家和数字联盟正尝试在自己与其他数字经济参与者之间竖起一道名为"数字主权"(Digital Sovereignty)的高墙(McCabe 和 Satariano,2022)。

在本书第三章中,我们介绍了欧盟对于数据流动的严格管制。虽然大多数经济体都已经享受到了由数据自由流动所带来的各种福利,但在本国数据的外流上,却有越来越多的国家开始效仿欧洲。

2011 年奥巴马政府发布《网络空间国际战略》,主张以"基本(权利)自由、隐私、信息的自由流动"为原则,从外交、国防和发展三个层面推动实现基于安全的网络发展和创新,并为国际网络空间"建章立制"。在奥巴马执政时期担任副总统的拜登,则在数据流动上采取了更加符合美国传统的做法——通过"印太经济框架"(IPEF)、"跨大西洋数据隐私框架"(TADPF)等国际合作协议确立数字经济伙伴国,对于伙伴国允许数据自由流动,但对于非伙伴国的数据流动进行严格限制。2019 年,印度颁布《个人数据保护法案》,以尽可能地将本国数据留在印度国内存储和处理为目标,明确数据跨境传输的限制。根据美国信息技术和创新基金会的数据可知,2017—2021 年,要求数字信息存储在特定国家的法律、法规和政府政策的数量增加了一倍之多,达到 144 个。

显然,互联网自 20 世纪 90 年代广泛商业化以来的、基于数据自由跨境流动的运作方式已经发生改变。都柏林城市大学欧洲法律系教授费德里科·法布里尼(Federico Fabbrini)曾说道:"过去十年中,数据量变得如此之大,以至于产生了将其置于主权控制之下的压力。"而正是这种压力催生了数字主权。

数字主权的核心理念,就是个人、企业或政府创造的数字信息应该存储在其来源国,或者至少按照政府制定的隐私和其他标准来进行处理。可以确定的是,在可见的未来,任何单一机构和经济体都无法扭转这一趋势,因此各国政府与数据部门都应为一个"数据有国界"的新世界做好准备。

二、技术霸权与科技摩擦

以技术为主要解释变量,可以从国家逻辑和市场逻辑互动的角度来分析技术进步与霸权兴衰之间的关系(任琳和黄宇韬,2020)。由美国主导的西方世界,在全球化过程中通过产业链分工与知识产权保护实现了经济霸权。而在进入数字经济时代后,技术的发展周期与权力的形成周期产生了错配,市场逻辑与国家逻辑也开始出现不一致。在脸书、谷歌和苹果等平台企业看来,能够在全球范围内获得尽可能多的用户、借助技术扩散获得技术租金是其实现发展的关键,因此为了通过扩大客户群来创造财富,这些平台企业大多选择尽可能地弱化自家产品和服务的"国别特征"。而在主导全球化的西方经济体看来,将技术与国家进行绑定是其在数字经济时代重新构筑技术霸权的必要步骤,这就导致了对于经济领导地位的争夺逐渐转变为全球技术领导地位的竞争。"技术地缘政治"开始重新定义数字社会和数字经济相互作用的基本方式。

德国对外关系理事会在 2022 年 4 月 12 日发布的报告《技术领导地位的地缘政治斗争》中,探讨了正在塑造国际技术政策格局的六大关键趋势。第一,技术上的相互依存关系重新洗牌,表现为各国正在寻求通过产业政策来增强竞争力,以确保获得尖端技术的途径安全化。第二,监管碎片化的风险加大,表现为欧洲和美国之间不同的监管偏好和立法进度正在加剧跨大西洋数字经济中的监管碎片化。第三,全球互联网的区域化,表现为全球网络连通性的持续削弱。第四,网络治理的国际规则处于十字路口,在全球网络治理合作上取得突破性进展的可能性正在下降。第五,技术标准制定逐渐政治化,技术标准的地缘政治将成为未来几年科技战略格局的决定性支柱。第六,基于基础设施的影响范围争夺正在加剧,各主要经济体都在努力利用世界尚未满足的基础设施需求来锚定其技术、规则和价值观。

在这六大趋势的驱动下,可以预见未来一段时间必将出现更多的科技摩擦,因而加快建立稳固的数字经济治理体系与强大的数字经济治理能力是面对这些冲击的最好手段。

三、国内数字经济治理

除了国际层面的数字经济治理外,对于任何一个国家来说,国内数字经济治理的路径选择与体制建设也将成为该国数字经济乃至整体经济社会发展的关键因素。考虑到数字技术与数字市场的发展前景,以数据为核心的新要素治理,以及更加全面的平台治理应是相关治理工作的实施重点。

在前文中,笔者基于数据价值链视角介绍了主要经济体在数据跨境流动、数据确权以及数字税等问题上的治理实践。除上述治理措施外,在数据治理模式上各国还应更加积极地探索创新。在这一方面,清华大学社会科学学院经济学研究所课题组提出的"数据生态治理模式"值得参考。该课题组基于商业生态理论,将数据生态定义为围绕着数据市场发生交互的政府、组织、企业和个人等利益相关者共同支撑起的、协同演化的一个共同体。数据生态中的成员囊括了政府、行业协会、供应商、主要生产商、竞争对手、客户等一系列利益相关者,这些生态伙伴在整个生态共同演化中分享愿景、制定解决方案、相互建立信任,从而形成命运共同体。建立在这一概念之上的"数据生态治理",便是指围绕数据生态,明确各个数据生态伙伴的角色,要求各类数据生态伙伴共同实现数据的协同治理、多环节治理,要求在保护个人隐私和数据安全的基础上,更好地发挥数据价值,促进数字经济和数字社会的高质量发展。在数据生态治理的过程中,通过贯彻多方参与和协同治理、发展和安全动态平衡、开放包容、鼓励创新等原则,在统一框架下进行数据确权授权、数据交易体系建设、数据收益分配、数据安全保护以及数据市场监管。数据生态治理模式为数字经济时代的数据要素治理提供了一个新的可选方案,值得深入研究。

在数字平台的治理上,如何将隐私保护、算法治理与反垄断等一系列工作在同一治理框架下有序开展至关重要。数字平台的发展涉及一个国家经济社会文化的各个方面,如果针对每一个具体问题一对一地开展治理工作,无疑将显著增加治理机构的监管成本,也不利于平台的日常运行和健康发展。因此,建立一套统一的平台治理框架与监管合作机制能够有效提高治理效率,对于平台经济与数字经济的有序发展至关重要。在这一方面,中国政府作出了一些积极的尝试。2022 年 7 月 11 日,国务院同意建立由国家发展改革委牵头的数字经济发展部际联席会议制度,落实《"十四五"数字经济发展规划》部署,加强统筹协调,不断做强做优做大我国数字经济。这是目前为止国务院层面唯一一个专门针对数字经济工作的部际联席会议。数字经济部际联席会由 20 个中央部委参加,包括国家发展改革委、中央网信办、教育部、科技部、工业和信息化部、公安部、民政部、财政部、人力资源社会保障部、住房城乡建设部、交通运输部、农业农村部、商务部、国家卫生健康委、人民银行、国务院国资委、税务总局、市场监管总局、银保监会、证监会。数字经济部际联席会的办公室设在国家发展改革委,承担联席会议日常工作;同时还设立联络员,由各成员单位有关司局负责同志担任。通过设立这一部际联席会,可以有效协调各部委对于数字经济尤其是平台经济的治理过程,引导平台企业依法合规开展各项业务,推动平台经济规范健康持续发展,为进一步建立更加完善的平台经济治理框架奠定基础。

四、全球化与反全球化的新战场

过去几十年间,国际贸易与金融市场是全球化与反全球化势力角逐的主战场。随着数据要素的快速积累、数字技术的迅速进步，以及数字经济的不断发展，国与国之间围绕数据安全、隐私保护、技术主权等问题的摩擦与对话将更多地占据国际新闻媒体的头条。

正如贸易全球化进程并非自发形成的一样，数字经济的全球化也需要得到参与者的充分支持。加快构建一个公平、客观且高效的国际数字经济治理体系，将是全球治理在第二次世界大战之后所面临的最大挑战。

在国内数字经济治理上，对于数据要素与数字平台的规制与监管将成为重点。在数据要素治理上，强调数据生态的重要性并基于数据生态伙伴关系开展综合治理是一个新的治理思路；在数字平台治理上，建立统一的平台治理框架与监管合作机制能够有效提升治理效率，促进平台经济与数字经济的健康发展。

小　结

在本章中，我们围绕数字技术、数字市场、数字治理这三个话题对数字经济的发展前景进行了一些探讨和预判。有别于部分数字经济支持者的极度乐观态度，本书认为，数字经济中的微观个体与政府机构都应该对于这种新的经济形态采取更加审慎的态度。这种审慎态度的具体表现是，充分利用数据要素与数字技术带来的增长动能与转型动力，同时对于数字经济发展过程中可能出现的技术、经济、治理和社会问题保持比较清醒的认知，积极建立数字经济风险的预防与预警机制，并在问题出现恶化苗头时及时加以遏制。

审慎并不意味悲观。与大多数观察者一样,我们坚信数字经济的未来将会为人类创造出前所未有的巨大经济价值、更加优质的精神内容,以及更加绿色的生态环境。作为数字经济的参与者,我们充满期待,也将以更加不懈的努力和更为饱满的热情共同见证和创造人类的新历史。

结　　语

　　20世纪初,在第二次工业革命基本完成、生产力在新技术基础上得到长足发展的历史背景下,一大批经济学家与经济学理论如雨后春笋般不断涌现。约瑟夫·熊彼特(Joseph Schumpeter)和他提出的"创造性破坏"理论,便是其中的佼佼者。

　　在其成名作《经济发展理论:对于利润、资本、信贷、利息和经济周期的考察》中,熊彼特提出了他最重要的学术观点之一:经济创新过程是改变经济结构的"创造性破坏过程"。简言之,经济创新不断地从内部使经济结构革命化,不断地破坏旧结构、创造新结构。而这个创造性破坏的过程,就是资本主义的核心特征。有价值、有意义的竞争不是价格竞争,而是新商品、新技术、新供应来源与新组合形式的竞争,也就是在成本上或质量上占有决定性优势的竞争,而此类竞争打击的也不是现有企业的边际收益与实际产量,而是它们的生存基础与存在根基。

　　熊彼特关于企业家和创新的理解,对于全球经济发展与经济学研究都产生了十分重要的影响,"创造性破坏"也被广泛视为资本主义经济的本质性事实。熊彼特本人相信,资本主义经济将因为无法承受其快速膨胀带来的能量而崩溃，且创造性破坏必将带来收入不平等、影响社会稳定和家庭储蓄动机，最终资本主义"将被自己的诸多成功所毁灭"。与之形成鲜明对比，大多数后世学者尤其是西方经济学家的主流观点则是，"创造性破坏"所带来的一系列问题是可以被妥善解决的，其中以法国经济学家菲利普·阿吉翁（Philippe Aghion）在长期增长视角下的分析最具代表性。

在阿吉翁与合作者共同完成的《创造性破坏的力量：经济剧变与国民财富》中，总结了熊彼特增长理论的三个核心理念：第一，创新与知识传播是经济增长的核心；第二，创新依赖激励与财产权利保护；第三，新创新让旧创新变得过时。基于上述三个理念，熊彼特认为在位企业将阻碍新的创新，最终导致经济增长的下滑。而以阿吉翁为代表的新一代学者则认为："好的"公共政策、教育政策、研发政策、产权保护、司法制度和社会监督，将共同弥补创造性破坏所带来的各种问题，并帮助资本主义经济持续繁荣。

坦率地讲，熊彼特增长理论在解释各个层次的经济发展差异和收入差异方面作用寥寥，尤其是没有提出帮助欠发达国家提升自身经济发展水平、向高收入国家"收敛"的有效措施——新熊彼特主义学者鼓吹的"对生产要素执行新组合""激励企业家精神"等手段对于大多数发展中国家来说要么成本过于高昂，要么起效过于缓慢。进入 21 世纪后，全球收入不平等程度非但没有缩减，甚至还在不断加大。阿吉翁等学者对于熊彼特理论的改进虽然让这一经济学理论与全球经济增长事实更好地结合了起来，但是在提出有针对性的政策建议，尤其是在试图改善现有经济发展与收入分配问题上仍然有着明显不足。

客观来说，熊彼特增长理论的"新旧版本"在政策建议上的不尽如人意，并不是由错误的理论假设或论证方式所导致的。正如熊彼特和阿吉翁描述的那样，在整个工业经济时代（包括第二次世界大战后全球经济的复苏与发展期），创新活动的基本动力在于"颠覆"与"替代"。只要创新的实

质不发生改变,所有试图消除发展差异、化解不平等的政策尝试就仅能发挥
"灾后重建"的修复作用,无法从根源上消除这些负面经济现象。在创新机
制不发生根本性变革的情况下,熊彼特和阿吉翁笔下"适当约束""两全其
美"的经济模式也并不会自然地出现。

　　本书试图传达的一种远景式的观点是,即使当前的全球经济面临各种
各样的顽疾杂症,我们也没有必要过于悲观,而是应该充满信心。主要原因
在于,数字经济提供了超越"创造性破坏"的可能性——"融合式创新"。在
数字经济时代,创新活动的关键词将不再是"迭代"、"颠覆"和"替代",而
是"融合"、"发展"与"互补"。相信本书的理论梳理、案例分析以及理论论
述都能够帮助各位读者理解这一观点。

　　从经济学视角来看,"融合式创新"带来的变化将是前所未有的。旧的
生产力将有机会通过数字化转型实现自我升级,不平等的生产关系将有可
能被重塑。考虑到人工智能和大数据等新生产要素与传统生产要素的融合
是自然而然的,那么"融合式创新"的自发性必然优于"创造性破坏",世界
经济将有可能实现相较于以往更加良性、更有活力的自我循环。但是我们
也不能寄希望于新的技术和要素能够自动地解决一切问题且不创造新的问
题。"数字不平等"和"算法歧视"等问题的出现应该让我们有所警醒,而唯
有更加完善、更加系统的数字经济治理才有望解决这些问题。

　　这是一个更好的时代。然而,它仍然符合我们所熟知的第一条经济学
原理:天下没有免费的午餐,人们总是面临权衡取舍。新的权衡取舍将出现
在每个人的面前,我们都需要为之做好充足准备。

参 考 文 献

中文文献

1. 陈梦根、周元伍:《数字不平等研究新进展》,《经济学动态》2022 年第 7 期。

2. 范一飞:《中国法定数字货币的理论依据和架构选择》,《中国金融》2016 年第 17 期。

3. 傅蔚冈:《当"鼓励创新"成为反垄断法的宗旨》,《中国新闻周刊》2021 年 12 月 13 日。

4. 贺久恒:《"黑箱"简史:如何从专业名词变成大众隐喻?》,腾云智库,2021 年 8 月 26 日。

5. 贺晓丽:《美国联邦大数据研发战略计划述评》,《行政管理改革》2019 年第 2 期。

6. 胡鞍钢、周绍杰:《新的全球贫富差距:日益扩大的"数字鸿沟"》,《中国社会科学》2002 年第 3 期。

7. 胡守仁:《计算机技术发展史(一)》,国防科技大学出版社 2004 版。

8. 黄益平、陶坤玉:《中国的数字金融革命:发展、影响与监管启示》,《国际经济评论》2019 年第 6 期。

9. 卡尔·夏皮罗、哈尔·范里安:《信息规则:网络经济的策略指导》,中国人民大学出版社 2017 年版。

10. 凯西·奥尼尔:《算法霸权:数学杀伤性武器的威胁》,中信出版社 2018 年版。

11. 金雪涛:《算法治理:体系建构与措施进路》,《人民论坛·学术前沿》2022 年 5 月。

12. 金燕、张可辉:《铁路与英国邮政事业发展(1830—1914)》,《南京邮电大学学报(社会科学版)》2021 年第 6 期。

13. 靖继鹏、张向先、李北伟：《信息经济学（第二版）》，科学出版社 2007 年版。

14. 李彦宏：《智能交通：影响人类未来 10—40 年的重大变革》，人民出版社 2021 年版。

15. 李勇坚：《互联网平台数据垄断：理论分歧、治理实践及政策建议》，《人民论坛·学术前沿》2021 年第 21 期。

16. 刘陈、景兴红、董钢：《浅谈物联网的技术特点及其广泛应用》，《科学咨询》2011 年第 9 期。

17. 罗汉堂：《理解大数据：数字时代的数据和隐私》，研究报告，2021 年 6 月。

18. 马潮江、单志广：《"十四五"数字经济发展规划解读：鼓励公平竞争，健全完善数字经济治理体系》，国家发改委网站，2022 年 1 月 21 日。

19. 米晋宏、王乙成：《数字货币及其经济影响研究新进展》，《经济学动态》2022 年第 8 期。

20. 皮埃罗·斯加鲁菲：《人工智能通识课》，人民邮电出版社 2020 年版。

21. 清华大学数据治理研究中心、六分仪法律实验室：《数据要素治理研究报告》，2022 年 7 月。

22. 任琳、黄宇韬：《科技与国家霸权的兴衰》，《世界经济与政治》2020 年第 5 期。

23. 上海金融与法律研究院：《思想库报告》系列研究报告，2010—2022 年。

24. 史爱武：《人工智能的三次浪潮与三种模式》，《中华读书报》2021 年 10 月 13 日。

25. 王辉：《2002 年美国科技发展综述》，《全球科技经济瞭望》2003 年第 3 期。

26. 王永红：《数字货币技术实现框架》，《中国金融》2016 年第 17 期。

27. 维托·坦茨：《政府与市场：变革中的政府职能》，商务印书馆 2014 年版。

28. 乌家培：《信息经济学》，《经济学动态》1997 年第 8 期。

29. 吴俊琴：《直播电商的前世今生》，研究报告，2022 年 6 月。

30. 谢康、肖静华：《信息经济学（第三版）》，高等教育出版社 2013 年版。

31. 许可：《驯服算法：算法治理的历史展开与当代体系》，《华东政法大学学报》2022 年第 1 期。

32. 徐翔：《数字经济时代：大数据与人工智能驱动新经济发展》，人民出版社 2021 年版。

33. 徐忠、邹传伟：《区块链能做什么，不能做什么》，《金融研究》2018 年第 11 期。

34. 闫德利：《中美数字经济的差距》，研究报告，2021 年 6 月。

35. 杨婷婷、周哲浩：《如果危机将至：互联网泡沫启示录》，研究报告，2022 年 4 月。

36. 姚前：《理解央行数字货币：一个系统性框架》，《中国科学：信息科学》2017 年第 11 期。

37. 姚前：《Web 3.0：渐行渐近的新一代互联网》，《中国金融》2022 年第 6 期。

38. 于立：《互联网经济学与竞争政策》，商务印书馆 2020 年版。

39. 袁康:《可信算法的法律规制》,《东方法学》2021 年第 3 期。

40. 战强:《机器人学:机构、运动学、动力学及运动规划》,清华大学出版社 2019 年版。

41. 赵万里、谢榕:《数字不平等与社会分层:信息沟通技术的社会不平等效应探析》,《科学与社会》2020 年第 1 期。

42. 周润:《区块链智能合约应用于证券交易的法律规制》,《上海法学研究》集刊 2021 年第 15 卷。

43. 朱嘉明:《数字经济五十年:从"奇点"到"大爆炸"》,公开课,2019 年 5 月 4 日。

44. 朱玮、吴云、杨波:《区块链简史》,中国金融出版社 2020 年版。

英文文献

1. Acemoglu, D., Restrepo, P., "The Race between Man and Machine: Implications of Technology for Growth, Factor Shares, and Employment", *American Economic Review*, Vol.108, No.6, 2018.

2. Aghion, P., Howitt, P., *A Model of Growth through Creative Destruction*, 1990.

3. Arrow, K.J., *Information and Economic Behavior*, 1973.

4. Arrow, K.J., *The Economics of Information*, Harvard University Press, 1984.

5. Autor, D., Dorn, D., Katz, L.F., Patterson, C., Van Reenen, J., "The Fall of the Labor Share and the Rise of Superstar Firms", *The Quarterly Journal of Economics*, Vol.135, No.2, 2020.

6. Benzell, S.G., Kotlikoff, L.J., Lagarda, G., Sachs, J.D., "Robots are us: Some Economics of Human Replacement", *National Bureau of Economic Research*, No.w20941, 2015.

7. Bresnahan, T.F., Trajtenberg, M., "General Purpose Technologies 'Engines of Growth'", *Journal of Econometrics*, Vol.65, No.1, 1995.

8. Brynjolfsson, E., "The Productivity Paradox of Information Technology", *Communications of the Acm*, Vol.36, No.12, 1993.

9. Brynjolfsson, E., Hitt, L.M., "Beyond the Productivity Paradox", *Communications of the Acm*, Vol.41, No.8, 1998.

10. Brynjolfsson, E., Rock, D., Syverson, C., "Artificial Intelligence and the Modern Productivity Paradox", *The Economics of Artificial Intelligence: An Agenda*, 23, 2019.

11. Caudell T.P., Mizell D.W., "Augmented Reality: An Application of Heads-Up Display Technology to Manual Manufacturing Processes", In *Hawaii International Conference on System Sciences*, Vol.2, 1992.

12. Dimaggio, P., Hargittai, E., Celeste, C., Shafer, S., "From Unequal Access to Differentiated Use: A Literature Review and Agenda for Research on Digital Inequality", *Social Ine-*

quality, No.1, 2004.

13. Ezrachi, A., Stucke, M. E., "Artificial Intelligence & Collusion: When Computers Inhibit Competition", *U.Ill.L.Rev.*, 1775.

14. Goldfarb, A., Tucker, C., "Digital Economics", *Journal of Economic Literature*, Vol. 57, No.1, 2019.

15. Howitt, P., Aghion, P., "Capital Accumulation and Innovation as Complementary Factors in Long-Run Growth", *Journal of Economic Growth*, Vol.3, No.2, 1998.

16. Godin, B., "The Information Economy: The History of a Concept through its Measurement, 1949-2005", *History and Technology*, Vol.24, No.3, 2008.

17. Gordon, R.J., "Does the 'New Economy' Measure up to the Great Inventions of the Past?", *Journal of Economic Perspectives*, vol.14, No.4, 2000.

18. Grossman, G.M., Helpman, E., "Trade, Knowledge Spillovers, and Growth", *European Economic Review*, Vol.35, No.2-3, 1991.

19. Grossman, G.M., Helpman, E., "Quality Ladders in the Theory of Growth", *The Review of Economic Studies*, Vol.58, No.1, 1991.

20. Hagebölling, D., "The Geopolitical Struggle for Technology Leadership", *Internationale Politik Quarterly*, Apr 12, 2022.

21. Jones, C.I., "R & D-Based Models of Economic Growth", *Journal of Political Economy*, Vol.103, No.4, 1995.

22. Jorgenson, D.W., "Information Technology and the US Economy", *American Economic Review*, Vol.91, No.1, 2001.

23. Lanier, J., *Dawnof New Everything: A Journey through Virtual Reality*, Macmillan Usa, 2017.

24. Lecun, Y., Bengio, Y., Hinton, G., "Deep Learning", *Nature*, Vol.521, No.7553, 2015.

25. Leiner, B.M., Cerf, V.G., Clark, D.D., Kahn, R.E., Kleinrock, L., Lynch, D.C., Wolff, S., "A Brief History of the Internet", *Acm Sigcomm Computer Communication Review*, Vol.39, No.5, 2009.

26. Lipsey, R.G., Carlaw, K.I., Bekar, C.T., *Economic Transformations: General Purpose Technologies and Long-Term Economic Growth*, Oup Oxford, 2005.

27. Machlup, F., *The Production and Distribution of Knowledge in the United States*, Princeton University Press, 1962.

28. Marcus, G., "Deep Learning is Hitting a Wall", *Nautilus*, No.03-11, 2022.

29. Marschak, J., *Remarks on the Economics of Information*, 1959.

30. Mayer M., Lu, Y., "Digital Autonomy? Measuring the Global Digital Dependence Structure", Working Paper, 2022.

31. Mccabe, D. Satariano A., "The Era of Borderless Data is Ending", *The New York Times*, May 23, 2022.

32. Obermeyer, Z., Powers, B., Vogeli, C., Mullainathan, S., "Dissecting Racial Bias in an Algorithm used to Manage the Health of Populations", *Science*, Vol.366, No.6464, 2019.

33. Ochillo F., *The Economic Consequences and Generational Impact of the Digital Divide*, May 17, 2022.

34. Petit, N., Teece, D.J., "Innovating Big Tech Firms and Competition Policy: Favoring Dynamic over Static Competition", *Industrial and Corporate Change*, Vol.30, No.5, 2021.

35. Porat, M.U., Rubin, M.R., "*The Information Economy*", Department of Commerce, Office of Telecommunications, No.77, 1977.

36. Rochet, J.C., Tirole, J., "Platform Competition in Two-Sided Markets", *Journal of The European Economic Association*, Vol.1, No.4, 2003.

37. Romer, P.M., *Dynamic Competitive Equilibria with Externalities, Increasing Returns, and Unbounded Growth*, Doctoral Dissertation, The University of Chicago, 1983.

38. Romer, P.M., "Increasing Returns and Long-Run Growth", *Journal of Political Economy*, Vol.94, No.5, 1986.

39. Shapiro, C., Varian, H. R., Carl, S., *Information Rules: A Strategic Guide To The Network Economy*, Harvard Business Press, 1998.

40. Solow, R.M., "A Contribution to the Theory of Economic Growth", *The Quarterly Journal of Economics*, Vol.70, No.1, 1956.

41. Stigler, G.J., "The Economics of Information", *Journal of Political Economy*, Vol.69, No.3, 1961.

42. Stiroh, K.J., "Computers, Productivity, and Input Substitution", *Economic Inquiry*, Vol.36, No.2, 1998.

43. Szabo, N., "Smart Contracts: Building Blocks for Digital Markets", *Extropy: The Journal of Transhumanist Thought*, Vol.18, No.2, 1996.

44. Tambe, P., Hitt, L., Rock, D., Brynjolfsson, E., "Digital Capital and Superstar Firms", *National Bureau of Economic Research*, No.w28285, 2020.

45. Thierer, A., Haaland, C., "The Future of Innovation: Can European-Style Industrial Policies Create Tech Supremacy?", *Discourse*, 2021.

46. Vallas, S., Schor, J.B., "What Do Platforms Do? Understanding the Gig Economy", *Annual Review of Sociology*, Vol.46, No.1, 2020.

47. Zeira, J., "Workers, Machines, and Economic Growth", *The Quarterly Journal of Economics*, Vol.113, No.4, 1998.49.

后　记

　　本书是国家社科基金重大项目（22ZDA043）、高等学校学科创新引智计划（B20094）、北京高等学校卓越青年科学家计划（BJJWZYJH01201910034034）等课题的成果，也是中央高校基本科研业务费专项资金、中央财经大学科研创新团队培养支持计划和教学方法研究项目资助的成果。感谢上述项目组织者与研究机构对本书与本人的大力支持。

　　我要感谢中央财经大学经济学院、中国互联网经济研究院和清华大学中国经济思想与实践研究院的各位领导与同事，在工作和生活中给予我的极大帮助，以及对于本人研究工作的大力支持，受限于篇幅无法一一列出，在此一并向诸位表示感谢。我要特别感谢我的导师——清华大学中国经济思想与实践研究院院长李稻葵教授十余年来对我的悉心指导与帮助。本书构建的"技术—经济—治理"分析框架，正是在中国互联网经济研究院的孙宝文老师带领的数字经济研究团队所建立的"技术—经济"分析框架的基础之上引入治理要素而形成的，在这里特别对孙老师与研究团队的各位同僚致以诚挚的谢意。

　　我要特别感谢为我提供许多帮助的人民出版社的编辑和领导，他们的支持与协助让我在完成上一本书之后能够尽快投入本书的写作工作，帮助本书顺利问世，并作为《数字经济时代：大数据与人工智能推动新经济发展》的姊妹篇出版。

我要感谢田晓轩、陈兰荣、温建寅、李帅臻、钟旭晨、张旭、刘硕、张子义、李琳茹等各位同学为本项研究完成的极其出色的助理工作。祝各位学业有成、一切顺利。

我要感谢我的家人，感谢父母和岳父母在因疫情导致的难以相聚的日子里对于我们小家庭的持续支持。感谢爱妻微微陪我一路走来、相伴相随，同时也感谢微微对本书提出的各项修改建议。

最后，感谢每一位从这本书中获得了信息、知识或阅读乐趣的读者。这是我在数字经济这一充满活力的研究领域所完成的第二本书，欢迎各位在批判、指正的同时敬请期待我的下一部作品。

徐　翔

2022 年秋

责任编辑：李甜甜

封面设计：刘　哲

图书在版编目（CIP）数据

数字经济发展：网络、算法与数字平台/徐翔 著. —北京：人民出版社，
　2022.11

ISBN 978－7－01－025128－8

Ⅰ.①数…　Ⅱ.①徐…　Ⅲ.①信息经济-经济发展-研究　Ⅳ.①F49

中国版本图书馆 CIP 数据核字（2022）第 182763 号

数字经济发展：网络、算法与数字平台
SHUZI JINGJI FAZHAN WANGLUO SUANFA YU SHUZI PINGTAI

徐　翔　著

人民出版社 出版发行
（100706　北京市东城区隆福寺街 99 号）

北京盛通印刷股份有限公司印刷　新华书店经销

2022 年 11 月第 1 版　2022 年 11 月北京第 1 次印刷
开本：710 毫米×1000 毫米 1/16　印张：22
字数：282 千字

ISBN 978－7－01－025128－8　定价：68.00 元

邮购地址 100706　北京市东城区隆福寺街 99 号
人民东方图书销售中心　电话（010）65250042　65289539